基金项目资助：教育部人文社会科学研究一般项目资助
批准号：21YJA890041

新时代我国竞技体育高质量发展研究

赵吉峰◎著

人民体育出版社

图书在版编目（CIP）数据

新时代我国竞技体育高质量发展研究 / 赵吉峰著.
北京：人民体育出版社, 2025. -- ISBN 978-7-5009
-6511-4

Ⅰ．G812

中国国家版本馆 CIP 数据核字第 2024KT4914 号

*

人 民 体 育 出 版 社 出 版 发 行
天 津 中 印 联 印 务 有 限 公 司 印 刷
新 华 书 店 经 销

*

710×1000　16 开本　14.25 印张　262 千字
2025 年 2 月第 1 版　2025 年 2 月第 1 次印刷

*

ISBN 978-7-5009-6511-4
定价：65.00 元

社址：北京市东城区体育馆路 8 号（天坛公园东门）

电话：67151482（发行部）　　邮编：100061

传真：67151483　　　　　　　邮购：67118491

网址：www.psphpress.com

（购买本社图书，如遇有缺损页可与邮购部联系）

前 言

FOREWORD

  我国经济社会已经步入高质量发展的新时代，各行各业都在追求高质量发展，极大地带动了竞技体育体制和机制的深化改革。党的十九届五中全会上制定了2035年建成体育强国的目标，国家治理体系与治理能力现代化建设需要转变竞技体育发展方式，世界体坛的激烈竞争越发需要竞技体育在国际舞台中心立稳脚跟。同时，《"十四五"体育发展规划》中制定了竞技体育发展的主要目标，即"竞技体育发展新模式进一步健全、成熟"。作为对新时代、新方位、新目标、新形势与新机遇的响应，我国竞技体育需要深刻把握新发展阶段的机遇，全面贯彻新发展理念，全力以赴构建新发展格局，因此急需匹配更高质量、更有效率、更可持续的发展引擎和发展模式。高质量发展已成为竞技体育顺应新时代发展潮流、适应新发展阶段社会主要矛盾转化的客观选择。高质量发展不仅是破解新时代竞技体育"大而不强"的必由之路，还是加快建成体育强国的必然选择，更是竞技体育可持续发展的内在诉求。由此可见，高质量发展成为新时代竞技体育必须探索和解决的理论与实践问题。

  高质量发展既是竞技体育转型发展的理念，也是竞技体育矢志追求的目标，还是竞技体育实现效益与质量并重发展的方式和手段。本书从复杂适应系统的自组织视角出发，综合运用耗散结构理论、协同学理论、系统动力学理论，从发展观、发展目标、发展条件和发展动力方面探索竞技体育高质量发展的模式与机制，旨在为新时代我国竞技体育实现又好又快发展提供新视角的借鉴，为竞技体育发展方式的顺利转变提供新模式框架的参考，为举国体制与市场机制的融合发展提供新思路的借鉴。同时，希望本书能够为竞技体育领域落实《体育强国建设纲要》、2035年建成体育强国的目标提供思路借鉴和经验参考。

  本书主要由九章构成。其中，第一章（导论）、第二章（理论基础）、第三章（我国竞技体育发展的演进历程、现实问题与转型方向）为展开竞技体育高质量发展研究奠定了基础；第四章至第七章是研究的主体部分，依次探讨了我国竞技体育高质量发展观（第四章）、我国竞技体育高质量发展目标（第五章）、耗散结构视角下我国竞技体育高质量发展的条件研究（第六章）、协同学视角下我国竞技体育高质量发展的动力研究（第七章）；第八章（我国竞技体育高质量发展的系统动力学模拟仿真）对我国竞技体育高质量发展进行了实证分析；第九章是研究结论、建议与展望。

  本书的付梓、出版与发行，要感谢人民体育出版社整个团队高效、专业、认真的工作。笔者在撰写本书过程中得到导师、相关领导、同学、友人的支持，在此一并表示感谢。

  由于笔者研究水平和时间有限，书中难免有不当之处，敬请专家、读者批评指正。

赵吉峰

2024 年 5 月

目录

CONTENTS

第一章 导论 ... 1

第一节 研究背景 ... 1
一、现实背景 ... 2
二、理论背景 ... 3

第二节 问题的提出 ... 5

第三节 研究目的与意义 ... 5
一、研究目的 ... 5
二、研究意义 ... 6

第四节 文献综述 ... 7
一、国外文献综述 ... 7
二、国内文献综述 ... 13

第五节 研究对象、方法与思路 ... 23
一、研究对象 ... 23
二、研究方法 ... 23
三、研究思路 ... 25

第六节 研究重点、难点与创新点 ... 26
一、研究重点 ... 26
二、研究难点 ... 27
三、研究创新点 ... 27

第二章 理论基础 ... 28

第一节 核心概念界定 ... 28
一、竞技体育 ... 28
二、模式 ... 30
三、发展模式 ... 31
四、竞技体育高质量发展模式 ... 32

第二节　自组织理论基础 ·· 34
　　一、自组织理论概述 ·· 34
　　二、耗散结构理论 ·· 35
　　三、协同学理论 ·· 39

第三章　我国竞技体育发展的演进历程、现实问题与转型方向 ······· 44
第一节　我国竞技体育发展的演进历程 ····························· 44
　　一、集权提高阶段（1949—1978年）······························ 45
　　二、集权赶超阶段（1979—1991年）······························ 47
　　三、有限分权赶超阶段（1992—2011年）························ 50
　　四、转型探索阶段（2012年至今）································· 52
第二节　我国竞技体育发展取得的成就与存在的现实问题 ······· 54
　　一、我国竞技体育发展取得的成就································· 54
　　二、我国竞技体育发展存在的现实问题 ·························· 55
第三节　新时代我国竞技体育发展的转型方向 ···················· 63
　　一、向高质量发展方向转型·· 63
　　二、向自组织发展方向转型·· 64
　　三、向多主体协同方向转型·· 65

第四章　我国竞技体育高质量发展观 ································· 67
第一节　我国竞技体育高质量发展的价值论 ······················· 67
　　一、追求运动员的全面充分发展 ···································· 67
　　二、追求多元利益均衡发展·· 73
　　三、追求可持续内生动力发展······································· 78
第二节　我国竞技体育高质量发展的认识论 ······················· 79
　　一、竞技体育高质量发展的实质是发展方式的根本性转变 ···· 79
　　二、高质量发展是建设"大而强"竞技体育的实践活动 ········· 82
　　三、竞技体育高质量发展是提升"体育强则中国强"反哺效应的实践活动 ········ 84
第三节　我国竞技体育高质量发展的方法论 ······················· 86
　　一、竞技体育自组织发展方式······································· 86
　　二、全面协调可持续发展原则······································· 89
　　三、创新发展 ·· 92

第五章　我国竞技体育高质量发展目标 ······························ 94
第一节　我国竞技体育高质量发展目标的确立依据 ·············· 94

一、新时代中国经济社会发展的部署要求……………………………94
　　二、体育强国建设的战略要求…………………………………………95
　　三、我国竞技体育发展目标演化的逻辑要求…………………………96
　　四、国际体坛发展格局的竞争要求……………………………………96

　第二节　我国竞技体育高质量发展目标解析………………………………97
　　一、我国竞技体育高质量发展的整体目标……………………………97
　　二、竞技体育高质量发展的分层目标………………………………101
　　三、竞技体育高质量发展的可观测目标……………………………103

第六章　耗散结构视角下我国竞技体育高质量发展的条件研究………105

　第一节　我国竞技体育高质量发展的自组织条件…………………………105
　　一、竞技体育形成全面双向开放的耗散系统………………………105
　　二、竞技体育系统要远离平衡态……………………………………114
　　三、竞技体育系统要发挥非线性相干效应…………………………120
　　四、竞技体育要抓住系统涨落契机…………………………………124
　　五、竞技体育系统随机涨落的诱发因素……………………………126

　第二节　耗散结构视角下我国竞技体育高质量发展的Brusselator模型……132
　　一、Brusselator模型的构成…………………………………………133
　　二、我国竞技体育Brusselator动力学模型的符号转译与解释……134
　　三、我国竞技体育Brusselator动力学模型分析……………………137
　　四、我国竞技体育系统形成耗散结构的动力学判断………………140

第七章　协同学视角下我国竞技体育高质量发展的动力研究…………145

　第一节　竞争与协同：我国竞技体育高质量发展的内生动力……………145
　　一、竞争是推动竞技体育非平衡发展的力量………………………146
　　二、协同是推动竞技体育有序发展的力量…………………………147
　　三、竞技体育系统中竞争与协同的相互作用………………………149

　第二节　协同学视角下我国竞技体育高质量发展的序参量………………150
　　一、竞技体育高质量发展的快变量与慢变量………………………150
　　二、竞技体育高质量发展序参量的识别与确定……………………152
　　三、举国体制与市场机制融合度的内涵……………………………155
　　四、竞技体育高质量发展序参量的演化……………………………158

　第三节　序参量役使下我国竞技体育高质量发展的动力机制……………163
　　一、我国竞技体育高质量发展的动力因素…………………………163
　　二、我国竞技体育高质量发展动力系统……………………………167
　　三、我国竞技体育高质量发展的役使动力机制……………………170

第八章　我国竞技体育高质量发展的系统动力学模拟仿真……181

第一节　建模目的、原则与系统边界……181
一、建模目的……182
二、建模原则……182
三、竞技体育系统动力学模型的边界……183

第二节　我国竞技体育高质量发展的系统动力学模型……183
一、我国竞技体育高质量发展的因果回路图……184
二、我国竞技体育高质量发展的存量流量图……186
三、我国竞技体育高质量发展的系统动力学方程……188

第三节　我国竞技体育高质量发展的模拟仿真……189
一、数据来源与确定……189
二、竞技体育系统动力学模型的检测……193
三、基于仿真结果的竞技体育发展模式分析……194

第九章　研究结论、建议与展望……208

第一节　研究结论……208

第二节　研究建议……209
一、要树立竞技体育高质量发展观，融入经济社会高质量发展的时代潮流……209
二、举国体制要加快融合市场机制，走有中国特色的竞技体育高质量发展之路……210
三、切实壮大职业体育，搞活竞技体育表演市场……210
四、实现与群众体育、学校体育的协同发展……211
五、大力培育和发展体育社会组织……211
六、提高竞技体育系统的创新驱动能力……212
七、发挥体育科技攻关与服务的杠杆作用……212

第三节　研究展望……213
一、本书的研究对象侧重竞技体育的宏观发展研究，是一种"见森林"式的研究……213
二、竞技体育高质量发展是一个可持续深入研究的领域……213
三、需要进一步精深掌握研究理论……214

主要参考文献……215

第一章 导　论

随着中国共产党领导的中国特色社会主义事业进入新时代，我们需要深刻理解新发展阶段，全面贯彻新发展理念，全力以赴构建新发展格局，抓住难得的历史机遇，走上高质量发展轨道。高质量发展是实现竞技体育发展方式转变的必然选择，它与加快建设体育强国的需求高度吻合，是破解新时代竞技体育发展矛盾的必由之路[①]。在此背景下，竞技体育的高质量发展已经成为必须探索和解决的理论与实践问题，需要多视角、多方法、多层面探索竞技体育高质量发展的体制机制与方式方法。本章主要探索复杂系统理论自组织视角下竞技体育高质量发展研究的背景，问题、目的与意义，对象、方法与思路，重点、难点及创新点，为进一步深入探索竞技体育高质量发展筑基培根。

第一节　研究背景

竞技体育高质量发展的研究背景主要包括现实背景与理论背景，其中，现实背景涉及新时代经济社会发展特征、体育强国建设、国家治理现代化、国际体坛竞争及竞技体育自身发展需求五个方面；研究重心放在复杂系统理论下竞技体育的高质量发展上，因此，理论背景涉及发展理论与自组织理论两个部分。

[①] 赵吉峰，邵桂华. 新中国成立以来竞技体育赶超发展的演进历程、现实问题与转型方向[J]. 天津体育学院学报，2021，36（2）：241-248.

一、现实背景

（一）新时代经济社会发展特征

我国经济社会已经步入高质量发展的新时代，"正处在转变发展方式、优化经济结构、转换增长动力的攻关期"[①]。高质量发展成为我国经济社会发展的主题，是各行各业深化改革的根本要求。竞技体育既应当顺应高质量发展的时代潮流，把握高质量发展主线，又应当深化体制机制、发展结构、运行方式、动能转换等改革，探索适应新时代高质量发展客观要求的模式，推动竞技体育更加充分、均衡地发展。

（二）体育强国建设

"加快推进体育强国建设，筹办好北京冬奥会、冬残奥会"是新时代我国体育事业发展的历史定位与使命。我国虽然已是"奥运体育强国"[②]，但是客观上存在竞技体育的基础大项竞争乏力、集体球类项目水平较低、项目结构不合理等诸多问题，离真正的体育强国还有不小的差距。2019年8月10日颁布的《体育强国建设纲要》中制定了"到2050年，全面建成社会主义现代化体育强国"的目标，而党的十九届五中全会上提出到2035年建成体育强国的目标，体育强国的建设步伐明显加快。竞技体育迫切需要改革体制机制，创新发展模式，转变发展方式，盘活竞技体育资源，激发基础大项、集体项目的竞争活力，优化项目结构，进而"追求体育的创新发展、协同发展、全面发展、高质发展和永续发展"[③]。

（三）国家治理现代化

竞技体育的治理是国家治理体系和治理能力现代化的重要组成部分，竞技体育治理的广度、深度和速度都受到国家治理理念与方略的影响。当前我国体育领域"放管服"改革未到位，脱钩改革未完成，协会实体化改革仍在进行中。竞技体育还未能从依赖政府的传统路径锁定中走出来，市场活力不足，社会组织体系和能力短板较多。归根结底，竞技体育的治理能力比较薄弱，而最核心的是竞技体育体制与社会的不相容问题十分突出[④]，举国体制与市场机制、社会机制仍未能

---

① 何立峰. 深入贯彻新发展理念 推动中国经济迈向高质量发展[J]. 宏观经济管理，2018（4）：4-5, 14.
② 田雨普. 努力实现由体育大国向体育强国的迈进[J]. 体育科学，2009, 29（3）：3-8.
③ 鲍明晓. 以新时代改革开放，统领体育强国建设[J]. 体育科学，2019, 39（3）：13-18.
④ 马玉芳. 关于我国竞技体育发展方式转变若干问题的研究[J]. 体育与科学，2012, 33（2）：102-105.

有效结合。因此，竞技体育需要重视发挥市场和社会的力量，实现从"管理"到"治理"的模式转型，提升发展质量和效益，促进竞技体育治理体系与治理能力的长远发展。

（四）国际体坛竞争

国际体坛不仅是各国竞技比赛、文化交流的舞台，还是全球化时代国家政治、经济、文化及科技等综合实力展示的橱窗，被称为没有硝烟的战场。国际竞技体育日益激烈的竞争格局，促使各国不断探索既适应本国实际情况又符合竞技体育发展规律的模式，实现本国竞技体育的快速、稳定、健康发展。国际竞技体育的激烈竞争，最终表现为各国竞技体育体制、机制与发展模式的竞争。在2008年北京奥运会上，我国取得金牌榜第一名，在随后的伦敦奥运会、里约奥运会上分别获得38枚金牌、26枚金牌，我国国际竞技体育竞争力出现了下滑趋势。因此，为了应对国际竞技体育的持续挑战，培育我国竞技体育可持续竞争力和影响力，我们需要大力探索发展模式的改革与创新，为我国竞技体育匹配更高质量、更有效率、更可持续的发展模式。

（五）竞技体育自身发展需求

当前我国竞技体育发展主要依靠由政府行政管理、财政加大投入、人力资源大力保障形成的速度优先发展模式，它为我国竞技体育的赶超发展做出了重大贡献，但也暴露出高投入、高消耗、高成本、低效益问题，导致我国竞技体育发展结构失衡、内生动力不足、整体质量不高。毋庸置疑，高质量发展是可持续的发展[①]。我国竞技体育要实现赶超发展模式的转型升级，就必须探索以提高质量和效益为中心的发展模式，适应经济社会高质量发展要求，遵循竞技体育发展规律，贯彻落实新发展理念，尊重竞技体育多元主体、多元目标、多元利益的竞争与协同，追求又好又快的可持续发展。

二、理论背景

（一）发展理论为转变竞技体育发展模式提供了思路指导

所谓发展理论就是对人类社会发展目标、发展道路等持有的一系列看法和观

[①] 任保平，文丰安. 新时代中国高质量发展的判断标准、决定因素与实现途径[J]. 改革，2018（4）：5-16.

点[1]。当代发展理论形成于第二次世界大战以后，大致经过了经济增长发展理论、社会综合发展理论、可持续发展理论与以人为中心发展理论的演化过程[2]。这些发展理论紧密围绕经济、社会、自然、人之间的相互关系，解答为什么发展、什么是发展、怎么发展、如何评价发展等问题，同时在批判"增长=发展""有增长无发展""极限增长"等错误观点的过程中成熟起来。反观我国竞技体育的发展历程，一方面，从奥运金牌零的突破到登上奥运奖牌榜首位，我国竞技体育一直强调发展速度和规模，形成"多拿金牌""快拿金牌"的发展模式；另一方面，我国竞技体育的奖牌成本居高不下，在基础大项、三大球等世界主流项目上竞争力较弱，职业联赛竞争力不强，产业蛋糕如何做大与公平分配问题悬而待决。这是发展理论一直批评的所谓的"数量增长""速度优先"的"非发展"模式。体育领域学者深刻认识到正确理解和掌握发展理论的重要性。《"十四五"体育发展规划》中把"坚持新发展理念"作为主要发展原则之一，强调"从我国实际出发，把创新、协调、绿色、开放、共享的发展理念贯穿体育发展全过程和各领域，遵循现代体育发展内在规律，顺应社会发展新趋势，推动体育与经济社会协同发展，加快转变体育发展方式，实现体育更高质量、更有效率、更加公平、更可持续、更为安全的发展"。因此，发展理论能够破解竞技体育数量一维的发展模式，为竞技体育从规模数量型发展模式向质量效益型发展模式的转变提供理论引导，构建数量稳中求进、质量与效益优先的高质量发展模式。

（二）自组织理论为构建竞技体育发展模式提供理论支撑

自组织理论产生于20世纪中叶的欧洲大陆，是集耗散结构理论、突变理论、分形理论、混沌理论、协同学理论、超循环理论为一体的理论集，以自我组织、自我协同、自我激发为基本特征，强调系统自身的能动性。中华人民共和国成立伊始，我国竞技体育就担负起突破国际封锁、为国争光的历史重任，政治功能与国家利益成为竞技体育快速发展的航灯与柱石。但长期以来行政路径依赖高度锁定，竞技体育形成了"衣来伸手，饭来张口"的发展模式，其适应经济社会的主动性、积极性明显不足，体育社会组织、市场组织的自主发展能力堪忧。竞技体育要适应新时代充分、均衡的高质量发展要求，迫切需要用自组织理论解决竞技体育系统开放度不高、内生动力不足、自我造血功能不强、发展方式僵化等问题。

---

[1] 石中英，张夏青. 当代国外发展理论述评[J]. 学术界，2008（3）：273-279.
[2] 伍俊斌. 国外发展理论的历史嬗变及其意义[J]. 山西大学学报（哲学社会科学版），2006，29（1）：23-26.

第二节 问题的提出

纵观我国体育事业、竞技体育事业"十一五"到"十四五"的发展规划，都把"转变发展方式""发展竞技体育核心竞争力""提高发展质量和效益"作为竞技体育改革发展的主要目标，但长期以来发展的质量与效益不尽如人意。究其原因，很大程度上是因为以往竞技体育发展模式过多地关注资金、行政路径等外在因素，未能有效发挥竞技体育系统内在的自组织机制，未能激活竞技体育可持续发展的内生动力。进入以高质量发展为主题的新时代，竞技体育需要在新发展理念的指导下，深化体制机制改革，探索发展速度、发展结构、发展动力、发展效益在更高层次上有序发展的高质量模式。在时间紧、任务重的形势下，在竞技体育领域迫切需要探索和实施高质量发展模式，增强自主发展、主动发展的能力，激发竞技体育系统的内生活力，更好地发挥竞技体育的先导作用。

自组织理论是以"自我组织、自我协同、自我激发"为基本特征的复杂系统理论，它多以生命系统、社会系统为研究对象，适用于研究竞技体育发展问题，能够为竞技体育提供理论指导。

第三节 研究目的与意义

一、研究目的

（一）构建自组织视角下我国竞技体育高质量发展的宏观模式

进入以高质量发展为主题的新时代，竞技体育迎来了提质增效、转型升级、从规模数量型发展模式转变到高质量发展模式的机遇期。本书从自组织理论的视角出发，遵循高质量发展的内涵要求，从发展观、发展目标、发展条件、发展动力等方面构建了竞技体育高质量发展模式，期望竞技体育在高质量发展观与发展目标的引导下，形成高质量发展的耗散结构，激活竞争与协同的内生动力，为竞技体育解决"质量第一、效益优先"的可持续发展问题提供宏观层面的理论框架，为我国竞技体育实现全面充分、健康稳定发展提供理论方案与模式借鉴。

（二）提供竞技体育高质量发展的基础实践模式

本书运用系统动力学理论与方法，利用 Vensim 软件工具，建立了竞技体育系统的因果关系模型与存量流量模型。在输入2009—2018年竞技体育基础数据的前提下,以世界冠军数量、竞技体育总经费、冠军成本、优秀运动员数量、职业联赛收入及俱乐部收入为观察变量,首先,模拟了竞技体育赶超发展模式,掌握该模式的发展现状与不可持续问题;其次,调整相关模型参数,仿真和比较了竞技体育与群众体育并行发展模式、自身造血发展模式、专业体育与职业体育协同发展模式、科技支撑发展模式,为竞技体育向高质量发展转型、相关部门制定与实施竞技体育政策提供可参考的基础实践模式。

二、研究意义

(一) 理论意义

第一,为竞技体育可持续发展研究提供新视角与新模式借鉴。竞技体育的可持续发展一直是体育界追求的目标,始终是竞技体育理论与实践关注的热点领域之一。本书在自组织视角下,运用耗散结构理论、协同学理论剖析竞技体育高质量发展的体制机制问题,分析影响竞技体育均衡结构与内生动力的瓶颈问题,探索竞技体育更加充分、更加均衡、更高质量可持续发展的方法。同时,根据竞技体育发展趋势,结合发展模式的一般结构,从发展观、发展目标、发展条件、发展动力方面构建了竞技体育高质量发展模式,为竞技体育的可持续发展提供借鉴。

第二,为竞技体育发展方式的转变提供理论框架参考。竞技体育发展方式是指因决定竞技体育发展的各种要素的结合而产生的发展手段、行为方式、发展道路、发展形态的集合[①]。竞技体育的高质量发展必然要求转变竞技体育的发展方式,而转变竞技体育发展方式的落脚点是创新竞技体育的发展模式。因此,探讨竞技体育发展模式有利于推动竞技体育发展方式的转变,促进竞技体育的可持续发展。本书从自组织理论逻辑、竞技体育高质量发展的"发展观—发展目标—发展条件—发展动力"、系统动力学仿真三个层次构建了竞技体育发展模式的理论框架,能够为探讨竞技体育发展方式转变乃至推动竞技体育高质量发展提供新的理论框架参考。

第三,为举国体制与市场机制的融合发展提供思路借鉴。我国竞技体育的高质量发展有赖于举国体制的改革与完善。实现到2035年建成体育强国的目标必须尽快补上在市场机制促进体育高质量发展方面的短板,使市场具有更强的持续

---

① 辜德宏. 竞技体育发展方式构成要素与结构模型分析[J]. 沈阳体育学院学报,2016,35(2):44-51.

创新能力[①]。在社会主义市场经济体制越发完善的阶段，坚持和完善举国体制必然要融合市场机制，把发挥市场机制的决定作用与更好地发挥政府作用结合起来。在本书中，竞技体育高质量发展研究确定将举国体制与市场机制融合度作为系统序参量，这样能够激活竞技体育竞争与协同自组织内生动力机制，主导竞技体育高质量发展的过程，为探索举国体制与市场机制的融合共生提供新的思路借鉴，为促进竞技体育的高质量发展提供理论参考。

（二）实践意义

第一，能够为在竞技体育领域落实《体育强国建设纲要》、到 2035 年建成体育强国的目标提供思路借鉴和经验参考。本书不仅构建了竞技体育高质量发展的宏观理论框架，还利用竞技体育基本数据模拟仿真了高质量发展的实践模式，寻求解决竞技体育奖牌数量与成本效益、速度与质量的可持续发展问题。这是关于落实《体育强国建设纲要》指导思想的理论与实践探索，能够为加快建成体育强国提供思路借鉴和经验参考。

第二，能够为竞技体育决策与管理部门提供经验支撑。竞技体育高质量发展的理念与模式可以为国家体育总局（以下简称体育总局）等相关决策部门制定发展战略与规划、有效备战奥运提供理论依据与经验参考；可以为体育总局、中华全国体育总会（以下简称全国体总）、中国奥林匹克委员会（以下简称中国奥委会）、单项体育协会、地方体育局等部门制定和实施相关政策提供经验支持。

第四节 文 献 综 述

一、国外文献综述

国外相关研究文献主要通过 Web of Science、EBSCO 外文资料数据库及百度学术库，以 Competitive Sports、Professional Sports、Game、Sports Team 及 Basketball、Football、Volleyball 等关键词分别与 Mode、Model、Self-organization、Synergy、Dissipative、Entropy、Fluctuation 等相搭配进行标题检索，截至 2019 年 10 月 30 日共搜索到 232 篇文献，其中相关文献有 51 篇。国外相关研究主要集中在竞技体育运动队发展模式研究、竞技体育组织发展模式研究、竞技体育项目与赛事发展模式研究、职业体育发展模式研究、自组织视角下的体育发展研究五个方面。

---

① 鲍明晓. 以新时代改革开放，统领体育强国建设[J]. 体育科学，2019，39（3）：13-18.

（一）竞技体育运动队发展模式研究

竞技体育运动队发展模式研究主要对集体项目运动队、区域运动队的组建模式、评价模式、其他模式进行探讨。

第一，运动队组建模式研究。Amin 和 Sharma 提出了板球队选择的数据包络分析（Data Envelopment Analysis，DEA）模式，其优点是通过球员表现相关的多个因素，使用线性编程 DEA 模型聚合球员的得分[1]。Tavana 等提出了球队组建的两阶段模式框架，第一阶段用模糊排名法甄选优秀球员组建球队，第二阶段使用模糊推理系统（Fuzzy Inference System，FIS）评估所选球员，形成团队的最佳组合[2]。

第二，运动队评价模式研究。Stanislav 等基于多准则决策的算法提出 TOPSIS（Technique for Order Preference by Similarity to an Ideal Solution，双基点）方法和设计原则，这是一种系统解决篮球运动队的评价模式[3]。Bliznevskiy 和 Bliznevskaya 构建了克拉斯诺亚尔斯克地区运动队的组织模式，能够提高体育运动中物质和财政资源使用的质量和效率[4]。

第三，其他模式研究。David 和 Yukelson 提出了在体育运动中围绕团队目标建立有效运营模式的实践方法，并讨论了干预的核心原则，包括共同目标、团队协作、多向问责、身份认同等[5]。Gesbert 和 Vincent 分析了足球队案例，收集和处理了用于研究心理现象程序的数据，构建了足球运动员之间共享目标和信息的模式[6]。Lock 等采用混合方法探讨了澳大利亚新建足球队的认同模式，研究

---

[1] AMIN G R, SHARMA S K. Cricket team selection using data envelopment analysis[J]. European Journal of Sport Science, 2014(14): 369-376.

[2] TAVANA M, FARSHAD A, FARZAD A, et al. A fuzzy inference system with application to player selection and team formation in multi-player sports[J]. Sport Management Review (Elsevier Science), 2013, 16(1): 97-110.

[3] STANISLAV D, ZENONAS T, EDMUNDAS K Z, et al. Multi-criteria assessment and ranking system of sport team formation based on objective-measured values of criteria set[J]. Expert Systems with Applications, 2014, 41(14): 6106-6113.

[4] BLIZNEVSKIY A Y, BLIZNEVSKAYA V S. Procedure for organization of regional sports teams to increase the objectivity of their formation[J]. Journal of Siberian Federal University (Humanities & Social Sciences), 2013, 6(9): 1398-1403.

[5] DAVID, YUKELSON. Principles of effective team building interventions in sport: A direct services approach at Penn State University[J]. Journal of Applied Sport Psychology, 1997, 9(1): 73-96.

[6] GESBERT, VINCENT. A case study of forms of sharing in a highly interdependent soccer team during competitive interactions[J]. Journal of Applied Sport Psychology, 2017, 29(4): 466-483.

表明在澳大利亚联赛中会员城市和比赛日是形成团队认同的新主题[①]。Rentsch 和 Davenport 分析了团队成员相似性（Team Member Schema Similarity，TMSS）模式的形式和内容，探讨了 TMSS 应用于运动队的方法[②]。

（二）竞技体育组织发展模式研究

竞技体育组织发展模式研究主要是指对国际体育组织、国家体育组织与体育联盟发展模式进行研究。

第一，国际体育组织的发展模式研究。Geeraert 和 Drieskens 引入合规性理论框架，分析了国际体育联合会的自我监管模式，提出普遍原则、关键治理原则和基本指标等善治举措[③]。

第二，国家体育组织与体育联盟的发展模式研究。Shilbury 和 Ferkins 针对澳大利亚国家保龄球机构进行了为期 18 个月的行动研究，验证了协作模式对克服竞技体育文化不适应的重要作用[④]。Adriaanse 围绕性别问题对澳大利亚体育组织进行了半结构访谈，从生产、权力、情感和象征主义四个维度构建了性别关系模式[⑤]。Nadeau 和 O'Reilly 以国家曲棍球联盟为例，提出了职业体育联盟的盈利模式，研究发现联盟结构与风格、历史基础、市场竞争、竞技场位置、赞助水平是决定联盟盈利的主要因素[⑥]。

（三）竞技体育项目与赛事发展模式研究

竞技体育项目与赛事发展模式研究既探讨了竞技体育不同项目的发展模式，也关注了竞技体育赛事的发展模式，其中在竞技体育项目方面探讨足球发展模式的研究较多。

第一，足球项目发展模式研究。Sugiyama 等从教练员教育、基层俱乐部联赛、

---

① LOCK D, TAYLOR T, DARCY S. In the absence of achievement: The formation of new team identification[J]. European Sport Management Quarterly, 2011, 11(2): 171-191.
② RENTSCH J R, DAVENPORT S. Sporting a new view: Team member schema similarity in sports[J]. International Journal of Sport & Exercise Psychology, 2006(4): 401-421.
③ GEERAERT A, DRIESKENS E. Normative market europe: The EU as a force for good in international sports governance?[J]. Journal of European Integration, 2017, 39(1): 79-94.
④ SHILBURY D, FERKINS L. Exploring the utility of collaborative governance in a national sport organization[J]. Journal of Sport Management, 2015, 29(4): 380-397.
⑤ ADRIAANSE J A. The influence of gendered emotional relations on gender equality in sport governance[J]. Journal of Sociology, 2019, 55(3): 587-603.
⑥ NADEAU J, O'REILLY N. Developing a profitability model for professional sport leagues: The case of the National Hockey League[J].International Journal of Sport Finance, 2006, 1(1): 46-62.

精英通道及县足球协会利益相关者的角度构建了县域足球协会的治理模式[1]。Giulianotti 和 Robertson 提出了塑造全球化足球领域的跨国政治和经济力量的社会模式[2]，该模式是制度力量和意识形态力量在新自由主义、新商业主义、国际关系、公民社会四个象限之间相互作用形成的。另外，Strittmatter 等提出了基于国家和行业单板滑雪的分散治理模式，建议调整项目固有的内在管理矛盾，有效避免早期阶段的制度分裂现象[3]。

第二，大型综合竞技赛事模式研究。Parent 等研究了 2010 年温哥华冬季奥运会赛事的协作、沟通、中介、工具、法律、监管、交易、内部联系和外部联系八种关联，构建了竞技赛事网络合作伙伴的治理模式[4]。Chung 和 Shin 以 2002 年釜山亚运会为案例，提出把体育赛事作为区域文化资源的发展模式[5]。

（四）职业体育发展模式研究

职业体育发展模式研究主要探讨了俱乐部发展模式、职业联赛发展模式，其中俱乐部发展模式是重点研究对象。

第一，俱乐部发展模式研究。Franck 对足球俱乐部私人治理的足球公司模式、所有权分散的足球股份公司模式和具有法人资格的会员协会模式的不同结构进行了比较制度分析，发现"支出能力"是俱乐部竞争优势的主要驱动力[6]。Gammelsaeter 和 Jakobsen 研究发现场地级别、国家组织体系和俱乐部级别影响了男子足球俱乐部的组织模式[7]。Shaw 使用业务流程建模和系统理论概念构建了能够多层次治理的网络编排体系模式[8]。

---

[1] SUGIYAMA M, KHOO S, HESS R. Grassroots football development in Japan[J]. International Journal of the History of Sport, 2017, 34(17): 1854-1871.

[2] GIULIANOTTI R, ROBERTSON R. Mapping the global football field: A sociological model of transnational forces within the world game[J]. British Journal of Sociology, 2012, 63(2): 216-240.

[3] STRITTMATTER A M, KILVINGER B, BODEMAR A, et al. Dual governance structures in action sports: Institutionalization processes of professional snowboarding revisited[J]. Sport in Society, 2019, 22(10): 1655-1673.

[4] PARENT M M, ROUILLARD C, NARAINE M L. Network governance of a multi-level, multi-sectoral sport event: Differences in coordinating ties and actors[J]. Sport Management Review, 2017, 20(5): 497-509.

[5] CHUNG H, SHIN Y K. Sport event as regional cultural resource: Developing a model with the case of 2002 Busan Asian Game[J]. Korean Journal of Sport Science, 2002, 13(3): 57-75.

[6] FRANCK E. Private firm, public corporation or member's association governance structures in European football[J]. International Journal of Sport Finance, 2010, 5(2): 108-127.

[7] GAMMELSAETER H, JAKOBSEN S E. Models of organization in norwegian professional soccer[J]. European Sport Management Quarterly, 2008, 8(1): 1-25.

[8] SHAW D R. Manchester United Football Club: Developing a network orchestration model[J]. European Journal of Information Systems, 2007, 16(5): 628-642.

另外，俱乐部的社区信任治理模式、多层分析框架得到倡导，产生了增加俱乐部的自治权、整合社会团体利益、加强俱乐部财务管理的治理策略。

第二，职业联赛发展模式。Dietl 等通过将两面市场理论整合到两阶段竞赛模式中，开发了具有网络外部性的职业体育联盟模式[1]。Cyrenne 根据球迷之间的竞争平衡构建了职业体育联赛运营模式，使用行业组织标准技术分析联赛市场结构的优势[2]。有学者分析了职业联赛在球员支出和比赛门票价格上的决策模式，研究发现俱乐部"零利润"而不是"正利润"是健康职业联赛的更好标志。同时，有学者提出提升职业联盟领导力、管控联赛债务水平等方法。

（五）自组织视角下的体育发展研究

自组织视角下的体育发展研究主要是在自组织视角下探讨竞技体育、体育教学、社会体育、体育产业等领域的非线性、协同、涨落、熵等问题。

第一，自组织视角下的竞技体育发展研究。Liang 运用自组织原理设计了针对运动员训练适应状态的竞争神经网络评价模型，证明自组织理论应用于运动训练适应的可行性[3]；McGarry 等分析了一对一与多对多的壁球比赛，认为竞技比赛是一个动态的自组织系统[4]；Chassy 和 James 运用修正的足球队自组织空间综合模型（Self-Organizing Space Comprehensive Model）分析了英超 2012—2013 赛季的 760 场比赛，认为教练员使用仿真软件能够有效地提高足球运动员的成绩[5]；Bourbousson 和 Fortes 评估了体育常规赛团队凝聚力的涨落相关性，分析了团队内聚力和共享理解力逐步涨落的时间特性[6]；Silva 认为熵测量在评估球类运动员成绩的空间分布和优势区域及团队行为的不确定性方面具有较大的应用潜力[7]。

---

[1] DIETL H M, DUSCHI T, FRANCK E, et al. A contest model of a professional sports league with two-sided markets[J]. Jahrbucher Fur Nationalokonomie und Statistik, 2012, 232(3): 336-359.

[2] CYRENNE P. Modelling professional sports leagues: An industrial organization approach[J]. Review of Industrial Organization, 2009, 34(3): 193-215.

[3] LIANG H. Evaluation of fitness state of sports training based on self-organizing neural network[J]. Neural Computing & Applications, 2021, 33(9): 3953-3965.

[4] MCGARRY T, ANDERSON D I, WALLACE S A, et al. Sport competition as a dynamical self-organizing system[J]. Journal of Sports Sciences, 2002, 20(10): 771-781.

[5] CHASSY P, JAMES J. A mathematical model of self-organisation in football[J]. International Journal of Performance Analysis in Sport, 2018, 18(2): 217-228.

[6] BOURBOUSSON J, FORTES M. Fluctuations of the experience of togetherness within the team over time: Task-cohesion and shared understanding throughout a sporting regular season[J]. Ergonomics, 2017, 60(6): 810-823.

[7] SILVA B V L. Application of entropy measures to analysis of performance in team sports[J]. International Journal of Performance Analysis in Sport, 2016, 16(2): 753-768.

第二，自组织视角下的体育教学发展研究。Knowles 等采用个案研究方法，以跨语境动机模型（Cross Contextual Motivation Model）为演绎视角，定性地考察了体育教学与课余时间的协同作用[1]；Ribeiro 等分析了体育人才培养中非线性教学法与传统教学法的异同，倡导建立自我感知、情绪调节和社会互动的现代非线性教学模式[2]；Kee 分析了教练员培养运动员创造力和以学习者为中心的非线性教学方法，认为"正念水平"是运动学习系统的一个重要控制参数[3]。

第三，自组织视角下的社会体育发展研究。Passos 等研究了橄榄球联盟的人际协同效应，发现它随时间变化而波动的规律[4]；Krabben 等研究发现格斗运动员在竞赛过程中能够自组织形成感知和行动相互耦合的人际协同系统，利用该系统的稳定性，采用"边缘策略"可取得有利位置[5]。

第四，自组织视角下的其他研究。Ahn 等通过体育城市营销的成功案例，分析了体育和城市营销之间的协同效应，探讨了顾客、产品和市场之间以体育为中心进行城市营销的关系[6]。

（六）国外研究述评

统而观之，国外竞技体育发展模式的研究状况表现出五个鲜明特点。

第一，研究层面聚焦微观领域。国外相关研究围绕运动队组队优化、赛事数据信息、俱乐部利润收入、债务管理、性别等具体问题，涌现出较多针对性较强的模式研究。

第二，研究热点突出基础服务模式。国外竞技体育发展模式的研究对象热点主要包括运动队发展模式、职业联赛模式两类模式，研究热点主要包括各种治理模式，多样化探索分散治理、网络治理、私人治理、本地治理、市场治理等模式，研究服务于竞技体育基层单位的发展需要。

---

[1] KNOWLES A, WALLHEAD T, READDY T. Exploring the synergy between sport education and in-school sport participation[J]. Journal of Teaching in Physical Education, 2018, 37(2): 1-33.

[2] RIBEIRO J, KEITH D, SILVA P. Talent development in sport requires athlete enrichment: Contemporary insights from a nonlinear pedagogy and the athletic skills model[J]. Sports Medicine, 2021, 51(6): 1115-1122.

[3] KEE V H. Mindfulness and its relevance for sports coaches adopting nonlinear pedagogy[J]. International Journal of Sports Science & Coaching, 2019, 14(3): 419-427.

[4] PASSOS P, MILHO J, BUTTO N C. Quantifying synergies in two-versus-one situations in team sports: An example from Rugby Union[J]. Behavior Research Methods, 2018, 50(2): 620-629.

[5] KRABBEN K, DOMINIC O, KAMP V D, et al. Combat as an interpersonal synergy: An ecological dynamics approach to combat sports[J]. Sports Medicine, 2019, 49(12): 1825-1836.

[6] AHN JUNG-CHAN, KIM, et al. Reconsideration of the concept of sports city: The relationship and synergy between sport and city marketing[J]. Korean Journal of Sport Management, 2013, 18(5): 75-93.

第三，研究领域覆盖范围较广，涵盖了运动队、竞技体育组织、竞技赛事及体育产业等领域，其中职业体育形成了较为成熟的组织、运营、决策发展模式，这折射出西方发达国家职业体育发展比较成熟的事实。

第四，研究框架较为成熟，如利益相关者框架、合规性理论框架、公司治理框架等，显示出国外竞技体育发展模式研究具有比较扎实和成熟的理论基础。

第五，研究方法综合多样，既有数据编程、模糊评价、决策算法等定量研究，也有半结构式访谈、观察、案例研究及行动研究等定性研究。

国外竞技体育发展模式研究为国内相关研究提供了重要的理论框架参考和成熟的模式借鉴，其中熵测量模式、非线性教学模式与方法、团队凝聚力涨落模式等对于耗散结构视角下竞技体育高质量发展的条件研究具有一定的借鉴作用；社区体育的协同网络模式、产业协同效应等研究对于协同学视角下竞技体育高质量发展的动力研究具有一定的借鉴价值。当然，国外研究也存在偏重微观层面的具体模式研究、缺乏宏观性与系统性研究、定性研究方法未能结合定量研究方法等问题。

二、国内文献综述

（一）国内研究基本情况

1. 文献来源

第一，图书类资料多通过中国国家图书馆、上海体育学院图书馆、曲阜师范大学图书馆及网络资源的借阅、下载或者购买获取。

第二，学术论文资料主要来源于中国知网数据库，主要使用中国知网期刊数据库、中国知网博硕士学位论文引证数据库、中国知网报纸数据库，以"竞技体育+模式""竞技项目+模式""体育（项目）+自组织"等组合进行模糊检索获取。其中竞技体育项目侧重检索篮球、足球、排球、武术、乒乓球、体操等关键词，自组织侧重检索自组织、耗散结构、协同学、超循环、分形学、突变论等关键词。

2. 文献数量及发文关键词分析

（1）文献数量

下载竞技体育类图书23本、体育史图书10本；购买社会学及研究方法类图书15本，购买发展模式、发展方式、体育史类图书31本，购买自组织类图书29本。截至2019年10月30日，"模式类"学术论文共检索出相关文献282篇，筛选出可参考文献 167 篇，其中来源于中文社会科学引文索引（Chinese Social Sciences Citation Index，CSSCI）和《中文核心期刊要目总览》的文献有 88 篇；"自组织类"学术论文共 176 篇，可参考文献为 134 篇，其中来源于中文社会科学引文索引和《中文核心期刊要目总览》的文献有 83 篇。竞技体育发展模式研究的发文趋势如图 1-1 所示。"自组织+体育"研究的发文趋势如图 1-2 所示。图 1-1 和图 1-2 中的起止时间为文献起止时间。

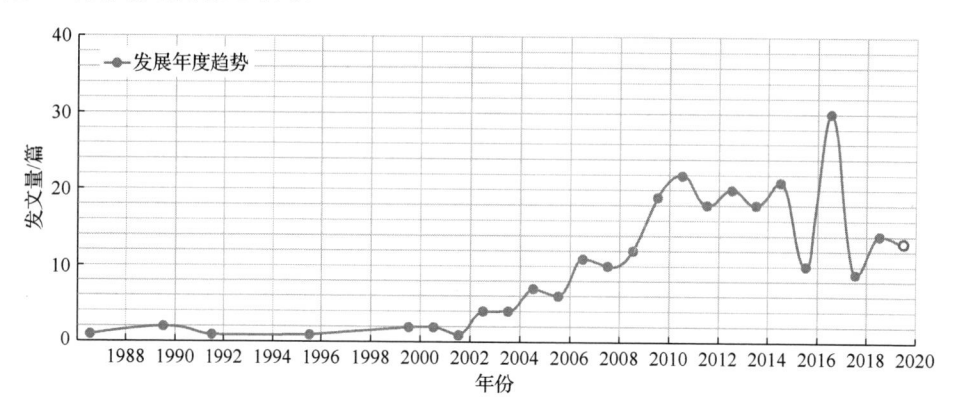

图 1-1 竞技体育发展模式研究的发文趋势

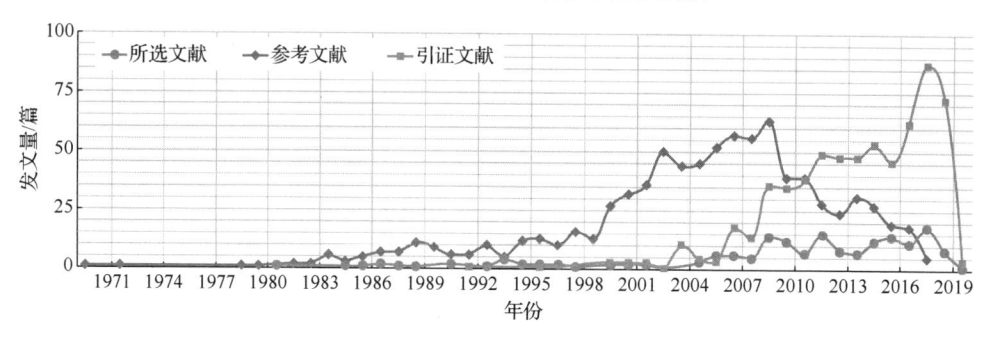

图 1-2 "自组织+体育"研究的发文趋势

第一，从图 1-1 中可以看出，竞技体育发展模式研究的发文趋势可划分为三个时期，分别为平缓期、上升期、短暂下降期。其中，1987—2002 年是竞技体育发展模式研究发文的平缓期，发文数量在低水平上保持相对稳定。2002—2017 年是竞技体育发展模式研究发文的上升期，发文数量不断上升，年发论文由 2002 年的 1 篇升到高峰，即 2017 年的 30 篇。2017—2018 年是竞技体育发展模式研究发文的短暂下降期，发文数量由 2017 年的 30 篇降至 2018 年的 9 篇。2019 年发文数量为 14 篇，下降势头得到一定遏制，出现上升的苗头。从整体上看，竞技体育发展模式研究的发文数量处于较快增长态势，在一定程度上表明竞技体育发展模式的研究成为竞技体育领域研究的重点和热点。

第二，从图1-2中可以看出，"自组织+体育"研究的发文趋势基本划分为两个时期，即零散期与缓慢上升期。1987—2003年是"自组织+体育"研究发文数量的零散期，年发论文基本在1~2篇。2003—2019年是"自组织+体育"研究发文数量的缓慢上升期；发文数量相对高峰是2009年，发文19篇；2019年发文8篇。从整体上看，在体育领域中运用自组织理论的研究呈现缓慢上升的态势，在一定程度上表明复杂系统科学在体育领域中逐渐得到重视。

（2）发文关键词分析

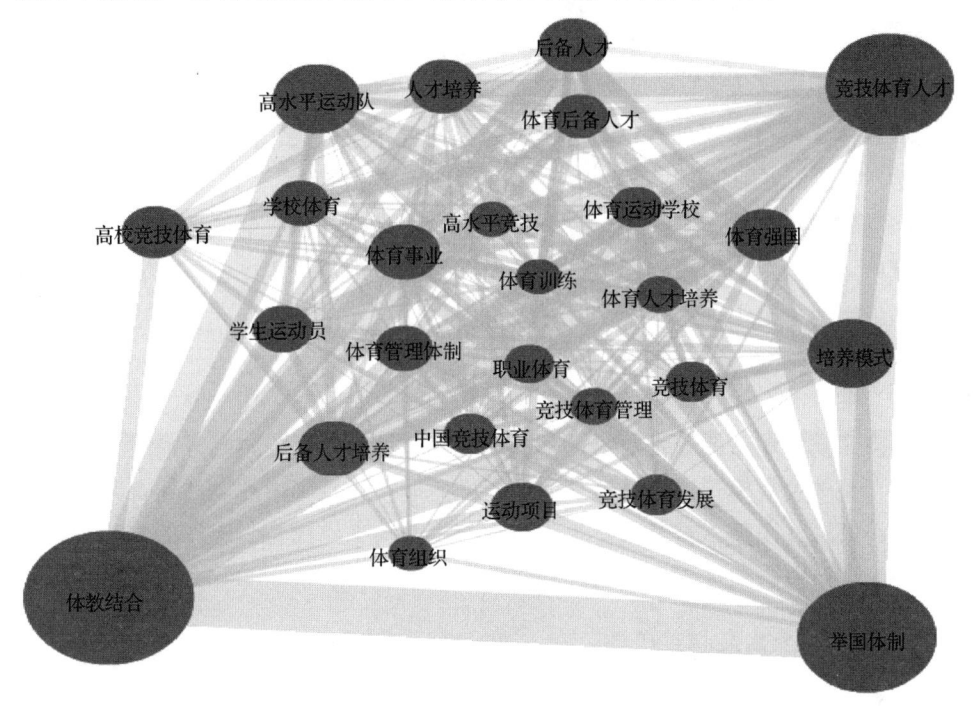

竞技体育发展模式研究的关键词共现网络如图1-3所示，体育领域自组织研究的关键词共现网络如图1-4所示。从图1-3中可以看出，竞技体育发展模式研究比较突出的关键词首先是"体教结合""举国体制""竞技体育人才"；其次是"高水平运动队""培养模式""体育强国""人才培养""体育事业""高校竞技体育""职业体育"等。不难发现，一方面，竞技体育发展模式研究注重考虑中国"举国体制"的大环境；另一方面，竞技体育人才培养成为竞技体育发展模式研究的重点和热点。

图1-3 竞技体育发展模式研究的关键词共现网络

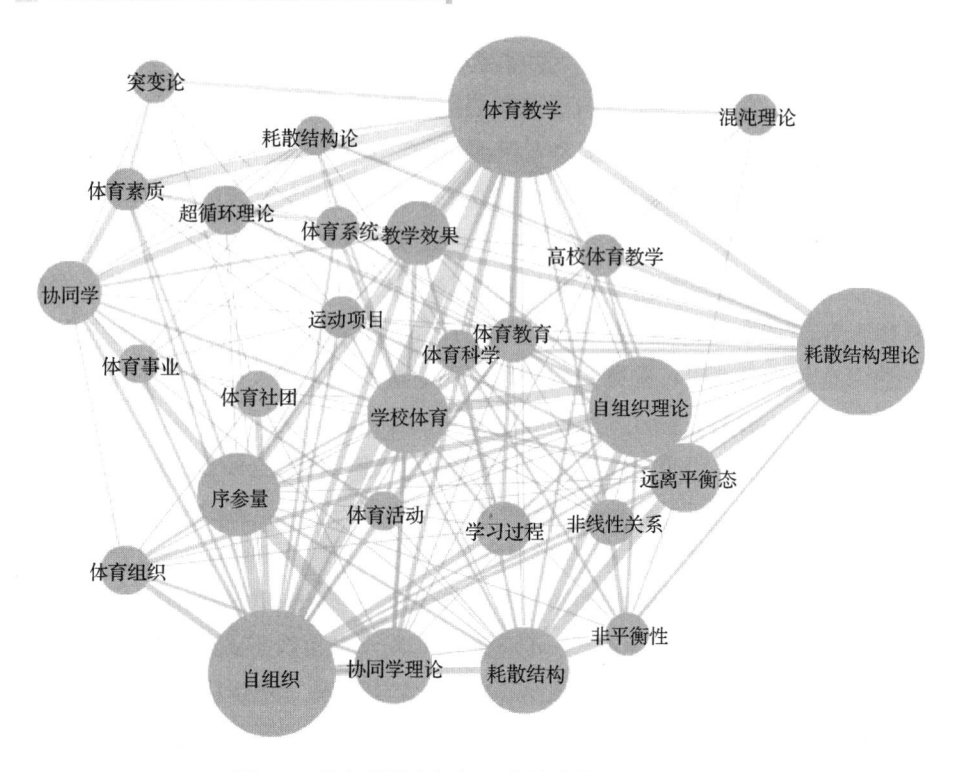

图1-4 体育领域自组织研究的关键词共现网络

从图1-4中可以看出，体育领域自组织研究中比较突出的关键词首先是"体育教学""耗散结构理论""自组织""自组织理论"；其次是"协同学理论""学校体育""序参量""远离平衡态""超循环理论""体育社团"等。不难发现，在体育领域中运用自组织理论、耗散结构理论、协同学理论较多；学校体育尤其是体育教学中运用自组织理论较多。

（二）国内竞技体育发展模式研究现状

国内文献综述主要分为两个部分：一是竞技体育发展模式研究，主要集中在竞技体育整体发展模式、竞技体育微观层面发展模式、国内外竞技体育发展模式比较三个领域；二是体育领域自组织研究，主要从学校体育、大众体育、竞技体育三个领域对自组织理论的应用进行研究。

1. 竞技体育发展模式研究

（1）竞技体育整体发展模式研究

竞技体育整体发展模式研究是在宏观视角上探讨竞技体育发展模式的改革问

题，涉及竞技体育发展模式的演变、构建与转型研究三个方面。

①竞技体育发展模式演变研究。该研究一般立足于中华人民共和国成立的历史节点，按照竞技体育发展战略调整的主线，分析竞技体育发展模式的特征。首先，在竞技体育发展模式演变的阶段划分方面，熊晓正和郑国华把演变的阶段划分为普及与提高相结合、缩短战线保证重点和奥运战略三个阶段[①]；其次，在竞技体育发展模式的阶段特征方面，卢文云等从发展观、发展目标、组织管理、训练体制、运动竞赛、保障体制六个方面归纳出不同阶段模式的特征[②]；最后，在竞技体育模式演变的发展观方面，肖林鹏和杨志勇依次分析了赶超发展观、优先发展观、可持续发展观下相对应的发展模式[③]。

②竞技体育发展模式构建研究。第一，在"强政府、强社会"模式中，"强政府"是通过政府的主导地位来确保体育改革的稳定，发挥政府宏观调控和保底的作用的；"强社会"是通过壮大竞技体育的社会功能来分担全能政府的行政、财政压力的[④]。第二，社会化发展模式体现为创新举国体制、强大体育社会组织、拓展多元化投资渠道、培育竞技体育市场[⑤]。第三，重构型发展模式由战略目标、组织体系、运行机制、财政体制、保障体制五部分组成[⑥]。第四，竞技体育"管办分离"模式是指把政府与社会作为"管"与"办"的主体相互结合而形成的内部型、外部型、内外型三种发展模式[⑦]。

③竞技体育发展模式转型研究。该研究一般从问题出发，探讨竞技体育发展模式转型的目标、方向及路径问题。钟秉枢认为我国已经实现了奥运争光目标，提出中国竞技体育发展模式要围绕"拿什么样的金牌""如何拿金牌"进行转型[⑧]。何强和熊晓正认为资源整合多元化、组织模式综合化、运行模式市场化是竞技体育模式选择和变革的重点[⑨]。杜成革和孙科认为竞技体育发展模式的转型要坚持与完善竞技体育管理体制，切实转变竞技体育发展方式，同时理性引导竞技体育价值导向的回归[⑩]。

---

① 熊晓正，郑国华. 我国竞技体育发展模式的形成、演变与重构[J]. 体育科学，2007，27（10）：3-17.
② 卢文云，唐炎，熊晓正. 建国初期我国竞技体育发展模式的历史回眸[J]. 西安体育学院学报，2007，24（4）：9-12.
③ 肖林鹏，杨志勇. 中国竞技体育发展观与发展模式的演变[J]. 体育学刊，2003，10（2）：135-136.
④ 赵立霞，吴贻刚. "强政府、强社会"模式：我国竞技体育改革的路径与策略探讨[J]. 南京体育学院学报（社会科学版），2017，31（1）：53-58.
⑤ 王勇，常蕾. 论竞技体育社会化发展模式的构想[J]. 体育与科学，2012，33（2）：109-111.
⑥ 熊晓正，郑国华. 我国竞技体育发展模式的形成、演变与重构[J]. 体育科学，2007，27（10）：3-17.
⑦ 戴永冠，陈英英，张丽. 中国竞技体育管办分离内涵、职责、模式分析[J]. 武汉体育学院学报，2015，49（10）：21-25.
⑧ 钟秉枢. 奥运战略目标的实现与竞技体育发展模式的转型[J]. 北京体育大学学报，2013，36（11）：114-119.
⑨ 何强，熊晓正. 我国竞技体育发展模式及其选择[J]. 体育学刊，2010，17（4）：8-12.
⑩ 杜成革，孙科. 中国竞技体育的发展模式及其变革走向[J]. 体育学刊，2012，19（1）：20-24.

（2）竞技体育微观层面发展模式研究

我国竞技体育发展模式转型离不开对区域竞技体育发展模式、优秀运动队发展模式及竞技体育后备人才培养模式三个微观层面具体模式的丰富与探索。

① 区域竞技体育发展模式研究。该研究一方面是对竞技体育特色地区模式进行总结分析，另一方面是根据典型地方或区域的实际情况提出具有针对性的发展模式。满江虹和邵桂华研究发现山东省竞技体育的健康可持续发展模式要求稳定一、二线队伍的运动员数量，大力发展三线运动员队伍，增加科研经费拨款[1]。靳勇认为环北京地区在竞技体育发展模式中需要将教育部门和体育部门结合起来[2]。

② 优秀运动队发展模式研究。该研究多是针对省级优秀运动队、国家队组建模式的设计与优化进行探讨。杨国庆等以江苏省优秀运动队为研究对象，运用"政策—体制—机制"三因素制度分析范式，分析了省级优秀运动队的办队模式[3]。赵吉峰和邵桂华研究认为国家队社会化组建模式的改革是沿着"纵向推进"的初级社会化向"纵横联通"的成熟社会化方向发展演化的[4]。郝月蓉分析了篮球双国家队模式的利弊，提出蓝队红队轮换执教机制、组建高水平复合型团队、发展多元篮球文化的发展建议[5]。

③ 竞技体育后备人才培养模式研究。该研究主要对竞技体育后备人才培养的多元化模式、体教结合模式、温州模式进行探讨。具体如下。

第一，关于多元化培养模式。杨国庆认为多元化培养模式表现为管理主体、发展目标、投资主体、培养方式、评价导向、培养出路的多元化[6]。李建国和林德华构建了竞技体育投资主体模型、培养形式模型、管理主体模型、评价指标模型、人才流向模型的多元化培养模式[7]。

第二，关于体教结合模式。浦义俊等分析了竞技体育后备人才体教结合的"南通模式"，发现该模式表现为联办模式、市队校办模式、学校办县队模式三个实践

---

[1] 满江虹，邵桂华. 山东省竞技体育可持续发展模式的系统动力学建模与仿真研究[J]. 山东体育学院学报，2013，29（6）：1-7.
[2] 靳勇. 环北京地区竞技体育发展模式研究[J]. 西安体育学院学报，2012，29（3）：287-290.
[3] 杨国庆，刘红建，陶新，等. 制度分析视域下江苏省优秀运动队多元化办队模式研究[J]. 体育与科学，2018，39（4）：26-35，17.
[4] 赵吉峰，邵桂华. 中国竞技体育国家队社会化组建模式的改革探索[J]. 天津体育学院学报，2019，34（2）：132-136，178.
[5] 郝月蓉. 我国竞技篮球双国家队模式研究[J]. 体育文化导刊，2018（1）：57-61.
[6] 杨国庆. 我国竞技体育后备人才多元化培养模式与优化策略[J]. 上海体育学院学报，2017，41（6）：17-22.
[7] 李建国，林德华. 竞技体育后备人才培养多元化创新模式研究[J]. 广州体育学院学报，2014，34（2）：73-76，80.

模式[1]。陈宁等认为只有完善制度和整合组织机构才能健全模式体制、创新模式运行机制，提出重视体教结合模式顶层设计的发展策略[2]。

第三，关于温州模式。周建梅等把温州模式概括为社会力量多元投资、培养主体多元办学、主动进行体教结合、由点到面辐射推进的一种竞技体育后备人才培养的区域模式[3]。秋鸣等、王海宏对温州模式与举国体制培养模式、清华模式、丁俊晖模式进行了比较分析[4][5]。

（3）国内外竞技体育发展模式比较研究

国内外竞技体育发展模式比较研究主要对国外竞技体育发达国家的管理模式、高校模式与人才培养模式进行分析，并将其与中国竞技体育发展模式进行对比，提出有针对性的发展策略。

① 竞技体育管理模式比较。胡萍对比分析了国外竞技体育的政府管理型、社会管理型、中间型模式，发现管理体系不健全、组织权责不明、权限集中、人员素质水平参差不齐是我国竞技体育管理模式存在的主要问题[6]。王宏江和刘青通过比较分析美国、澳大利亚、日本的竞技体育管理模式，发现发达国家更倾向结合型管理模式[7]。

② 人才培养模式比较。卢文云等分析了英国高水平运动员培养的 LTAD（Long Term Athlete Development，运动员长期发展）模式，认为我国高水平竞技体育人才培养要做好顶层设计，改革组织管理模式，创新政府公共投资机制，多措施解决运动员的文化教育问题[8]。杨绛梅等研究发现美国竞技体育人才培养模式的特色文化基因是职业体育价值观和自由教育理念，认为要根据本国体育价值取向与文化传统进行后备人才合理培养模式的选择[9]。

---

[1] 浦义俊，刘昌亚，邱崇禧. 地级市"教体结合"培养青少年竞技体育后备人才模式研究：基于南通的实地调查[J]. 山东体育学院学报，2011，27（5）：1-6.
[2] 陈宁，卢文云，王永安，等. 完善我国高水平竞技体育人才培养"体教结合"模式的研究[J]. 成都体育学院学报，2014，40（6）：8-16.
[3] 周建梅，钟秉枢，张志华. 竞技体育后备人才培养温州模式及投资状况研究[J]. 北京体育大学学报，2006，29（5）：594-596.
[4] 秋鸣，冯少兵，段娟娟，等. 竞技体育后备人才培养模式的SWOT分析[J]. 沈阳体育学院学报，2010，29（1）：44-47.
[5] 王海宏. 竞技体育后备人才培养模式的对比分析及整合策略[J]. 首都体育学院学报，2011，23（6）：531-535.
[6] 胡萍. 中外竞技体育管理模式比较研究[J]. 学术交流，2009（1）：189-192.
[7] 王宏江，刘青. 美国、澳大利亚和日本竞技体育管理模式研究[J]. 成都体育学院学报，2007（3）：7-11.
[8] 卢文云，陈宁，龚文平. 英国高水平竞技体育人才培养的LTAD模式研究[J]. 体育与科学，2013，34（5）：62-28.
[9] 杨绛梅，周宇，董官清. 自由教育理念与职业体育价值观的互动与融合：美国竞技体育人才培养模式的文化基因[J]. 北京体育大学学报，2004，27（1）：101-103.

③ 高校竞技体育发展模式。兰馨研究发现美国高校竞技体育发展模式是由NCAA（National Collegiate Athletic Association，全国大学体育协会）、美国高校与体育市场三驾马车构成的一条社会化、市场化和准职业化道路[①]。冯俊祥认为组织管理体系、管理人员结构、运动员培养方式、法律法规体系、运作模式是中美大学竞技体育发展模式的主要差异[②]。

2. 体育领域自组织研究

从20世纪80年代开始，自组织理论逐渐被引入我国体育领域，在学校体育、大众体育、竞技体育领域均有代表性的研究成果。

（1）自组织理论与学校体育研究

在学校体育领域，自组织研究思路是把体育教育、体育教学过程、素质教育、阳光体育视作一个系统，然后运用自组织理论分析系统存在的弊端，以及自组织形成的条件与策略。具体如下。

第一，在耗散结构理论方面，刘玉兰等从耗散结构理论视角出发，构建了包括教学过程、学习方式、教学内容、评价体系及思想体系在内的开放型体育课堂教学新体系[③]。林顺治亦从自组织生成的条件出发，提出建立动态的、良性循环的"阳光体育"生态系统对话与交流机制[④]。

第二，在协同学理论方面，许刚利用协同学理论提出了体育与德育、智育、美育系统形成协同效应的策略[⑤]。赵芝玉等在协同学理论指导下探讨了专业运动训练系统可持续发展的前提条件、核心动力[⑥]。

第三，在突变论方面，邵桂华运用尖顶模型理论研究发现学生体育素质的演化具有多模态、突跳、发散性特点[⑦]。欣果实通过突变论建立了运动技术学习的尖点突变模型[⑧]。

---

① 兰馨. 美国高校竞技体育发展模式及运行机制的研究[J]. 体育文化导刊，2006（7）：70-72.
② 冯俊祥. 中美大学竞技体育发展模式比较研究[J]. 体育文化导刊，2014（5）：133-136.
③ 刘玉兰，韦晓雨，都红梅. 从耗散结构的开放性认识体育教学的"科学放羊"[J]. 南京体育学院学报（社会科学版），2009，23（1）：29-31.
④ 林顺治. 耗散结构视域下"阳光体育"生态系统发展机制的探讨[J]. 南京体育学院学报（社会科学版），2009，23（5）：105-107.
⑤ 许刚. 体育教育的协同效应分析[J]. 山东体育学院学报，2010，26（9）：88-91.
⑥ 赵芝玉，孙传宁，赵芝慧，等. 协同与竞争：协同学视野下的体育教学启示[J]. 南京体育学院学报（社会科学版），2008，22（6）：101-105.
⑦ 邵桂华. 基于尖顶突变模型的学生体育素质演化途径[J]. 武汉体育学院学报，2007，41（2）：65-68.
⑧ 欣果实. 运动技术学习的突变模型[J]. 体育科学，1990（6）：71-74，96.

第四，在超循环理论方面，邵桂华基于超循环理论，建立了以教师和学生为中心的双中心超循环模型[1]。杜建军等针对高校学生终身体育的自组织问题，从开放性、可塑性、有效信息交流模式方面构建了超循环模型[2]。

（2）自组织理论与大众体育研究

自组织理论与大众体育研究主要结合大众体育的特点，提出大众体育自组织发展的对策，相关研究成果数量较少，研究广度和深度有待进一步拓展。

在超循环理论方面，刘旻航和郄捍烈认为民俗体育演进的动力源于"认知—建构"超循环系统，其超循环体系由民俗教育、民俗体育教育和体育教育构成[3]；在耗散结构理论方面，张静提出通过法律政策制度发挥非政府部门作用，营造市场化环境，提高体育公共服务系统发展的负熵流[4]；在协同学理论方面，冉令华和田雨普构建了社会体育资源的协同发展体系，提出发挥社会体育社会化序参量驱动作用的建议[5]；郝利玲构建了公共体育服务"战略—资源—组织—环境"的协同创新模式[6]。

另外，吴卅和黄亚玲借助自组织理论剖析了美国残疾人体育的自组织特点，从社会环境、体育组织、体育资源方面针对我国残疾人体育事业提出了发展策略[7]。常蕾分析了广场舞自组织的内部涨落与外部涨落，提出了广场舞自组织发展的策略[8]。

（3）自组织理论与竞技体育研究

自组织理论与竞技体育研究多是运用耗散结构理论、协同学理论分析竞技体育系统的非线性与涨落机制，探讨竞技体育耗散结构形成与序参量发展问题。具体如下。

第一，在耗散结构理论方面，田野和田慧以耗散结构理论为判断标准，分析了竞技体育熵增与熵减效应[9]。招乐辉等分析了广州亚运会自组织发展的开放、非

---

[1] 邵桂华. 突破重复：超循环视野下的体育教学创造性[J]. 武汉体育学院学报, 2015, 49 (1): 67-72.
[2] 杜建军, 张瑞林, 邵桂华. 高校学生终身体育的自组织生成：基于超循环理论的模型构建[J]. 北京体育大学学报, 2007 (S1): 307-309.
[3] 刘旻航, 郄捍烈. 超循环视角下的民俗体育教育"认知—建构"研究[J]. 北京体育大学学报, 2011, 34 (5): 78-81.
[4] 张静. 体育公共服务系统的耗散结构特征及动力机制[J]. 首都体育学院学报, 2010, 22 (4): 36-39, 47.
[5] 冉令华, 田雨普. 泛资源背景下的社会体育资源协同观[J]. 上海体育学院学报, 2007, 31 (2): 1-5.
[6] 郝利玲. 我国公共体育服务多元供给的协同创新模式及推进路径[J]. 上海体育学院学报, 2017, 41 (6): 54-58, 65.
[7] 吴卅, 黄亚玲. 美国残疾人体育自组织发展研究及启示[J]. 北京体育大学学报, 2015, 38 (6): 6-11.
[8] 常蕾. 社区体育组织治理的效应探析：以福州仓山"NTD 激情广场"广场舞自组织为分析案例[J]. 体育与科学, 2017, 38 (4): 55-62.
[9] 田野, 田慧. 从耗散结构理论看竞技体育的发展方向[J]. 体育科学, 1994, 14 (2): 27-30, 48.

均衡、涨落、非线性的耗散结构条件[①]。于爱军和梁波从耗散结构视角提出了我国足球组织训练过程中形成巨涨落的发展策略[②]。

第二，在协同学理论方面，李丰荣和龚波指出应该从效能最大化与成本最小化方面衡量职业足球的协同效应，他们认为足球文化是主导职业足球发展的序参量[③]。邵桂华和满江虹认为"共同发展"是竞技体育发展的序参量[④]。

另外，邵桂华和满江虹提出借助系统关联关系发展竞技体育的自组织内生机制的策略[⑤]。李洪波等从条件、动力、诱因方面提出了职业足球联赛系统发展的开放、非线性、涨落的自组织机制[⑥]。

3. 国内研究述评

通过梳理国内文献发现，一方面，国内竞技体育发展模式研究形成了整体视角与微观视角兼有的研究特色，既构建了"强政府、强社会""社会化"等模式，也围绕南通模式、温州模式等具体模式开展研究，竞技体育领域已经形成了向质量效益型模式转变的改革共识；另一方面，体育领域的自组织研究起到夯实系统科学基础的重要作用，彰显了耗散结构、序参量、非线性、涨落、熵等自组织机制的特点，为探讨竞技体育高质量发展提供了有益参照。

虽然竞技体育发展模式研究不断趋于理性与深入，形成了一定的研究规模，涌现出一批具有重要参考价值的成果，为后续研究奠定了可靠基础，但以往研究仍存在五个明显的薄弱环节。

第一，在研究视野上，对中国社会主义特色发展道路、新时代要求、体育强国、现代化治理能力与治理体系等深层背景的把握不足，贯彻新发展理念不到位，研究视野的前瞻性不够，服务新时代的意识薄弱，导致竞技体育发展模式研究成果的应用价值不高。

---

① 招乐辉, 夏江涛, 许惠玲. 耗散结构理论视野下的单项体育协会实体化改革: 以广州亚运会为分析背景[J]. 山东体育学院学报, 2009, 25（11）: 4-6.
② 于爱军, 梁波. 基于耗散结构视野下的足球实力提升路径研究[J]. 山东体育科技, 2013, 35（5）: 21-25.
③ 李丰荣, 龚波. 基于协同学视野: 职业足球自组织体系与协同发展探究[J]. 天津体育学院学报, 2018, 33（1）: 20-25.
④ 邵桂华, 满江虹. 竞争与协同: 协同学视野中的竞技体育发展动力分析[J]. 首都体育学院学报, 2016, 28（1）: 59-63.
⑤ 邵桂华, 满江虹. 基于自组织理论的我国竞技体育发展体制分析: 问题与解决途径[J]. 天津体育学院学报, 2015, 30（2）: 132-135.
⑥ 李洪波, 孙庆祝, 刘红建, 等. 职业足球联赛系统和谐发展的自组织机制与前景展望[J]. 武汉体育学院学报, 2010, 44（5）: 20-24.

第二，在研究思路上，在问题剖析基础之上的经验建构较多，理论框架与实证分析兼顾的研究较少；竞技体育微观视角发展模式的探讨较多，竞技体育宏观视角发展模式的研究较少。

第三，在研究理论上，学理基础弱，理论交叉视角少，理论分析框架不全面，尤其缺少可持续发展模式、生态发展模式及新兴的高质量发展模式等分析框架，难以支撑竞技体育复杂系统问题的研究。

第四，在研究内容上，分析模式问题者多，创新发展模式者少。

第五，在研究方法上，不但访谈、观察、案例等定性研究方法的应用较少，而且定量研究方法更是鲜见，这影响了竞技体育发展模式研究的广度和深度。

基于此，本书立足体育强国建设背景，以新时代我国竞技体育高质量发展模式为研究对象，以复杂系统科学的自组织为理论视角，以高质量发展为研究主线，结合系统动力学模拟仿真，探索竞技体育全面充分、协调均衡的发展模式，促进竞技体育实现又好又快发展。

第五节　研究对象、方法与思路

一、研究对象

本书以新时代我国竞技体育高质量发展模式为研究对象，在自组织理论视角下探讨实现竞技体育高质量发展的方式方法和解决方案，把从微观角度探讨竞技体育高质量发展模式作为后续研究对象。

二、研究方法

（一）文献资料法

第一，利用中国国家图书馆、上海体育学院图书馆资源，搜集学术文献资料。搜集的文献资料主要包括竞技体育、自组织理论、高质量发展、系统动力学方面的著作、研究报告及论文集。截至2019年10月30日，获取相关书籍108余本；国内外相关学术论文资料，已下载、整理1150余篇；相关博硕士学位论文资料，已搜集博士论文77篇、硕士论文21篇。

第二，从《体育事业统计年鉴》中获得大部分世界冠军个数与人数数据、体育经费与体育彩票公益金分配数量、技术等级运动员与教练员数量、科研人员数量、体育后备人才培养学校与机构的数量、从业人员的数量及科研课题经费等；

从《中国体育年鉴》中获得部分体育彩票公益金与职业体育相关数据；从民间机构、体育网站、学术机构发布的蓝皮书、研究报告、行业报告中获取相关资讯和信息，如《2013 年中超商业价值报告》（网易体育）、《CBA 联赛商业价值发展趋势报告（2014—2017)》（体育 BANK）、《中国体育赛事版权市场专题研究报告 2016》（易观智库）等。

（二）系统分析方法

系统分析方法是指以系统为研究对象，在系统思想和系统观的指导下应用系统分析的理论、方法、工具分析系统目标、结构、层次、要素、机制等，并提出预测、评估、优化的方案或者策略[1]。竞技体育系统是一个涉及多方面因素的复杂巨系统。本书利用自组织理论对竞技体育高质量发展的目标、条件、动力进行分析和构建，通过耗散结构理论的 Brusselator 模型分析竞技体育高质量发展的临界条件，通过协同学理论识别竞技体育高质量发展的序参量，并在此过程中探讨竞技体育人、财、物等子系统及要素的相互关联与作用，构建相应的发展模型和对策。

（三）系统动力学方法

系统动力学（System Dynamics，SD）诞生于 20 世纪 50 年代，成熟于 20 世纪 80 年代，被誉为"战略与策略实验室"。它是依据结构—功能的方法原理，通过运用现代计算机模拟仿真技术，研究复杂系统反馈结构与行为模式的一门新兴的交叉学科。从 20 世纪 90 年代至今，系统动力学在世界上得到了广泛应用与传播[2]。我国在 20 世纪 80 年代初引进了系统动力学，并在工程技术科学、自然科学与社会科学方面广泛应用，特别是在经济社会与资源、人口、环境的可持续发展问题研究方面应用系统动力学取得了巨大进展[3]。

本书主要运用系统动力学方法，构建竞技体育系统的因果关系模型和存量流量模型，确定竞技体育系统人员、资金、信息等变量相互作用的函数关系，建立非线性反馈模型，通过调整和改变财政拨款比例、人员比例、职业联赛收入水平等关键参数，能够可视化地观察系统动态反馈行为和结果，进而为竞技体育的高质量发展提供政策建议。

---

[1] 刘小年. 矛盾分析方法与系统分析方法讨论[J]. 系统科学学报，2011，19（3）：39-43.
[2] 钟永光，贾晓菁，李旭，等. 系统动力学[M]. 北京：科学出版社，2009.
[3] 蔡林. 系统动力学在可持续发展研究中的应用[M]. 北京：中国环境科学出版社，2008.

第一章 导　论

（四）GM(1,1)灰色模型预测法

GM(1,1)灰色模型是灰色系统理论中应用最广泛的一种灰色动态预测模型，它通过原始数据的整理来寻找数的规律，揭示事物连续发展的较长过程，对事物做出预测[1]。该模型主要用于复杂系统某一主导因素特征值的拟合和预测，掌握主导因素变化规律和未来发展变化态势[2]。本书运用GM(1,1)灰色模型预测法对竞技体育系统相关的人员、资金等缺失的个别数据进行累加生成和累减还原，补充完善竞技体育相关数据链。

（五）比较研究法

比较研究法是指按照一定标准或原则将两个以上的同类或相近事物进行对比研究，并依据已知事物的性质和特征来推断另一事物的性质和特征[3]。本书对我国竞技体育发展模式在不同历史阶段的演进、竞技体育发展模式运行态势方面运用比较研究法进行探析。

三、研究思路

本书的研究思路表现为"基础理论—模式构建—实证仿真"三步逻辑（图1-5）。具体如下：第一，在占有大量文献资料的基础上，梳理国内外竞技体育发展模式的研究现状，客观认识我国竞技体育发展模式的演进历程、现实问题与转型方向；同时，掌握耗散结构理论、协同学理论的自组织原理，以此奠定本书的理论基础。第二，在自组织理论分析框架下，运用耗散结构理论、协同学理论构建我国竞技体育高质量发展模式的发展观、发展目标、发展条件和发展动力，形成竞技体育高质量发展的宏观模式框架。第三，运用系统动力学理论与方法构建竞技体育高质量发展的因果关系模型和存量流量模型，模拟仿真高质量发展的传统赶超发展模式和基础模式，为竞技体育转变发展方式、推动高质量发展提供实践模式的参考。

---

[1] 段兆雯. 乡村旅游发展动力系统研究：以西安市为例[D]. 咸阳：西北农林科技大学，2012.
[2] 李光明，廖华，李景天，等. 并网光伏发电系统发电量预测方法的探讨[J]. 云南师范大学学报（自然科学版），2011，31（2）：33-38，64.
[3] 樊宏霞. 内蒙古肉羊产业竞争力研究[D]. 呼和浩特：内蒙古农业大学，2012.

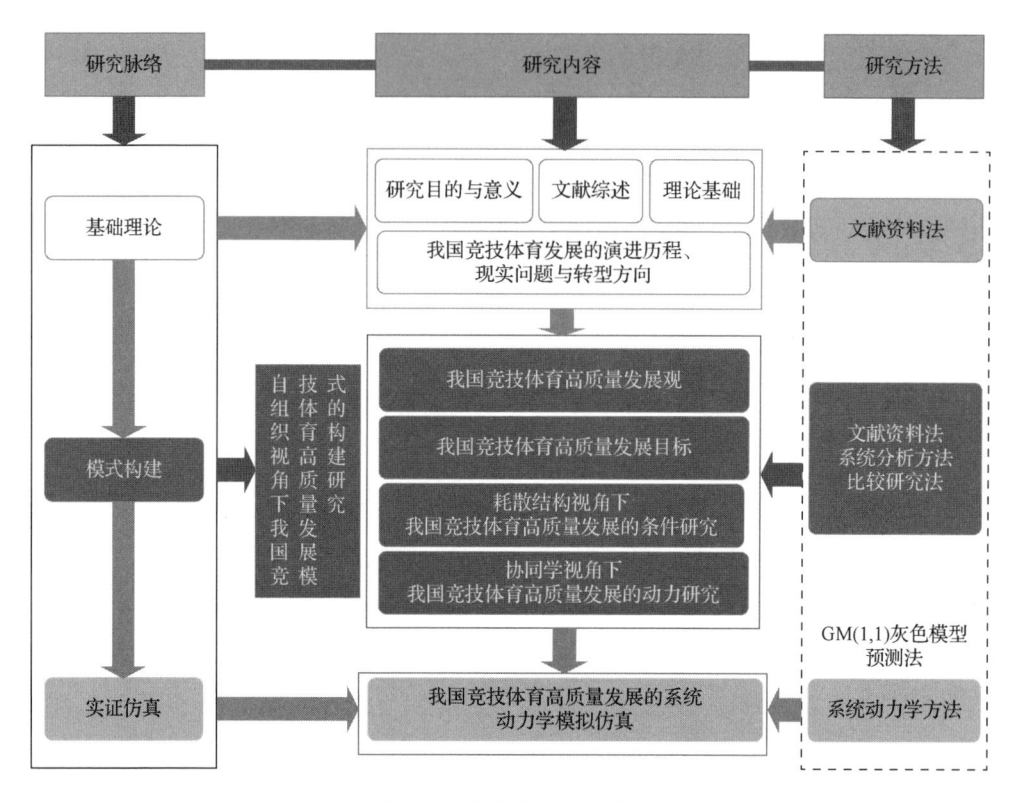

图 1-5 本书的研究思路

第六节 研究重点、难点与创新点

一、研究重点

本书共有三个研究重点：第一，我国竞技体育发展的演进历程、现实问题与转型方向；第二，自组织视角下我国竞技体育高质量发展模式的构建研究；第三，我国竞技体育高质量发展的系统动力学模拟仿真。其中，我国竞技体育发展的演进历程、现实问题与转型方向是本书的切入重点，研究目的是把握竞技体育发展模式存在的现实问题与转型方向；自组织视角下我国竞技体育高质量发展模式的构建研究是本书的核心重点，目的在于解决我国竞技体育如何实现高质量发展的问题；我国竞技体育高质量发展的系统动力学模拟仿真是本书的实证重点，为我国竞技体育高质量发展提供可供参考的基础模式与优化策略。

二、研究难点

第一，自组织视角下我国竞技体育高质量发展模式的构建研究。该部分不仅需要掌握耗散结构理论、协同学理论的分析框架，还需要深刻理解高质量发展观的内涵与要求，更需要实现二者在竞技体育高质量发展问题上的有效结合，这对研究者的理论素养提出了较高要求。

第二，数据获取与分析。本书需要获取大量竞技体育基础数据和职业体育联赛数据，不仅数据跨年度较长、数据量较大，如成才率、退役率、经费支出比例等数据，还需要经过计算和转换，因此数据获取方面的难度可见一斑。

三、研究创新点

第一，构建了符合竞技体育复杂系统特点的研究框架。本书以高质量发展为研究主线，以自组织理论为基础，运用系统动力学方法，使用 Vensim 软件分析工具，形成了"自组织学理依据—系统动力学方法—Vensim 分析工具"的研究框架，能够使理论分析紧密结合竞技体育系统实践，更符合竞技体育复杂系统特点，具有研究框架与方法思路上的特色。

第二，提供了竞技体育可持续发展研究新的逻辑起点。竞技体育高质量发展实质上是实现其自身的可持续发展。进入中国特色社会主义新时代，竞技体育处于转变发展方式、优化发展结构、转换发展动能的"调速换挡"期。因此，以"高质量发展"作为研究的出发点和落脚点，深入探索竞技体育高质量发展的宏观模式与基础实践模式，掌握竞技体育高质量发展的耗散结构条件与竞争协同动力，能够为竞技体育可持续发展研究提供新的逻辑起点，有助于促进竞技体育可持续发展研究走向深入。

第二章

理 论 基 础

毋庸置疑，我国竞技体育高质量发展研究的理论视角是多样性、多层次性的，即竞技体育高质量发展的理论、方法与模式不是唯一的。本书仅从复杂系统的自组织理论视角探讨竞技体育的高质量发展。因此，本书的理论基础主要是复杂系统的自组织理论，包括耗散结构理论、协同学理论的基本概念、基本观点与研究范畴等。当然，本章首先要解决竞技体育高质量发展的基本概念问题，界定"竞技体育""高质量发展""发展模式"等核心概念和研究的前提。值得说明的是，系统动力学理论也是本书的理论基础，这部分内容将在第八章中进行重点阐述。

第一节 核心概念界定

一、竞技体育

（一）竞技体育的概念

全国体育学院通用教材《体育理论》对竞技体育的定义如下：竞技体育是为了最大限度发挥个人或集体的运动能力、争取优异成绩而进行的运动训练和竞赛[1]。周爱光认为竞技运动是一种具有规则性、竞争性或者挑战性、娱乐性、不确定性的身体活动[2]。

本书在周爱光对竞技运动的定义的基础上，综合上述竞技体育的概念，定义

---

[1] 全国体育学院教材委员会《体育理论》编写组. 体育理论[M]. 北京：人民体育出版社，1981.
[2] 周爱光. 试论"竞技体育"的本质属性：从游戏论的观点出发[J]. 体育科学，1996（5）：4-12.

竞技体育为：个人或者集体在一定规则下创造优异运动成绩的竞争性或者娱乐性身体活动。

（二）专业体育与职业体育的概念及区别

1. 专业体育

专业体育源于我国特有的专业体制。专业体制是指为了创造优异竞技成绩、扩大社会影响力，组织运动员在良好的训练条件下进行专门严格训练的一种管理体制[①]。因此，专业体育是以专业体制为核心，以创造优异运动成绩为主要目的的高水平竞技体育。

2. 职业体育

职业体育是指遵循市场经济的基本规律，将职业运动员高水平体育竞赛及相关产品作为商品来经营，从中获得经济利益的一种体育经济活动[②]。职业体育是在市场经济条件下，体育自身价值与市场经济相结合产生的经济现象与文化现象，是体育发展的高级阶段[③]。职业体育作为一种竞技体育市场化、商业化运作样式，其基本特质是经济性[④]。

3. 专业体育与职业体育的区别

我国竞技体育可以划分为专业体育与职业体育。在竞技体育框架内，专业体育与职业体育的共同基因是组织化的竞技体育，二者的本质区别在于目的的经济性。专业体育的主要目的是通过专业技术、技能的训练，追求运动竞技水平的提高；职业体育的主要目的或者最终目的不是提高运动水平，而是获取市场收益。提高运动水平是职业体育增强运动员对抗能力、提高运动员表演能力，进而获取商业利润的手段。

在西方职业体育发达的国家，职业体育内生于市场经济，而我国职业体育内生于专业体制。因此，在我国竞技体育高质量发展过程中，职业体育与专业体育能够并存，共同支撑竞技体育的可持续发展。职业体育项目的群体规模将随着竞技体育高质量发展的推进呈现动态变化，期间也必然会出现职业体育项目与专

---

① 张瑞林，秦椿林. 体育管理学[M]. 2版. 北京：高等教育出版社，2008.
② 张林. 职业体育俱乐部运行机制[M]. 北京：人民体育出版社，2001.
③ 江小涓，等. 体育产业的经济学分析：国际经验及中国案例[M]. 北京：中信出版社，2018.
④ 张兵. 西方职业体育市场秩序演化与中国实践研究[M]. 北京：中国社会科学出版社，2017.

业体育项目之间的反复与交叉渗透,乒乓球等运动项目的"双轨制"就是很好的证明。

二、模式

模式是当今各行各业应用最多的概念之一,有各种各样、丰富多彩的政治模式、经济模式、文化模式、社会模式。模式在经济领域最为流行,如经济增长模式、经济发展模式、内生型与外生型经济模式、原发型经济模式、后发型经济模式、新发型经济模式,以及社会主义与资本主义经济模式。当然也有大家耳熟能详的特色模式,如温州模式、苏南模式、义乌模式、珠三角一体化模式、长三角一体化模式等。其实模式最早产生并应用于建筑行业,由美国艺术与科学院院士、建筑大师克里斯托弗·亚历山大(Christopher Alexander)在20世纪70年代首先提出。他在其代表作、具有深厚哲学理念的《建筑的永恒之道》中提出"每个模式有三个部分的规则,它表达一定的关联、一个问题和一个解决方式之间的关系"[1]。

"模式"的概念发展到现在更多样化了。《辞海》中将模式定义为"是研究自然现象或社会现象的理论图式或解释方案,也是一种思想体系或思维方式"[2]。《现代汉语大词典》中把"模式"解释为"事物的标准样式或使人可以照着做的标准样式"[3]。李伟认为模式研究的是客观事物的理论图式和解释方案,是从不断重复出现的事件中发现和抽象出来一种思想体系和思维方式,是解决某类问题的方法论,即把解决某类问题的方法总结归纳到理论的高度[4]。冯之浚等认为模式是一个复杂系统运行的基本形式和发展规律,它通过对不断重复的事件进行观察和研究,提取和抽象出一种思想体系,并用理论、图示等方法表现出来,它是可以被人们对比、参照和执行的[5]。同时,模式还有"特殊问题的解决方案""主要框架""理论概括"等不同含义[6][7][8]。

---

[1] 克里斯托弗·亚历山大. 建筑的永恒之道[M]. 赵冰,译. 北京:知识产权出版社,2002.
[2] 辞海编辑委员会. 辞海[M]. 上海:上海辞书出版社,1999.
[3] 阮智富,郭忠新. 现代汉语大词典(下册)[M]. 上海:汉语大词典出版社,2000.
[4] 李伟. 我国循环经济发展模式研究[M]. 北京:中国经济出版社,2017.
[5] 冯之浚,刘燕华,周长益,等. 我国循环经济生态工业园发展模式研究[J]. 中国软科学,2008(4):1-10.
[6] 秦海林. 中国民营经济发展模式研究:一个制度理论的解读[D]. 长春:吉林大学,2007.
[7] 杨明. 可持续发展的矿业开发模式研究[D]. 长沙:中南大学,2001.
[8] 刘国光. 中国经济体制改革的模式研究[M]. 广州:广东经济出版社,1998.

对比分析上述关于模式的概念，可以看出模式的概念发展到现在仍未统一，一部分研究者认为模式是人们可以参考、比对或参照的基本形式或标准样式；另一部分研究者认为模式是解决某一类问题或特殊问题的解决方案，或者是用理论图式抽象出来的基本规定、主要框架、思维方式及发展原则。

由此可见，模式既可以是一种"样式""图式""结构""体系"，也可以是一种"解决方案""理论规则"。这些概念都突出了模式"形"的规定性，认为模式是别人可以认识、掌握、模仿客观事物的范本，或者可以参照的相对固定的方案、规范或框架。

三、发展模式

从词的结构看，发展模式=发展+模式，即发展的模式。"发展"意为事物由小到大、由简单到复杂、由低级到高级、由旧质到新质的变化过程[①]。简单来说，发展模式是事物由一种状态向另一种状态进步变化的模式，通常意味着事物取得了积极、有效的变化，是正向的变迁模式。

通过梳理发展模式的概念，不难看出以下三点：第一，一部分研究者认为发展模式是实现发展目标的方式、方法与途径[②③④]；第二，一部分研究者认为发展模式是解决问题、促使状态转变的理念、原则、程序、机制或解决方案[⑤⑥⑦⑧]；第三，还有一部分学者认为发展模式是一定时空条件下发展经验或特点的总结[⑨⑩⑪]。因此，发展模式在保持模式的本质含义的基础上，出现了内涵外延扩大的趋势，

---

① 辞海编辑委员会. 辞海[M]. 上海：上海辞书出版社，1999.
② 王忠武. 论科学发展观的结构与功能[J]. 重庆社会科学，2005（2）：14-18.
③ 高燕宁，卢萍，柳春清. 当代中国社会发展概论[M]. 北京：人民出版社，2005.
④ 刘庆华. 国外不同发展模式的文化比较[J]. 浙江社会科学，2000（3）：74-79.
⑤ 段培君. 关于创新发展模式的思考[J]. 今日浙江，2007（10）：15.
⑥ 程炼，王建. 目的性规律性客观性的统一：社会发展模式的选择兼谈科学发展观[J]. 社科纵横，2007（4）：126-127，133.
⑦ 虞月君. 中国信用卡产业发展模式研究[M]. 北京：中国金融出版社，2004.
⑧ 上海方策管理咨询有限公司民营经济发展研究课题组. 发展模式的战国时代 民营经济发展模式深度分析[EB/OL].（2004-06-17）[2023-09-06]. https://finance.sina.com.cn/g/20040617/1516819944.shtml.
⑨ 费孝通. 小城镇 再探索[J]. 瞭望周刊，1984（23）：22-23.
⑩ 童星. 发展社会学与中国现代化[M]. 北京：社会科学文献出版社，2005.
⑪ 宋波，叶文虎. 从增长和稳定的角度重新认识可持续发展的内涵[J]. 北京大学学报（哲学社会科学版），2004（4）：54-62.

在"样式""图式""结构""体系""理论规则"等内在规定性的基础上,又增加了"方式""方法""道路""手段"的内涵。

综合发展模式的概念分析,多数研究者认为发展模式是针对如何发展对理念、目标、主体、客体、方式、方法、手段等发展要素进行组合而形成的系统或统一体。本书倾向认为,发展模式是指在一定环境条件下,为了实现发展目标、解决发展问题采取的方式、方法或解决方案的统一体。

四、竞技体育高质量发展模式

(一)高质量发展

高质量是事物发展的质与量在较高程度上的结合。虽然"高质量"一词并不新鲜,但高质量发展是新时代经济社会发展的新主题与新要求。虽然高质量发展研究处于起步探索阶段,其概念众说纷纭、丰富多样,但综合起来有四个方面的基本认识。

第一,高质量发展是为了解决不平衡、不充分发展的社会基本矛盾,突破经济社会资源发展的结构性问题而被提出的发展方式或战略,是解放和发展生产力的根本要求。

第二,高质量发展是满足高质量需求、体现新发展理念的全面协调可持续的发展[1][2][3]。

第三,高质量发展是通过方式转变、结构优化、动力转换、效率提升实现质量第一、效益优先的更高水平、更高层次的发展[4][5][6]。

第四,高质量发展的标准是持续性、有效性、创新性、协调性、分享性[7],根本在于创新体制机制[8][9]。

---

[1] 迟福林. 以高质量发展为核心目标建设现代化经济体系[J]. 行政管理改革, 2017(12): 4-13.
[2] 王一鸣, 陈昌盛, 等. 高质量发展: 宏观经济形势展望与打好三大攻坚战[M]. 北京: 中国发展出版社, 2018.
[3] 田秋生. 高质量发展的理论内涵和实践要求[J]. 山东大学学报(哲学社会科学版), 2018(6): 1-8.
[4] 赵剑波, 史丹, 邓洲. 高质量发展的内涵研究[J]. 经济与管理研究, 2019, 40(11): 15-31.
[5] 何立峰. 深入贯彻新发展理念 推动中国经济迈向高质量发展[J]. 宏观经济管理, 2018(4): 4-5, 14.
[6] 覃正爱. 中国特色社会主义新时代高质量发展问题探析[J]. 理论视野, 2019(5): 11-17.
[7] 任保平, 刘丰安. 新时代中国高质量发展的判断标准、决定因素与实现途径[J]. 改革, 2018(4): 5-16.
[8] 王一鸣. 高质量发展要创新体制机制[J]. 现代商业银行, 2018(7): 13-16.
[9] 丁守海, 丁洋, 吴迪. 新时代高质量发展重在动力系统与调节机制再造[J]. 上海经济研究, 2018(8): 45-55.

（二）竞技体育高质量发展

根据质量、高质量发展的概念，本书从复杂系统的角度出发，认为竞技体育高质量发展是新发展理念下竞技体育发展速度、发展结构、发展动力、发展效益在更高层次上的有序发展，它是竞技体育发展的数量与结构、速度与质量、规模与效益的辩证统一。借鉴新时代我国经济高质量发展的理论逻辑[①]，竞技体育高质量发展在微观层面上主要表现为高水平的赛事服务产品、相当数量的奖牌；在中观层面上主要表现为发展结构均衡、内生动力充足与科技支撑发展；在宏观层面上主要表现为运动员的全面充分发展与中国特色竞技体育发展道路更加成熟。

（三）竞技体育高质量发展模式

毋庸置疑，在内涵、外延上，模式>发展模式>高质量发展模式>竞技体育高质量发展模式。从文献资料来看，还未有高质量发展模式的明确定义，高质量发展模式的定义应该在模式定义的基础上层层递进。因此，本书认为竞技体育高质量发展模式是竞技体育为了实现高质量发展目标采取的发展方式、方法或解决方案组成的统一体，是对竞技体育高质量发展共性特征关系的理论总结。在自组织理论视角下，竞技体育高质量发展模式是指运用耗散结构理论、协同学理论，构建发展观、发展目标、发展条件、发展动力在内的竞技体育高质量发展一般宏观模式。

模式是为了实现目标、解决问题而存在的。自组织理论视角下的竞技体育高质量发展模式能够为解决竞技体育内生发展动力不足，因采用竞技体育赶超发展模式而形成的过度依赖资金、行政路径等外在因素的问题提供新的发展思路和新的发展模式借鉴。竞技体育高质量发展模式不同于速度优先、数量优先、规模优先的竞技体育赶超发展模式，是指通过激发竞技体育的自组织机制，为了提高竞技体育的自主发展能力、主动发展能力和自我完善能力，实现"数量与结构、速度与质量、规模与效益"的有序统一而采取的方式方法或解决方案。

由于竞技体育高质量发展的目标具有微观、中观、宏观不同层次，且每个层

---

① 钞小静，薛志欣. 新时代中国经济高质量发展的理论逻辑与实践机制[J]. 西北大学学报（哲学社会科学版），2018，48（6）：12-22.

次都存在需要解决的各种类型、大小不一的问题，所以竞技体育高质量发展模式不是唯一的，而是多种多样的。本书仅从复杂系统的自组织理论视角，探索竞技体育高质量发展方式、方法和方案，旨在为竞技体育提供宏观角度的高质量发展模式。

第二节 自组织理论基础

一、自组织理论概述

（一）自组织概念

自组织是由德国科学家赫尔曼·哈肯（Hermann Haken）提出的。他认为如果一个体系在获得空间的、时间的或功能的结构过程中，没有外界的特定干涉，那么该体系就是自组织的[1]。自组织是复杂系统与生俱来的演化性质与特征，它不依照外部发送的相关指令运行，是系统内部的组织化、有序化、系统化进程[2]。20世纪80年代，我国航天与导弹之父钱学森指出系统自己走向有序结构就可称为系统自组织[3]。社会的发展本质上是自组织的[4]，自组织存在于无生命系统与有生命系统中，也普遍作用于社会、文化、政治、经济等领域，它是"普遍的现象、普遍的存在、普遍的系统机制"[5]。因此，自组织理论亦能用于研究社会领域中竞技体育的发展问题。

（二）自组织理论群

自组织理论以生命、社会等复杂系统为研究对象，探讨在一定条件下系统是如何自动地由无序走向有序、由低级有序走向高级有序的[6]。自组织理论群是包括诸多理论的集合，表2-1中每种自组织理论都是人类科学认识事物的"多棱镜"，均具有自组织方法论意义。自组织理论群是解决自组织条件、动力、形式、途径及图景的理论集群。

---

[1] 赫尔曼·哈肯. 信息与自组织[M]. 郭治安, 译. 成都：四川教育出版社, 1988.
[2] 赫尔曼·哈肯. 协同学 引论 物理学、化学和生物学中的非平衡相变和自组织[M]. 徐锡申, 陈武刚, 陈雅深, 等译. 北京：原子能出版社, 1984.
[3] 钱学森. 系统科学、思维科学与人体科学[J]. 自然杂志, 1981（1）：3-9, 80.
[4] 曾国屏. 自组织的自然观[M]. 北京：北京大学出版社, 1996.
[5] 苗东升. 系统科学大学讲稿[M]. 北京：中国人民大学出版社, 2007.
[6] 姚慧丽. 基于自组织与熵理论的企业扩张机理与相关决策研究[D]. 南京：南京理工大学, 2007.

表 2-1　自组织理论群的基本内容

序号	理论名称	创建者	创建时间/年	方法论	主要概念
1	耗散结构理论	伊利亚·普利高津（Ilya Prigogine）	1967	自组织演化条件与环境	非平衡、开放、有序、非线性、涨落
2	协同学理论	哈肯	1970	自组织演化动力	序参量、竞争、协同
3	分形学理论	曼德布罗特（Mandelbrot）	1975	自组织空间结构复杂性	自复制、自相似
4	超循环理论	艾根（Eigen）	1971	自组织过程结合发展形式	反应循环、催化循环、超循环
5	突变论	托姆（Thom）	1972	自组织演化的途径	渐变、突变、分叉
6	混沌理论	洛伦兹（Lorenz）	1963	自组织演化的时间图景	混沌、蝴蝶效应

本书主要选取自组织理论中的耗散结构理论与协同学理论作为研究的理论基础[1]。具体研究如下：一是运用耗散结构理论，分析竞技体育高质量发展的自组织条件问题；二是运用协同学理论，解决竞技体育高质量发展竞争与协同的动力问题。

二、耗散结构理论

耗散结构理论主要研究一个系统从无序向有序转化的条件、机理和规律，是解释和预测经济、社会、哲学现象的自组织理论[2]。耗散结构理论是由比利时科学家伊利亚·普利高津创立和发展起来的。普利高津创建了布鲁塞尔学派，带领由比利时、美国、德国、中国等十多个国家的研究者组成的团队，致力于非平衡热力学与统计物理学的研究。由于普利高津在研究非平衡热力学方面做出突出贡献，并首创了耗散结构理论，所以他获得了 1977 年的诺贝尔化学奖。20 世纪 80 年代，我国著名科学家钱三强率团访问欧洲，带回了耗散结构理论，从此耗散结构理论在我国开枝散叶[3]。耗散结构理论是具有起点意义、堪称第一原理的理论[4]，成为自组织理论诞生的标志。

---

[1] 王正明，温桂梅，路正南. 基于耗散结构系统熵模型的产业有序发展研究[J]. 中国人口·资源与环境，2012，22（12）：54-59.

[2] 张朝宾，吴洁，黄伟，等. 基于耗散结构论的高校隐性知识转移机理分析和模型研究[J]. 价值工程，2010，29（11）：141-143.

[3] 李彩良. 基于熵理论的和谐社会评价与优化研究[D]. 天津：天津大学，2009.

[4] 庞元正，李建华. 系统论 控制论 信息论 经典文献选编[M]. 北京：求实出版社，1989.

（一）耗散结构的概念

1967年，普利高津在研究物理与生物学的国际会议上，正式提出了耗散结构理论，即一个远离平衡的开放系统（无论是物理的、化学的、生物的系统，还是经济的、社会的系统），通过不断与外界环境交换能量和物质，在系统内部某个控制参量达到一定的阈值时，系统在涨落的作用下会产生非平衡相变，从原来的混乱状态，转变为一种空间上、时间上或功能上的有序状态。普利高津把这种远离平衡态的、有序的、稳定的结构命名为耗散结构。

耗散结构是自组织形成的一种稳定态的、非平衡的有序结构，它是相对于平衡结构的一个概念。所谓耗散是指如同生物体的新陈代谢，系统只有与外界进行物质、能量的交换，才能维持系统运行和发展活力；结构是表明系统自组织生成的一种有序状态。系统自组织的耗散结构是千变万化的，对于自然的、经济的、社会的、哲学的、文化的系统，其形成耗散结构的有序状态是不一样的。归根结底，耗散结构是系统在不同基础和环境下形成的不同自组织结构。

（二）耗散结构理论形成的自组织条件

耗散结构理论是研究开放系统如何从混乱无序的状态向稳定有序的结构（或从低级有序结构向高级有序结构）演变的过程和规律，因此又称非平衡系统的自组织理论[1]。耗散结构理论脱胎于平衡系统与可逆力学的一般研究，是以普利高津为代表的布鲁塞尔学派在复杂系统的科学世界里耕耘创造的新科学观。耗散结构理论阐明了系统生成自组织的四个条件，这也是判断系统自组织是否形成的四个依据，即一个系统只有同时满足开放性、非平衡性、非线性和涨落四个条件，才能形成自组织。具体如下。

1. 开放性

热力学根据系统与外界环境的关系，把系统分为孤立系统、封闭系统与开放系统。孤立系统是与外界环境无任何物质、能量交换而形成的平衡结构系统。封闭系统是与外界环境只存在能量交换，没有物质交换的系统。热力学认为地球只与外界进行能量（如太阳光）交换，是一个封闭系统。开放系统是能够持续与外界环境进行物质、能量交换的系统，如生物体类系统或社会类系统。

---

[1] 徐国宾，赵丽娜. 最小熵产生、耗散结构和混沌理论及其在河流演变分析中的应用[M]. 北京：科学出版社，2017.

任何系统形成耗散结构的必备前提条件都是属于开放系统。如果一种有序结构的形成和保持只有通过不断与环境交换能量、信息、物质才能实现，那么这种结构就称为耗散结构[1]。所谓耗与散，耗是从外界吸收能量、交换物质的过程，散是为外界系统做贡献、排出自身废物（熵）的过程。由此可见，系统进行耗与散都离不开外界环境，都需要开放自身系统，发挥与环境对接和互动的功能，这样才能形成和维持自身有序的结构。

当然，任何系统的开放性都要适度。若系统的开放度过小，则会阻碍系统与外界环境的交流，降低系统与外界环境的交流效率，容易成为封闭系统或孤立系统。若系统的开放度过大，甚至是完全开放，则系统会失去独立性，不再是边界清晰的系统。因此，自组织系统的开放要适度，要有效地建立对自身起过滤作用的"界壳"[2]。

2. 非平衡性

耗散结构理论指出，系统在平衡态或者近平衡态都不可能产生自组织。在平衡态区域，系统长时间内与环境无任何物质、能量与信息的转换，系统的状态、变量均保持不变，呈现出孤立系统的态势。在近平衡态区域，系统呈现出向平衡态发展的趋势，以及逐渐走向无序的、孤立的态势。可见，系统在平衡态与近平衡态绝无产生耗散结构的可能。因此，只有在远离平衡态（非平衡性）时，才有可能产生耗散结构。具体如下。

第一，系统在远离平衡态时，系统内部能够促使系统组分之间出现差异，此时物质与能量的聚集与分布也存在不均衡，如同热力学实验中瑞利-贝纳德对流产生流体自组织时的温度梯度，当这种差异达到一定程度后，能够诱发系统从简单走向复杂、从无序发展到有序，呈现出自组织的耗散结构。

第二，耗散结构属于远离平衡态的、动态稳定性的"活"结构，其形成必须和环境持续保持联系，因此它具有一种非平衡性[3]。这也是保持系统自组织机制与发展活力的必要条件。

第三，系统只有在非平衡状态下才能诱使系统状态失稳，从而激发系统对内

---

[1] 苗东升. 系统科学大学讲稿[M]. 北京：中国人民大学出版社，2007.
[2] 邵桂华. 体育教学的自组织观[M]. 北京：人民体育出版社，2008.
[3] 余雪杰. 基于自组织理论视角的肉羊产业链系统形成与演化研究：以内蒙古为例[D]. 呼和浩特：内蒙古农业大学，2016.

外涨落的敏感性,尤其是在系统控制参量达到临界值时,触发系统的突变机制,引起非平衡相变,形成系统的耗散结构。

3. 非线性

非线性作用与线性作用是一组相对的概念。线性作用描述的是系统内部要素之间关系的定量性质,其作用效果是可以叠加的。例如,牛顿第二定律可以用数学公式表示为 $F=ma$,这表示物体加速度与质量成反比,与作用力成正比。只要物体的质量一定、作用力一定,物体加速度就是一定的,它们之间是显而易见的线性关系。一般来讲,线性关系相对简单,是一种"确定性"的因果关系。非线性作用反映出系统内部要素之间的关系是复杂多变的,既包含定量关系,也包含定性关系,系统元素、组分之间的作用都会对其他元素、组分及系统整体产生影响,因此非线性作用是不可叠加的。非线性作用反映出复杂系统的因果反馈关系,是一种"非确定性"的因果关系。

之所以说系统的非线性作用是耗散结构形成的一个重要条件,是基于以下三个原因。

第一,在系统演化的临界点上,非线性作用能够放大微涨落的作用,使平常弱小甚至可以忽略的"干扰""噪声"发挥出巨涨落的威力。众所周知的"蝴蝶效应"表明系统微小的输入差别会在系统的临界状态下造成系统输出的巨大差异。这种巨涨落会使系统在失稳的基础上产生非平衡相变,即自组织突变,形成新的有序系统结构。

第二,非线性作用体现了系统"整体不等于部分之和"的机理,也就是说,系统的输入与输出、系统的原因与结果不是简单的线性关系,系统各部分之间的作用既可能相互增强,也可能相互损减。自组织的耗散结构要体现"整体大于各部分之和"的机理,产生非线性的整体整合作用,诱发平衡态的系统失稳,进而形成新的稳定结构。

第三,非线性作用能够实现系统的竞争效应、协同效应与相干效应,既可以促使系统形成耗散结构,也可以发挥自组织的抑制和协调作用,使耗散结构保持有效运行。

4. 涨落

涨落又称为"波动""干扰",是系统要素与组分偏离系统正常状态(热力学称为"平均值")引起的偏差。涨落是随机出现的,是系统普遍存在的现象。由系统内部原因引起的涨落是内涨落，由系统外部原因引起的涨落是外涨落。产生的作用与影响较小的涨落称为微涨落，产生的作用与影响较大的涨落称为巨涨落。其中，促使自组织形成耗散结构的既可以是内涨落，也可以是外涨落，但在系统非平衡相变的临界点上，只有巨涨落才能促使自组织形成耗散结构。

涨落是使系统由原来的平衡状态演化到耗散结构的最初驱动力，它既是对处在平衡态系统的破坏，又是系统维持稳定平衡态的动力[①]。这表明在系统的演化过程中，涨落具有双重作用，既能够促进系统形成新的有序结构，也能够使系统走向无序和崩溃。一方面，涨落具有明显的建设作用。它能够驱动开放系统失稳，远离平衡态，在系统非线性作用的基础上，使系统形成新的稳定结构，即耗散结构。涨落还能减弱新的有序结构受到的周围环境的干扰，稳定新形成的耗散结构。无疑，涨落成为系统耗散结构形成的契机和诱因。"通过涨落达到有序"，这是耗散结构理论的重要思想之一。另一方面，涨落能够诱使系统失稳，具有一定的破坏作用。如果系统在开放性、非线性、非平衡性等方面与涨落未能达成有效的关联和相干效应，那么系统的涨落就有可能加剧系统的无序，造成系统解体。

三、协同学理论

（一）协同学的产生

在 20 世纪 70 年代，系统科学理论得到突飞猛进的发展，陆续建立了耗散结构理论、协同学理论与突变论横断学科，这就是系统科学史上著名的"新三论"。其中，德国物理学家哈肯创立了以非平衡相变系统为研究对象的协同学理论，它成为系统科学的重要分支理论，被广泛应用到自然科学、社会科学及思维哲学等领域。1977 年哈肯的专著《协同学导论》的出版标志着协同学的诞生，从此协同学的理论框架与内容体系逐渐成熟，研究对象与应用领域逐步拓展，协同学成为越来越受重视的新兴横断学科。

（二）协同学的内涵

"协同学"一词源于希腊文，又称为"协同论""合作学"，意为一门"子系统之间共同协作、相互竞争的科学"[②]。协同学是吸收了平衡相变理论、控制论及动力学理论，探讨系统整体相变、演化条件、演化机理和规律的自组织方法论。哈

---

① 孙文芳. 基于耗散结构的供应链网分形整合的熵评价模型研究[D]. 成都：西南交通大学，2010.
② 王贵友. 从混沌到有序：协同学简介[M]. 武汉：湖北人民出版社，1987.

肯通过研究发现，自然科学与社会科学从无序到有序的演化都是子系统之间相互协同的结果，因此可以把协同学看成一门研究在普遍规律支配下的有序的、自组织的集体行为的科学[①]。

协同学的核心思想是"协同导致有序"，即处于非平衡状态的复杂开放系统通过内部子系统的相互协同、相互竞争，从无序到有序、从低级有序到高级有序，形成系统整体宏观的质变。最初哈肯将协同学定义为"系统的各部分之间相互协作，整个系统形成一些微观个体层次不存在的新的结构和特征"[②]。由此可见，协同学认为通过子系统的协同与竞争可以形成时间上、空间上、功能上的"新质"，这是系统涌现特质的典型表现。

总之，协同学不仅可以研究复杂系统在临界状态下的子系统协作条件与机制，推动系统从无序向有序发展，还可以探讨复杂系统从低级有序向高级有序发展的规律。协同学既能解决复杂系统的一般自组织问题，也能解决复杂系统的宏观改革问题，追求"任何系统中的子系统经过有目的的'自组织'过程，都可产生新的稳定有序结构"[③]。

(三) 协同学的基本概念

1. 协同

协同具有狭义和广义之分。狭义上，协同与竞争相对，用于表现事物之间的合作与互助；广义上，协同不仅含有事物之间固有的协调、合作关系，还含有竞争关系，竞争也是一种协同。按照哈肯的观点，协同是指在系统的整体目标引领下，子系统之间相互合作、相互关联形成集体行为的过程和能力。

可以从四个方面进一步理解协同：第一，协同是以子系统或要素之间的相关性为基础的，体现了系统的"统一性"。第二，协同代表着更少的内部摩擦、更好的整合效果和更高的盈利能力[③]。第三，作为子系统竞争与协作的自适应过程，整体协同产生了部分功能无法形成的新的系统值，从而使系统保持良性循环的活力与生机[④]。第四，协同效应的产生需要开放的非平衡系统从外部环境耗散一定的能量流、物质流与信息流。当外部的控制参量达到阈值时，系统内部的子系统通过随机涨落发挥支配作用，完成突变，形成新的有序结构。

---

① 赫尔曼·哈肯. 协同学：大自然构成的奥秘[M]. 凌复华, 译. 上海：上海译文出版社, 2001.
② 赫尔曼·哈肯. 协同学：理论与应用[M]. 杨炳奕, 译. 北京：中国科学技术出版社, 1990.
③ 李振华. 基于复杂性的企业协同竞争机制研究[D]. 天津：天津大学, 2005.
④ 王君华. 基于系统协同管理的概念模型[J]. 经济师, 2006 (9): 212-213.

2. 竞争

竞争具有自发性，是事物之间相互作用的基本关系，是系统保持独立的固有属性，是世界呈现差异性、多样化、不均衡性的前提。竞争是事物、系统生存和发展的机制和手段。所谓"物竞天择，适者生存"，反映的就是大自然优胜劣汰的竞争机制。竞争还是一种激励机制，能够引发事物、系统发展的动机，能够激发事物、系统发展的动力。同时，竞争是创新的重要源泉[1]，能够强化事物之间、系统之间的差异与不平衡。

3. 竞争与协同

按照自组织理论的观点，系统演化发展的动力来自系统内部，事物的竞争与协同是驱动事物发展变化与更新的不竭源泉。从一般意义上讲，协同与竞争交替是相变发生的普遍规律[2]，协同形成有序结构，竞争促进系统发展。竞争与协同是事物发展的两种基本关系，互为前提和手段，共同促进事物的发展。一方面，竞争赋予了系统多元性、差异性的特点，使系统趋于非均衡发展状态。另一方面，协同配合子系统相互支持、相互配合的集体行为，放大了系统的关联作用，产生集体效应，追求系统的整体发展目标。实际上，无论是进入临界点的随机竞争，还是巨涨落形成的有序竞争，事物与系统的存在与发展都既离不开竞争，也离不开协同。如同一枚硬币的两面，竞争与协同无处不在，是事物矛盾发展变化规律的表现。

4. 序参量

序参量用于表征系统从无序到有序、从低级有序到高级有序的宏观状态特征与行为参量。哈肯认为如果某个参量在系统演化过程中经历从无到有的变化，并且能够指示出新结构的形成，那么它就是序参量[3]。具体如下。

第一，序参量来自复杂系统内部竞争与协同的自组织机制，序参量一旦形成，就会支配和主宰系统整体演化的过程。

---

[1] 约瑟夫·熊彼特. 经济发展理论：对于利润、资本、信贷、利息和经济周期的考察[M]. 何畏，易家祥，等译. 北京：商务印书馆，1991.

[2] 张立荣，冷向明. 协同治理与我国公共危机管理模式创新：基于协同理论的视角[J]. 华中师范大学学报（人文社会科学版），2008（2）：13.

[3] 谭长贵. 关于系统有序演化机制问题的再认识[J]. 学术研究，2004（5）：40-45.

第二，序参量是复杂系统中大量子系统集体协同的产物，但它不是表征子系统特征的参量，而是表征系统整体的有序程度的参量。

第三，序参量主要作用于系统的合作过程，而支配原理则主要作用于系统的竞争过程[1]。

第四，系统在演化过程中可以存在单个序参量，也可以存在多个序参量。如果存在多个序参量，则它们之间可能存在合作、竞争或既竞争又合作的关系。

第五，序参量不是一成不变的，在外界控制参量、内部涨落机制与非线性作用下，序参量处于动态发展变化中。

5. 快变量与慢变量

弛豫变量是描述系统在临界状态下的行为的变量。在临界状态下，系统发展过程中存在的受到阻尼大、衰落快的变量被称为快弛豫变量，简称快变量；受到阻尼小、衰落慢的变量被称为慢弛豫变量，简称慢变量。快变量的数量较多，引起的涨落没有得到大多数子系统的响应，弛豫时间较短，很快就衰落了；慢变量的数量较少，有时仅有一个，但引起的涨落能够得到大多数子系统的响应，从而影响整个系统，延长了弛豫时间。慢变量不仅不会衰落，还能够成为主导系统发展、支配子系统运行的序参量。慢变量使系统脱离旧结构，趋向新结构，而快变量使系统在新结构上稳定下来[2]，慢变量和快变量相互竞争与协同，在一定条件下可以相互转化，决定系统结构的演化。

（四）协同学的基本原理

1. 支配原理

支配原理反映了系统与子系统及子系统之间的竞争与协同关系，主要指序参量役使子系统、慢变量支配快变量的运行原理。序参量一旦产生，就拥有支配子系统的地位和能力，也就是在形成新的自组织过程中，总是由序参量支配其他稳定模式并形成一定的结构或序，总是序参量起主导作用[3]。在临界状态下，系统通过支配原理放大序参量的主导作用，发挥子系统的协同作用，促使系统从无序走向有序、从低级有序走向高级有序，获得时间、空间和功能上的稳定结构。

---

[1] 杨涛. 基于协同学和迁移学习的无人机避障系统的设计与实现[D]. 成都：电子科技大学，2019.
[2] STAROSTIN V I, SHCHERBAKOV A S, SAKYS D R. Synergetics in geology[J]. Earth Science Frontiers, 2007, 14(1): 193-206.
[3] HAKEN H. Visions of synergetics[J]. International Journal of Bifurcation and Chaos, 1997, 7(9): 759-792.

2. 协同效应原理

协同效应通过系统之间的协同作用产生的整体效应远大于各子系统或各部分效应的简单叠加，用数学公式表示就是1+1＞2。系统之间的协同作用通过不断增强子系统的关联强度产生整体效应，子系统之间的关联作用在临界点达到最大阈值[1]，推动系统形成突变的巨涨落，获得新的有序结构。系统通过协同性集体行为形成的宏观结构或整体功能是各子系统、组成部分不具备的[2]。

---

[1] 骆军. 协同学理论视角下的当代中国大学生公民意识教育[J]. 江汉论坛，2010（9）：128-132.
[2] 吴振其. 基于协同学理论的雄安新区与周边地区协同发展研究[D]. 秦皇岛：燕山大学，2019.

第三章

我国竞技体育发展的演进历程、现实问题与转型方向

我国竞技体育取得了举世瞩目的辉煌成就，形成了特征鲜明的快速赶超发展模式。进入新时代，竞技体育既要引领实现体育强国梦，又要完成夏季奥运会、冬季奥运会的备战参赛任务。在此背景下，深入、系统地开展竞技体育高质量发展研究，既有必要全面、客观总结竞技体育发展模式的经验做法与发展成就，加深认识我国竞技体育"从哪里来"的初心，又有必要鉴往知来，掌握竞技体育存在的体制与机制问题，规划转型升级的蓝图，坚定"向哪里去"的使命担当。本章主要梳理竞技体育赶超发展的演进历程，总结赶超发展取得的成就与存在的问题，探讨竞技体育未来发展转型的方向，以期为新时代深化竞技体育高质量发展改革提供些许经验借鉴和理论滋养，促进竞技体育又好又快发展。

第一节 我国竞技体育发展的演进历程

根据竞技体育组织管理权限与阶段目标特征，结合国家发展和体育变革对竞技体育发展进程影响的重要程度，本书共选取1979年我国重返国际奥委会、1992年红山口会议、2012年党的十八大三个历史节点。其中，1949—1978年，由于我国退出了国际奥委会，所以我国竞技体育基本在国内发展，国家体育委员会（以下简称国家体委）逐步集中组织管理权力，开展运动项目的普及工作，以快速提高竞技水平。随着1978年党的十一届三中全会的召开，体育系统也召开了全国体育大会，可以说1978年是我国体育事业发展的"调整年"[1]。

---

[1] 杨桦. 中国体育发展方式改革研究[M]. 北京：高等教育出版社，2016.

1979年，我国重返国际奥林匹克大家庭，竞技体育开始"冲出亚洲，走向世界"，随着侧重抓提高、优先发展、奥运争光战略等相继被提出和实施，竞技体育进入集权赶超阶段。

1992年召开的红山口会议确立了中国足球职业化发展方向，这是竞技体育探索职业化发展道路的开始，意味着竞技体育"行政一家办"的主体架构开始松动，竞技体育进入有限分权赶超阶段。

2012年召开的党的十八大上提出发挥市场在资源配置中的决定性作用，开启了中国特色社会主义新时代，我国进入以高质量发展为主题的新的历史阶段，这为竞技体育的深化改革指明了发展方向。竞技体育进入探索高质量发展、适应新时代的转型探索阶段。竞技体育自2012年取得奥运会境外参赛最好成绩之后，奥运会成绩出现下滑迹象，因此竞技体育赶超发展模式只有转型才能适应高质量发展的要求，举国体制与市场机制的融合成为亟待探索和解决的理论与实践问题。

根据上述节点，把竞技体育发展模式依次划分为集权提高、集权赶超、有限分权赶超、转型探索四个阶段。

一、集权提高阶段（1949—1978年）

（一）阶段特征

集权提高阶段烙刻着计划经济体制的印记，表现出国家体委运用行政手段集中"管""办"权力，快速提高竞技水平的整体特征。由于在此阶段我国退出国际奥委会，参加国际大赛的机会有限，所以还谈不上在奥运会上赶超体育发达国家。我国提高竞技体育水平的目标是树立大国形象、扩大国际影响力，这客观上为下一阶段的集权赶超发展积蓄了一定的力量和经验。

（二）发展主体

中华人民共和国成立初期，中国共产主义青年团、教育部、全国体总均短暂主政过全国体育事业，国家体委最终成为唯一的体育组织领导核心。政府部级机构主抓竞技体育具有历史的必然性，它的权威性、号召力比社团强，改变了社会组织领导全国体育事业"名不副实"的局面，表明党和国家对竞技体育的高度重视，有利于提高人、财、物的管理效率，加快竞技体育水平的提高。

(三) 阶段举措

1. 集中组织管理权力

至 1960 年，我国体育系统逐步形成了国家体委领导，各部委分工负责，军队系统、社会群体系统协作的运行格局。在国民经济困难时期，党中央制定了"调整、巩固、充实、提高"的八字方针，各行业体协被撤销，全国体总会员制名存实亡，国家体委也处于休眠状态，特别是竞技体育的管理权更是集中在中央与省市一级体委手中，形成了体委集中领导、单位具体组织的"一家负责制"管理模式[①]。

2. 建立专业运动队体制

专业运动队是竞技体育组织管理的主轴，是提高竞技体育专业水平的基本单位。竞技体育形成了专业队训练与人才培养"一条龙"体系。国家体委组建中央体训班、国家队后，地方与军队也相继建立了体训班、体工队，基层中小学、体校设置了业余运动队。到 1965 年，竞技体育训练与后备人才培养基本形成了以运动队为组织单位、从业余队到专业队的"一条龙"体系。另外，竞技体育形成专业队运行发展机制。在该阶段实行领队负责专业队、教练员主抓训练与竞赛的制度；建立了涉及专业队训练、学习、思想作风、生活、社会保障等方面的管理体系；考核任务先落实到运动队，再由运动队进行具体指标的分配。

3. 形成"国内练兵，一致对外"的竞赛机制

在此阶段明确了竞技体育各级各类赛事的目的是大力提高运动技术水平，即为"练兵"；在国外赛场上赛出水平，即为"对外"。20 世纪 50 年代，竞技体育多采用测验赛、表演赛、冠军赛、友谊赛及区域赛的竞赛形式，建立了国内单项运动赛事体系。据史料统计，仅 1955—1956 年全国举办的单项比赛就有 30 届次。20 世纪 60 年代，"实际上所有的竞赛都是围绕'国内练兵，提高运动技术水平；一致对外，猛攻尖端'来组织安排的"[②]。

4. 制定规范发展的管理制度

国家体委在 1951—1964 年制定颁发了《国家体育选手条例》《准备劳动与卫国体育制度》等 14 项管理制度（表 3-1），强化了竞技体育集权发展的目标，突出

[①] 熊晓正，钟秉枢. 新中国体育 60 年[M]. 北京：北京体育大学出版社，2010.
[②] 同上.

了提高竞技水平的核心地位，弥补了竞技体育发展的制度漏洞，提高了竞技体育管理标准化、规范化水平。

表 3-1　竞技体育集权提高阶段颁布的主要制度

序号	年份	颁布机构	名称
1	1951	全国体总	《国家体育选手条例》
2	1954	国家体委	《准备劳动与卫国体育制度》
3	1956	国家体委	《中华人民共和国运动竞赛制度的暂行规定（草案）》
4	1956	国家体委	《中华人民共和国运动员等级制度条例（草案）》
5	1956	国家体委	《中华人民共和国裁判员等级制度条例（草案）》
6	1956	国家体委	《青年业余体育学校章程（草案）》
7	1956	国家体委	《少年少体校训练业余体育学校章程（草案）》
8	1957	国家体委	《关于如何审查与承认省（自治区）、市最高纪录的几点规定》
9	1957	国家体委	《关于各级运动会给奖方法的暂行规定》
10	1963	国家体委	《关于试行运动队伍工作条例（草案）的通知》
11	1963	国家体委	《各项运动全国最高纪录审查及奖励制度》
12	1963	国家体委	《中华人民共和国运动员等级制度》
13	1963	国家体委	《中华人民共和国教练员等级制度》
14	1964	国家体委	《运动队思想政治工作条例（试行草案）》

5. 坚持重点提高原则

在体育运动普及的基础上，重点提高参赛竞技水平，培养优秀运动员；在全面训练的基础上，坚持"三从一大"原则，重点提高技术训练与身体训练水平。我国还提出了省级以上体委设置优秀运动队的要求，重点保障十个运动项目快速发展，完成侧重提高训练质量的任务。

二、集权赶超阶段（1979—1991 年）

（一）阶段特征

伴随着改革开放的发展，在竞技体育方面国家体委大力实施奥运争光计划，集中"管""办"力量培养奥运优势项目，表现出在世界体坛上赶超先进国家和地区、争金夺银为国争光的特征。

（二）发展主体

体委系统仍是集权赶超的导演兼主角，而国家各部委、企事业单位是辅助协办的配角。集权赶超阶段以国家体委为领导核心、以地方体委为支撑的体系主导了竞技体育"管""办"一体的集权赶超模式。体委系统强化了对竞技体育的直接管理,运用计划手段配置人力、物力、财力资源,提高了政府主导发展的权威性与效率。同时,竞技体育实行体委管理下的分工负责制,国家各部委、企事业单位不仅负责本部门的群众体育工作,保证国家体委主抓竞技体育,还要负责组织本部门的全国运动会,保障国家体委集中精力抓全运会与奥运会。

(三)阶段举措

1. 举国体制提供根本性制度保障

举国体制是20世纪80年代国家体委为了解决竞技体育水平落后问题、快速赶超体育发达国家而形成的体育制度。举国体制是以国家体委为中心的管理体制、以专业运动队为中心的训练体制和以全运会为中心的竞赛体制三位一体的运行机制,目的是实现竞技体育的追赶型和跨越式发展[1]。举国体制体现了中国特色社会主义集中力量办大事的制度优越性,为竞技体育提供了集权赶超的根本制度保障。

2. 实施竞技体育超前发展战略

竞技体育超前发展是指在一定时期内竞技体育突破经济条件、资源基础的限制,快速实现奥运赶超目标的发展。我国实施竞技体育超前发展战略,是为了满足服务国家建设、振奋民族精神、满足民众期盼的客观需要。具体做法如下:一是集中体育系统资源扶持竞技体育发展,当时全国公共财政支出的80%均用于竞技体育领域[2]。二是重点培养优势竞技项目。从20世纪80年代开始,国家重点布局优势运动项目,形成了体操、乒乓球、羽毛球、举重、跳水、摔跤、射击七个优势竞技项目。三是恢复体育事业"部门办、单位办"的机制,保证国家体委的主要精力放在竞技体育超前发展战略上。四是改革竞赛体制机制。按照"国内练兵,一致对外"的方针,全运会项目设置要与奥运会接轨;明确全国竞赛的分工负责制,强调国家部委、单项体育协会负责所属全国竞赛项目。

---

[1] 杨桦,孙淑慧,舒为平,等. 坚持和进一步完善我国竞技体育举国体制的研究[J]. 北京体育大学学报,2004,27(5):577-582.
[2] 邵桂华,满江虹."举国体制"下的竞技体育异化现象分析[J]. 体育学刊,2015,22(4):17-21.

3. 增设竞技体育专门职能机构

1982—1988 年，国家体委调整了职能部门设置，把原有关于竞技体育的运动司、军体司、球类司三个部门，细分为训练竞赛一司、二司、三司、四司、五司，以及训练竞赛综合司，使专门负责竞技体育的管理机构增加到六个。这从组织上强化了竞技体育的中心地位，保证奥运战略的实施，为竞技体育的超前发展奠定了坚实的组织基础。

4. 厚实了超前发展的人才条件

与 1957 年相比，1990 年的优秀运动队在队运动员人数、国家级运动健将人数、业余体校专职教练员人数、全国各级体委培训干部人数都增长了好几倍，国家级裁判员人数、优秀运动队在队教练员人数增长了约 3 倍，业余体校在校生人数与国家级运动健将人数增长了十几倍（表3-2）[①]。这为超前发展打下了厚实的人才资源基础，为奥运战略提供了良好的人才条件。

表 3-2　体育系统各类人员发展情况　　　　　　　　单位：人

指标	人员	1957年	1962年	1965年	1970年	1979年	1980年	1985年	1990年
体委系统	职工	12415	30226	33074	51821	77273	77428	101415	139048
	科技人员						441	1003	1638
优秀运动队	在队运动员	1939	10659	11292	10200	17974	12971	17148	16982
	在队教练员		1734	2062	2135	3554	3312	5194	5527
运动健将	国家级运动健将	149	240	405		396	1060	1950	2530
	国际级运动健将							113	274
业余体校	在校生	17902	71049	148788	268511	241822	218522	249772	304853
	专职教练员		1588	2755	7950	12402	11901	14913	18064
裁判员	国家级裁判员	156	35	8		285	435	398	421
	国际级裁判员					11	36	99	46
全国各级体委	培训干部	41832	23578	85311	182018	177237	269465	280544	416783

---

① 伍绍祖. 中华人民共和国体育史（1949—1998）（综合卷）[M]. 北京：中国书籍出版社，1999.

三、有限分权赶超阶段（1992—2011年）

（一）阶段特征

伴随着中国特色社会主义市场经济改革的深入，来自市场、社会的力量叩开了竞技体育的发展大门，竞技体育不再囿于体委"一家办"的窠臼模式。然而，"管办分离"改革还未完成，协会实体化改革仍须全力推进，多元主体责权利的边界还不清晰，职业体育也不成熟，竞技体育进入有限分权赶超阶段。

（二）发展主体

第一，体育总局+运动项目管理中心。这一主体架构是有限分权赶超阶段的鲜明特点。体育总局主要行使决策、监管、协调职能，而业务工作交给直属的运动项目管理中心，这是体育组织管理权力"有限下放"的表现。

第二，全国单项体育协会。随着我国体育事业"管办分离""政社分开"改革的推进，建立有中国特色的协会制度成为竞技体育进一步发展的着力点。全国单项体育协会逐渐成为专业服务、独立管理、依法自治的社会组织，成为竞技体育再创辉煌的中坚力量。

第三，职业体育俱乐部。虽然职业体育俱乐部的产权不明晰，自主性、主动性受到束缚，但它是项目协会、职业联盟的基础构成单位，直接面向市场提供竞技赛事产品，显示出越来越强的发展活力，成为繁荣职业体育市场的当然主体。

（三）阶段举措

1. 推动简政放权改革

第一，贯彻"管办分离""放管服"改革的思路。通过发布政策性文件，制定全国体育事业发展规划，明确简政放权改革思路；提出"要明确政府和社会的事权划分""进一步厘清体育行政部门权力边界，减少审批事项，放宽市场准入"的改革要求。

第二，调整体育行政职能部门设置。1994年，国家体委开始缩减职能机关，部门数量调整为13个，人员编制调整为381人。1998年，国家体委被改组为体育总局，内设机构9个，人员编制为180人。通过持续缩减行政部门机构和人员数量，提高了体育总局的行政效率，在一定程度上降低了体育管理体制的行政属性，有利于加快体育领域的简政放权改革。

第三，实施运动项目中心管理制。按照体育领域"管办分离"改革的顶层设计，在有限分权赶超阶段实现了政事分开改革。改革原有竞技训练竞赛"六司分治"的体制，下放运动项目管理权，成立事业性质的运动项目管理中心，从1993年开始试点成立运动项目管理中心，截至2005年共成立了23个运动项目管理中心，完成了全部运动项目的中心管理制。

2. 释放市场与社会的驱动力量

市场与社会的驱动作用越来越受到重视，它一方面推动了非奥项目与部分奥运项目的发展，避免了竞技体育人力、物力、财力资源的平均分配，确保奥运赶超战略的顺利实施；另一方面提供了竞技体育社会化的机制和路径，为深化重点奥运项目改革提供经验借鉴。同时，市场与社会的驱动力量强化了竞技体育的产业功能，有利于提高竞技体育的自身造血功能。

3. 发挥《奥运争光计划纲要》与《体育事业发展规划》的引领作用

我国竞技体育发展的纲领性文件《奥运争光计划纲要》与《体育事业发展规划》中提出了关于奥运会团体名次、奖牌数量的总体目标；对奥运大项、小项在参赛资格、竞赛名次、进步幅度方面提出了具体目标；对金牌增长点、基础项目和集体球类项目也提出了相应的要求，以此持续引领竞技体育提高运动成绩，统率竞技体育赶超发展。

4. 探索职业体育发展机制

探索职业体育发展机制的主要做法如下：①引导市场多元化的消费需求，调节职业体育产品供给关系，促进竞技体育资源的流动、集聚、整合。②初步建立协会、俱乐部、联盟之间竞争与协同的利益关系。③提高职业体育赛事质量。提高赛事激烈对抗与精彩表演程度，满足消费者的多元层次需求；培养技艺高超、具有号召力的明星运动员，吸纳域外高水平职业运动员，重视培养后备人才，为职业体育增添新鲜血液和活力。

5. 加大科技支撑力度

加大科技支撑力度的措施如下：①制定实施有关科技强体的政策法规，如《2001—2010 年体育科技发展规划》《奥运争光计划科技工程》，从制度上保障奥运赶超战略的实施，发挥科技先导作用。②开展技战术模拟与创新、兴奋剂检测、选材管理、心理训练、训练监控与疲劳恢复及信息情报服务等体育科技服务；开发竞技体育专门测试器械、医疗设备和辅助训练器材。③围绕奥运会成立重点项目的联合科研攻关组，逐年加大科技研发所需物资、人员、经费的保障力度。

四、转型探索阶段（2012 年至今）

（一）阶段特征

党的十八大开启了中国特色社会主义发展的新时代，党的十九届五中全会进一步明确了新时代的主题是推动高质量发展，竞技体育借此东风进入谋篇布局、转型升级的新阶段。2012 年，中国体育军团在伦敦奥运会上创造了境外奥运参赛最好成绩，但竞技体育发展模式的转型势在必行，我国应加快管理体制、运行机制的改革步伐。由于新时代竞技体育的转型探索刚起步，所以整体处于体制壁垒逐渐被打破、尚未形成成熟框架的过渡阶段。

（二）发展主体

竞技体育转型探索的首要主体是体育总局。体育总局密集推出多项举措，使竞技体育的监管主体、执行主体的角色定位相对清晰。另外，逐渐确立了体育社团发展竞技体育的主体地位。体育总局通过"放管服"改革，深入推进奥运项目协会与项目管理中心的脱钩，使体育社团的实体化改革局面蔚然一新。秉持"专业人做专业事"的用人理念，竞技体育的内生组织与专业能人开始真正成为竞技体育改革发展的主体。

（三）阶段举措

1. 深入探索开放办体育的突破口

转型探索阶段体育总局全面深化"放管服"改革，释放出求新求变的强烈信

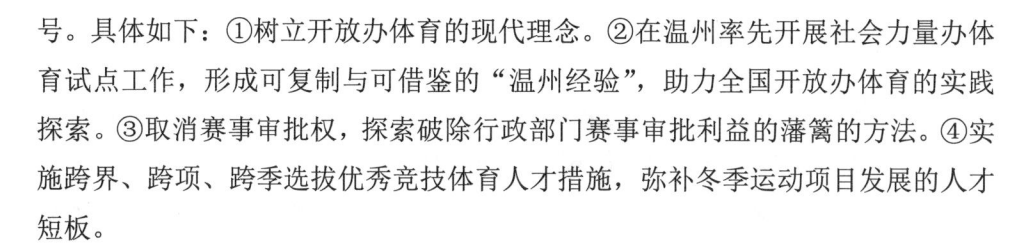

号。具体如下：①树立开放办体育的现代理念。②在温州率先开展社会力量办体育试点工作，形成可复制与可借鉴的"温州经验"，助力全国开放办体育的实践探索。③取消赛事审批权，探索破除行政部门赛事审批利益的藩篱的方法。④实施跨界、跨项、跨季选拔优秀竞技体育人才措施，弥补冬季运动项目发展的人才短板。

2. 进一步探索竞技体育"政社分开""事社分开"的体制改革

首先，分三批次完成奥运项目协会"机构脱钩、职能分离、资产脱钩、人员分流、党务革新"的改革试点工作[①]。截至2018年底，已经有25个奥运项目协会完成脱钩，成为拥有决策权、人事权、财政权的独立法人。其次，裁撤部分运动项目管理中心。2017年1月5日，体育总局足球运动管理中心正式注销，中国足球协会与足球运动管理中心完成脱钩，这彻底改变了足球运动管理中心与中国足球协会"两块牌子、一套人马"的组织构架。体育总局裁撤项目管理中心，把相关权力移交给项目协会，是对竞技体育"管""办"职能的再分配与再调整。最后，在选人用人上大胆启用体育专业人才，一大批专业运动员、教练员成为引领项目协会发展的新生舵手。

3. 探索国家队组建权限的下放

第一，顺应社会化方向，探索如何利用社会力量和市场力量办队。体育总局及各项目管理中心先后与单项体育协会、地方、企业合作组建多支国家队，如中国（浙江）国家游泳队、马拉松国家队（云南组）、田径项目国家队（新疆）、冰壶国家集训队（西安体育学院），探索政府与社会各方合作组建体育队伍的发展方向[②]。

第二，加强政府监管评价。例如，中国（浙江）国家游泳队实行年度评价与周期总评相结合的办法，以2020年东京奥运会、2022年杭州亚运会为一个完整周期进行总体评价[③]。

[①] 蔡如鹏. 中国体育改革在争议中重启[J]. 中国新闻周刊，2017（29）：36-43.
[②] 赵吉峰，邵桂华. 中国竞技体育国家队社会化组建模式的改革探索[J]. 天津体育学院学报，2019，34（2）：132-136，178.
[③] 赵吉峰，邵桂华，郑家鲲. 中国竞技体育国家队组建模式改革思考：以中国（浙江）国家游泳队为视点[J]. 上海体育学院学报，2019，43（3）：54-60.

4. 探索扁平化管理机制

扁平化管理有利于减少竞技体育组织管理层级，减少机构冗员，提高运行效率，它集中体现在国家队的管理改革上。具体如下。

第一，取消了国家队总教练员职位，缩短了体育总局或项目协会调控运动队的纵向距离，便于直接与教练员、运动员进行对话沟通；也减少了运动队总教练员大权独揽的问题。

第二，探索合作共建国家队的扁平化管理机制。中国（浙江）国家游泳队建立领导小组负责制，实施扁平化管理，由主教练员全权负责训练、比赛等主干任务，有效发挥了体育人才的专业优势，提高了运动队管理的工作效率与弹性。

第二节 我国竞技体育发展取得的成就与存在的现实问题

一、我国竞技体育发展取得的成就

（一）竞技实力称雄亚洲体坛，傲立世界舞台中央

笔者根据《中国统计年鉴》，体育总局、中国奥委会等官方网站发布的信息进行统计，发现 1949—2019 年我国共有 5248 位运动员累计获得世界冠军 3588 个，创超世界纪录 1318 次。我国已经成为亚洲名副其实的体坛霸主，稳居奥运会金牌榜前列。我国奥运战略目标成功实现[1]，竞技体育整体处于世界领先地位。

（二）国际话语权和影响力不断提高

我国成功举办了 2008 年北京奥运会、2022 年北京冬奥会，全面参与国际重大赛事，扩大对外国际交往，建立了友好朋友圈；我国在国际体育组织中的作用更加突出，截至 2012 年有 410 人在国际及亚洲体育组织中任职[2]，主动参与国际体育事务，决策、管理的话语权增强。

---

[1] 钟秉枢. 奥运战略目标的实现与竞技体育发展模式的转型[J]. 北京体育大学学报，2013, 36（11）：114-119.
[2] 王镜宇，赖雨晨. 中国奥委会在国际、亚洲体育组织任职达 410 多个[EB/OL].（2012-12-27）[2022-09-06]. https://www.gov.cn/jrzg/2012/12/27/content_2300478.htm.

（三）增强了中华民族凝聚力

我国优秀体育健儿在国际体育舞台上拼搏进取、为国争光，展现了我国开放包容、坚韧有力、文明现代的大国形象。每次在国际体育赛场上升国旗、奏国歌，都极大地激发了中华各族儿女的爱国热情，振奋了民族精神，增强了实现中华民族伟大复兴的自信心与凝聚力。竞技体育取得的辉煌成绩让国人以祖国为荣、为祖国骄傲。海内外华人、华侨无不倍感自豪、备受鼓舞，这极大增进了他们对中华民族的认同感和向心力。

（四）形成和丰富了中华体育精神

中华体育精神是中华民族的精神动力和特色资源，也是中华民族和谐发展和繁荣兴旺的宝贵精神财富[1]。我国在竞技体育方面的砥砺奋进形成了"为国争光、无私奉献、科学求实、遵纪守法、团结协作、顽强拼搏"的中华体育精神。随着社会主义市场经济体制的完善，中华体育精神又融入了日渐成熟的职业体育精神。中华体育精神的不断丰富和创新，为实现中华民族伟大复兴贡献了高质量的精神文化食粮。

当然，竞技体育的赶超发展不仅大幅提高了我国竞技体育的水平，培养和储备了大量优秀体育人才，还带动了健身休闲娱乐、体育中介、体育培训、体育传媒、体育旅游等新兴业态的发展，促进了体育产业的繁荣。不可否认，竞技体育在一定程度上促进了群众体育的协调发展。

二、我国竞技体育发展存在的现实问题

发展具有自反性，是指自己做的事情又给自己带来新的问题[2]。我国竞技体育的发展变迁主要存在以下现实问题。

（一）未能克服"增长优先"发展观的片面性

竞技体育在增长优先发展观的指导下，围绕"如何快速提高"的发展议题，表现出数量、速度、规模赶超的共同特征。但增长优先发展观难以兼顾发展的

---

[1] 黄莉. 中华体育精神研究[M]. 北京：北京体育大学出版社，2008.
[2] 刘潜. 走向深发展观[J]. 自然辩证法研究，2004，20（10）：87-90.

质量和效益,其片面性和局限性突出,难以引领竞技体育在新时代又好又快地发展。

1. 竞技体育结构性矛盾突出

第一,过度依靠小众、技巧、女子项目实现局部赶超,三大球项目总体成绩不理想,基础大项游泳、田径起色不大。

第二,奥运传统优势项目的贡献率受限。我国七大奥运优势项目在夏季奥运会上的金牌平均贡献率为78.9%,在2012年伦敦奥运会、2016年里约奥运会上优势项目的贡献率不增反降,这表明传统奥运优势项目已经达到饱和,潜力拓展空间受限。

第三,项目偏态发展的结构性矛盾突出。奥运项目与非奥项目、奥运优势项目与奥运弱势项目、男子项目与女子项目长期呈非均衡发展,形成竞技体育的偏态发展结构,无法实现全面协调的发展格局。

2. 竞技体育"三高"问题突出

我国竞技体育的发展主要采用增量投入的粗放型发展模式[1],以人、财、物的高投入为前提,实现赶超目标,产生了高投入、高代价、高消耗问题。具体如下。

第一,高投入。在体育事业的财政投入中竞技体育占比较大,2011—2015年竞技体育财政支出是群众体育支出的3倍左右,仅2015年,体育竞赛和体育训练的费用就达到67.45亿元[2]。全国公共财政支出决算表的统计资料表明,2017年用于运动项目管理、体育竞赛、体育训练三者的公共财政支出为131.33亿元,体育场馆费用为132.58亿元。用于群众体育领域的资金比例不会超出体育财政支出的20%,而另外的80%资金均用于竞技体育领域[3]。地方投入全运会的费用也是不菲的,浙江省体育局原局长陈培德对比分析了中华人民共和国运动会(以下简称全运会)的投入产出,发现浙江在全运会上平均每得一分的直接投入,在

---

[1] 伍绍祖. 中华人民共和国体育史(1949—1998)(综合卷)[M]. 北京:中国书籍出版社,1999.
[2] 邱鹏,李燕领,柳畅,等. 我国公共体育服务财政投入研究:规模、结构与效率[J]. 天津体育学院学报,2019,34(2):105-112.
[3] 邵桂华,满江虹. "举国体制"下的竞技体育异化现象分析[J]. 体育学刊,2015,22(4):17-21.

第六届全运会上是 5.38 万元，在第七届全运会上是 6.20 万元，在第八届全运会上是 7.12 万元，这说明成本在逐届提高，而效益在下降[①]。

第二，高代价。现役运动员的学历偏低，后备人才高淘汰率、低成材率，投入产出比例低已经是不争的事实。2009 年，现役运动员中大专以上学历者占 22.6%，明显低于当年全国 30%左右的大学毛入学率[②]。有关研究资料显示，由地方运动队向国家队输送优秀运动员的输送率不高，全国平均每年选拔的新运动员在 1922 名左右，仅占在训青少年运动员的 1.3%[③]，即使能够进入国家队，成为金牌运动员的成材率也只有 3.6‰[④]。众所周知，我国群众体育发展远远迟滞于竞技体育发展，加之青少年体质持续下降，体育系统片面发展等问题成为社会各界批评竞技体育高代价发展的关键点。

第三，高消耗。竞技体育消耗了大量的人力、物力、财力，其中人才培养消耗大、退役安置困难、场地空置浪费、区域体育重复建设等方面的高消耗问题较为突出。2009 年统计数据显示，全国 33294 名在训运动员中有近半数运动员无编制，有 45%的退役运动员得不到及时安置，而试训、集训中无编制的运动员更难享受国家和省市出台的安置政策。2014 年 11 月，时任体育总局人事司司长的高志丹表示，全国共有运动员约 1.7 万人，年均退役 2000 人左右，其中政府帮助安排工作能够解决 30%退役运动员的安置问题[⑤]。第六次全国体育场地普查数据公报显示，截至 2013 年 12 月 31 日，全国共有体育场地 169.46 万个，场地面积为 19.92 亿平方米，其中体育系统管理的体育场地有 2.43 万个，场地面积为 0.95 亿平方米，占 4.79%。体育系统的场地是专用场地，基本不对外开放。随着各省市退役运动员人数不断增加，等待分配工作的时间也不断加长[⑥]。另外，东、中、西部某些项目重复设项，奥运设项效益偏低[⑦]。

---

① 陈培德. 提高我国竞技体育的效益与效率[J]. 体育文化导刊，2001（5）：7-8.
② 国家统计局. 各项目分文化程度在队优秀运动员人数（2009 年）[EB/OL]. (2009-09-03)[2022-09-06]. http://www.stats.gov.cn/zt_18555/ztsj/hstjnj/sh2009/202303/t20230303_1926671.html.
③ 金玉，潘绍伟，彭杰，等. 我国竞技体育后备人才培养现状与对策[J]. 体育与科学，2006（5）：82-86.
④ 王向宏. 我国竞技体育人才培养体系优化整合研究[D]. 长春：东北师范大学，2011.
⑤ 徐征，周畅. 体育总局首次参展体育文化"推介"退役运动员[EB/OL]. (2014-11-22)[2022-09-06]. https://sports.sohu.com/20141122/n406281742.shtml.
⑥ 徐新鹏，杨林. 制定《退役运动员安置条例》的必要性、可行性及框架构建[J]. 西安体育学院学报，2017，34（4）：420-425.
⑦ 吴希林，袁守龙，孙平，等. 我国竞技体育运动项目结构特征及奥运设项效益研究[J]. 体育科学，2007，27（5）：9-14.

3. 竞技体育整体效应难以提升

第一，竞技体育与体育大系统发展失调。从现实看，竞技体育的赶超发展难以与学校体育、社会体育形成联动效应，致使竞技体育的社会基础薄弱，运动员不能全面发展，后备人才出现断层。

第二，非均衡发展。在增长优先发展战略主导下，不同竞技项目发展的规模、速度、质量呈现偏态结构，自身系统相互关联、协同发展的机制薄弱，形成了非充分、非均衡的发展态势。

第三，多元综合功能被遮蔽。竞技体育除具有挑战人类潜力极限的本体功能外，还具有政治、经济、文化、教育的多元功能。竞技体育功能必将向着多元化方向发展，其过程取决于社会进步、竞技体育自身发展及政府介入三大要素[1]。然而我国竞技体育过于突出为国争光的政治功能，淡化和忽视了其他功能，影响了整体功能的发展。

（二）竞技体育系统的内生动力尚未被激活

我国竞技体育长期依赖资金要素、行政路径的驱动，系统内生动力不足，客观上造成自主发展能力缺失与主动发展能力偏弱。具体如下。

1. 自主发展能力缺失

第一，内生主体缺位。当前体育系统"管办分离""放管服""脱钩"改革仍在进行，这大大影响了体育项目协会实体化的进程。根据体育总局信息申请公开函，截至2018年12月，在体育总局所属的106家全国奥运项目协会中有25家协会启动了实体化。我国绝大多数体育项目协会真正意义上的实体化还没有完成，全国体总、中国奥委会的实体职能也没有落实到位。因此，竞技体育系统还未形成真正意义上自主发展的组织实体，无法形成权利与责任明确的法人单位，自主发展的能力受到限制。

第二，体育社会组织具有先天依附性。一方面，在行政管理体制下社会团体的组织管理职能缺失。从1957年开始，以全国体总、单项体育项目协会为代表的社会组织就逐渐失去了组织管理竞技体育的职能，形成了具有权威性和强制性的竞技体育行政管理体制。另一方面，体育社团的发展自主权缺失。老生常谈的"三块牌子一套人马"揭示的是国家体育行政机构行使了全国体总、中国奥委会职能

---

[1] 高雪峰. 论竞技体育功能多元化与政府之间的关系[J]. 武汉体育学院学报，2004（2）：1-3.

的现象，体育社团对外联系的组织管理职能都集中到体育行政部门手中，体育社团成为"无专门办公地点、无独立经费、无专职人员"的附属于体育行政部门的机构，难以获得自主发展的决策权、事权与财权。

第三，资源与环境的支撑基础薄弱。长期以来，竞技体育受条块分割的行政管理体制影响，形成了人才、物力、资金、信息等资源的流动壁垒，无法为竞技体育的自主发展提供资源保障。同时，竞技体育半封闭半开放的系统使其与外界进行资源交流的力度较小，难以获得成熟的、自主发展的外部支撑环境。

2. 主动发展能力偏弱

我国竞技体育受自身组织体系、惯性思维、能人的影响，主动发展能力偏弱，呈现出干不了、不愿干、没人带着干的状况。具体如下。

第一，组织体系不健全、不完善。例如，纵向延伸有限，嵌入基层社区、单位的触角还不够多；横向辐射力不足，与市场组织、非体育社会组织的联结纽带偏少，主动合作意识薄弱。另外，职业体育组织建设相对迟滞。自2015年足球、篮球的国家单项体育协会脱钩以来，省级以下体育项目协会的脱钩工作还未完成，职业联盟的成立一再推迟，这表明职业体育组织的健全与完善还需要一段时间。

第二，存在行政路径依赖惯性思维。路径依赖是新制度经济学中的一个范畴，它是指一个具有正反馈机制的体系，一旦在外部性偶然事件的影响下被系统所采纳，就会沿着一定的路径发展演进，而很难为其他潜在的甚至更优的体系所取代[1]。我国竞技体育已形成依靠行政手段赶超发展的路径逻辑，它对深化竞技体育改革产生了较大阻力，尤其是在转变发展方式过程中出现不利局面时（如国家队成绩下滑），重回政府"一家办"的惯性力量仍较大。竞技体育社团与俱乐部还不成熟，社会与市场模式难以替代行政集权模式。因此，竞技体育主动发展的理性思维在短时间内还无法瓦解行政路径依赖的惯性思维，只能依靠政府自上而下主导的自我改革破解这种"认知锁定"。

第三，竞技体育能人稀缺。按照帕累托（Pareto）的看法，在每个特定的社会集团中，必然有极少数人比另一些人更有能力，他们在各方面都出类拔萃，从而取得较高的社会地位，这些人就是社会的精英群体——能人[2]。当前竞技体育能人的现状如下：其一，竞技体育管理、训练、竞赛、科研等各行业中懂政治、精体

---

[1] 张自如. 我国竞技体育发展的路径依赖与制度创新[J]. 体育与科学，2008，29（1）：29-32.
[2] 俞可平. 权力政治与公益政治：当代西方政治哲学评析[M]. 北京：社会科学文献出版社，2000.

育、能管理、敢改革、肯奉献的体育"头雁"数量稀少；其二，缺乏在世界上具有较大影响力和带动力的竞技体育能人；其三，受任期、理念风格、领导信任度、群众支持度等客观因素与自身健康、意志品行等主观因素的影响，有些竞技体育能人发挥作用的稳定性、持续性不强。

（三）体育行政部门与单项体育协会、俱乐部之间的关系仍未理顺

政府、社会与市场被称为现代社会的三大支柱，理顺它们之间的关系是全面深化改革的前提。在竞技体育方面，仍未理顺三者的关系，主要表现在体育行政部门越位与缺位上。

第一，越位。越位即越权，指体育行政部门管了不该管的事务，或者说剥夺了其他主体的管理权力。体育行政部门身兼运动员、教练员、裁判员的全能型角色，致使体育社团虚设、市场主体缺位，其"管""办"未能彻底分离，体育社团赋权增能的力度有限，影响了体育社团、俱乐部的自主性、主动性。

第二，缺位。缺位即失权，指体育行政部门该管的事务没有管或没有管好。体育行政部门在制定发展战略、建设训练基地、优化公平竞争环境、维护公共秩序等方面还需要完善职能；在政策监管、制度供给、标准实施、平台搭建、协同治理等方面还需要精准到位。

（四）竞技体育运行系统相对封闭

竞技体育的赶超发展基本上是在相对封闭的环境中产生和运行起来的，注定会形成"竞技体育体制机制与经济社会发展不相适应"的症结，主要表现为"一家独办"难以凝聚合力、职业体育的市场开放力度不足、脱离教育系统与社会系统。

1. "一家独办"难以凝聚合力

"一家独办"的体制机制造成"一家独大"，表现为竞技体育的决策权、事权、财权集中在体育行政部门，助长了国家与地方对人才、技术、资本、信息资源的保护主义，容易出现体制机制僵化、无活力的问题。"一家独办"难以形成多元主体的发展合力，单项体育协会、俱乐部、高校无法获得竞技体育的举办权，只能担当"代管""代训""代培"角色。"一家独办"的体制机制过度压缩了多元主体的参与空间与话语权，抹杀了竞技体育多元主体的利益，压抑了它们的积极性与创造性，不符合国家治理体系与治理能力现代化的发展要求。

2. 职业体育的市场开放力度不足

职业体育是市场化的竞技体育活动，但我国职业体育的市场开放力度明显不足。由于受到行政行为的影响，职业俱乐部未能成为自主发展、自负盈亏、自我管理的市场主体；职业体育的产品、金融、经纪人等市场体系不成熟、不健全；市场经济是法治经济，但职业体育产业政策滞后，法规制度不健全。总之，职业体育未能形成完善的市场开放系统，市场机制难以发挥基础性作用，更遑论发挥决定性作用。

3. 脱离教育系统与社会系统

从现实看，体教结合模式一度被斥为退役和伤病运动员的收容所，远未达到培养竞技体育人才的目的。2005 年，中国体坛第一案"清华大学跳水队高水平运动员注册事件"表明竞技体育与教育系统之间存在较深的隔阂。同时，运动员文化素质较低，运动员的高淘汰率、低成材率成为人才培养的沉疴宿疾；运动员退役再就业的技能缺乏，创业难度较大，适应社会能力有限。1999—2002 年，我国退役运动员每年安置人数占比只有不到 30%，甚至个别年份还不到 20%，并且呈现逐年递减的趋势[①]。截至 2014 年 11 月，全国共有运动员约 1.7 万人，年均退役 2000 人左右，其中政府帮助安排工作能够解决 30%[②]。这反映出竞技体育长期割裂了与教育系统、社会系统的有机联系，造成其封闭与片面发展。

（五）竞技体育发展规律认识不足

1. 竞技体育的提高未能有效结合普及

竞技体育相关人员在理论上与实践上对普及与提高规律存在片面性认识，未能深刻理解普及基础上的提高与提高指导下的普及之间的辩证关系；实践上往往注重提高，追求获得立竿见影的成绩，而忽略或不愿意费时费力地做基础性的普及；普及与提高的指向对象模糊，未能把握竞技体育自身系统、项目子系统及知识、规则、技战术的"普及与提高"的内涵与外延。

---

① 熊晓正，夏思永，唐炎，等. 我国竞技体育发展模式的研究[M]. 北京：人民体育出版社，2008.
② 徐征，周畅. 体育总局首次参展体育文化"推介"退役运动员[EB/OL].（2014-11-22）[2024-05-06]. https://sports.sohu.com/20141122/n406281742.shtml.

2. 运动员的全面发展成为老大难问题

人的全面发展是马克思主义基本原理之一，是指人的体力、智力的充分发展，与以人为本的发展理念一脉相承。竞技体育赶超发展模式追求发展的速度和规模，在促进运动员竞技水平快速提高的同时，导致部分运动员的文化素质相对落后、人格不健全、适应社会发展的能力较弱。具体如下：第一，运动员接受普通教育不足，科学文化素质较低，这影响了运动员的可持续发展。第二，退役运动员社会谋生本领不强，融入社会系统比较困难。第三，体教结合模式效果不佳，学训矛盾较为突出，基本没有实现输送高水平学生运动员的初衷。第四，运动员的社会责任感与职业精神亟须加强。

3. 科学训练任重道远

不尊重训练竞赛规律的现象仍较为普遍，具体如下：第一，在运动训练中一味强调大运动量训练，造成伤病员不断增加[①]。第二，存在业余训练专项化的功利行为。第三，对于竞技状态掌握不科学，存在恢复不积极、经验选才与经验训练较普遍等问题。这反映出教练员与运动员主动掌握科学训练理论、方法与现代化技术设备的意识与能力欠缺，同时表明科研机构主动服务于运动训练与竞赛实践的能力不强。

4. 职业体育不"职业"

我国当前职业体育表现出"半职业""准职业"特征，不符合市场运行规律的要求。具体如下：第一，职业俱乐部产权变更频繁，造成职业体育的法人主体不稳定，进而使职业体育发展不稳定。俱乐部产权在 1～2 年发生变更的达到 68 家之多，占总数的 63%；超过 6 年（含 6 年）的仅有 14 家，只占总数的 13.5%[②]。第二，协会、俱乐部及职业联盟的权责不明确，利益分配不合理。第三，大多数俱乐部常年亏损，易名频繁，自力更生能力欠缺，加之职业体育的竞技表演水平不高、第三方服务机构功能不健全等问题，形成了职业体育不"职业"的状况。

---

① 伍绍祖. 中华人民共和国体育史（1949—1998）（综合卷）[M]. 北京：中国书籍出版社，1999.
② 郑国荣，谢忠萍. 中国职业足球俱乐部产权变更的原因分析[J]. 北京体育大学学报，2011, 34（10）：24-27.

第三节 新时代我国竞技体育发展的转型方向

我国已经进入高质量发展的新时代，社会主要矛盾转化为人民日益增长的美好生活需要与不平衡不充分的发展之间的矛盾，这为竞技体育发展的转型指明了根本方向。《体育强国建设纲要》的发布、《"十四五"体育发展规划》中对竞技体育的部署、到2035年建成体育强国的目标都对竞技体育的发展提出了更高要求。统而观之，我国竞技体育迎来了由数量速度型向质量效益型、由"一家办"向"多家办"、由"要竞技体育发展"的被组织型向"竞技体育要发展"的自组织型转变升级的历史节点。

一、向高质量发展方向转型

（一）高质量发展是竞技体育适应新时代社会主要矛盾转化的客观要求

高质量发展是实现竞技体育发展方式转变的必然选择，是破解新时代竞技体育发展矛盾的必由之路。当前竞技体育存在质量与效益上的短板问题，如具有世界影响力的田径、集体球类、水上等项目获得的金牌较少，体育项目协会实体化后行业权威性与业务能力需要壮大，竞技表演产业市场如何做好与分好，运动员的全面发展及体教融合效果不佳等。因此，新时代竞技体育要解决发展不平衡不充分的问题，适应经济社会高质量发展的客观要求，从速度、数量发展转向质量、效益发展，从数量比较优势转向结构比较优势，从高投入、高消耗、高代价发展转向高质量、高效益发展。

（二）高质量发展是加快推进体育强国建设的必然要求

从客观上讲，我国竞技体育项目结构不合理，基础大项竞争乏力，集体球类项目水平较低，"三高一低"问题仍然突出，发展结构与动力仍旧依赖外在要素的大量投入，内生动力不足，离真正的竞技体育强国还有不小的差距。随着《体育强国建设纲要》的制定和实施，我国要求实现竞技体育体制机制有活力、发展动力可持续、资源配置高效益、成绩速度可预期的高质量发展。

（三）高质量发展是实现竞技体育可持续发展的内在要求

高质量发展必然是可持续的发展，这是高质量发展与高速度经济增长模式的主要差异[①]。竞技体育的可持续发展必须进行增长数量与速度上的换挡，摒弃短期目标和功利模式，抛弃资金、人才资源的规模投入与粗放发展，创新竞技体育的体制机制，培养自主发展的内生动力，追求高质量和高效益的新型发展模式。只有高质量发展，才能实现竞技体育的整体利益和长远利益，促进竞技体育全面、协调和可持续发展。

二、向自组织发展方向转型

所谓"行有不得，反求诸己"，竞技体育的赶超发展存在诸多现实问题，其根源都直接或间接与自身复杂系统的自组织缺失相关。竞技体育需要向自组织发展方向转型，由"要我发展"向"我要发展"、由"要我快速发展"向"我要高质量发展"转型。

（一）自组织发展是激活竞技体育内生动力的根本要求

社会的发展本质上是自组织发展[②]。相关学者针对国有企业改革指出政府部门行政干预并不能解决企业自生能力问题，而企业自生能力则是国企改革成功的首要条件[③]。同样，竞技体育实现高质量发展必须生成可持续发展的自组织内生动力。这要求竞技体育由自上而下行政驱动的被组织模式，转变为由内而外竞争与协同驱动的自组织模式，激活系统要素、子系统之间的相互联系与作用，提高与外界环境之间物质、能量、信息交流的开放度，提升自主发展与主动发展的能力。

（二）自组织发展是竞技体育解决高质量发展议题的内在需求

我国竞技体育的赶超发展遵循增长优先发展观，解答了"如何快速提高与赶超发展"的核心议题，这是"要竞技体育发展"的被组织阶段。进入高质量发展的新时代，竞技体育需要树立质量优先发展观，将核心发展议题转变为"如何提高质量与效益"，这是"竞技体育要发展"的自组织阶段。竞技体育需要唤醒自身的自组织机制，重塑竞技体育发展结构，激发内生动力，实现更加充分、更加均衡、更可持续的高质量发展。

---

① 任保平，文丰安．新时代中国高质量发展的判断标准、决定因素与实现途径[J]．改革，2018（4）：5-16.
② 曾国屏．自组织的自然观[M]．北京：北京大学出版社，1996.
③ 邹东涛．经济中国之新制度经济学与中国[M]．北京：中国经济出版社，2004.

（三）自组织发展是竞技体育适应社会主义市场经济的必然选择

从自组织的角度看，中国特色社会主义市场经济既要充分发挥配置市场资源的自组织机制的作用，又要更好地发挥政府宏观调控机制的作用。要建立适应社会主义市场经济的竞技体育发展模式，必须理顺竞技体育的生产关系，培育自主管理、自负盈亏、主动发展的法人实体，壮大社会团体、俱乐部、职业联盟等内生组织。自组织发展一方面可以发挥体育社团自主发展的本性与优势，调动运动员、教练员的创造性和积极性；另一方面可以发挥政府监管职能，将其与举国体制的优势相结合。完善社会主义市场经济体制的核心问题是处理好市场和政府的关系[1]，这也符合竞技体育举国体制与市场机制融合发展的战略需求。

三、向多主体协同方向转型

（一）多主体协同是新时期竞技体育发展的逻辑起点

随着"管办分离""放管服"改革的深入推进，我国竞技体育步入多主体协同发展阶段。具体如下。

第一，地方、体育社团、俱乐部、家庭、个人成为发展竞技体育的多元主体，消解了竞技体育的单一发展中心——体育行政部门，打破了竞技体育"一家办"的体制机制。

第二，政府职能的转变重构了竞技体育发展的多主体架构，不仅破解了行政路径依赖的局面，还形成了竞技体育监管重心上移、事权下沉的发展格局。

第三，做大做强竞技体育需要专业体育与职业体育齐头并进，这必然要求政府、市场、社会、个人的四轮驱动，形成多主体共赢的协同机制。

（二）多主体协同体现了新时代竞技体育治理关系的本质规定性

从深层次看，竞技体育的高质量发展是体育强国建设进程中体育治理体系和治理能力现代化的一道必答题。多主体协同是新时代竞技体育治理现代化的必要条件和充分条件。具体如下。

第一，多主体协同是竞技体育治理现代化的前提。新时代竞技体育的治理已经由一元行政管理转化为多元协商治理，必然依托多元主体的协同关系。从近年体育领域简政放权、行政脱钩、协会实体化的实践看，竞技体育呈现出多元主体

---

[1] 谢鲁江. 坚持社会主义市场经济改革方向[J]. 理论视野，2018（1）：19-21.

参与、共建共享的协同发展趋势。

第二，多主体协同是支撑竞技体育治理关系的内在结构。多元主体是竞技体育治理的载体，是治理执行力、整合力、吸纳力的组织者与调控者。竞技体育实现高质量治理需要多元主体之间协同结构的合理化，治理的目标、组织、运行、制度、政策都需要建立在政府、体育社团、俱乐部、高校及个人等多元主体的协同框架之上，无多元主体即无治理体系。

第三，多主体协同是重塑竞技体育利益格局的决定因素。竞技体育利益格局是以政治利益、经济利益为主要表现形式的社会利益形态，是为了满足竞技体育主体需要而形成的利益结构。进入新时代，竞技体育必将在国家、社会、市场的体制机制下重塑利益格局，而多元利益群体之间的协同关系将成为竞技体育利益格局重塑的决定因素，也将影响竞技体育发展的速度、质量与效益。

第四章

我国竞技体育高质量发展观

新时代的发展主题是推动高质量发展，这是我国经济社会确定发展思路，制定发展政策，贯彻创新、协调、绿色、开放、共享新发展理念的根本要求。根据中共中央制定的远景目标，到 2035 年建成体育强国。新形势下，竞技体育只有实现高质量发展，才能在体育强国建设进程中发挥引领作用。为了实现这一目标，竞技体育相关人员需要树立和贯彻高质量发展观，掌握竞技体育高质量发展"为什么""是什么""怎么做"的基本逻辑与精髓内容，深入认识竞技体育的发展问题。本章根据邱耕田提出的"发展观包括发展价值论、发展认识论、发展方法论"[1]的观点，探讨了竞技体育高质量发展观的理论逻辑，为人们观察、思考、解决竞技体育高质量发展问题提供基本观点与原则遵循。

第一节 我国竞技体育高质量发展的价值论

价值论主要从主体的需要和客体能否满足及如何满足主体需要的角度，考察和评价一个物体对另一个物体的意义[2]。竞技体育高质量发展的价值论是指竞技体育主体追求的价值观，主要包括追求运动员的全面充分发展、追求多元利益均衡发展与追求可持续内生动力发展三个方面。

一、追求运动员的全面充分发展

人的全面发展是社会主义核心价值观的重要体现，它既是推动社会发展的动

---

[1] 邱耕田. 发展观的变革[J]. 江海学刊，1999（5）：86-90.
[2] 蔡立媛，曾振华. 大数据时代广告的解构与重构：基于价值论的分析视角[J]. 编辑之友，2017（10）：53-57.

力，又是社会发展的最终价值目标，是衡量社会进步的根本尺度[①]。坚持以人民为中心，贯彻以人为本的发展原则，不断满足人民日益增长的美好生活需要，这是竞技体育高质量发展追求的根本价值，也是体育强国建设和"十四五"时期体育高质量发展的根本原则。运动员不仅是竞技体育发展的主体，还是竞技体育发展的客体。所谓"宰相必起于州部，猛将必发于卒伍"，运动员的全面充分发展必将影响当代与未来教练员、裁判员、组织管理人员等体育从业人员的素质与水平。因此，竞技体育高质量发展必须把运动员的全面充分发展放在首位。反过来说，运动员全面发展的程度决定了竞技体育高质量发展的程度。

运动员的全面充分发展一般包括运动员的人格、专业素养、社会关系的全面发展。追求运动员的全面充分发展，要使其在成长生涯中实现业余养成教育化、专业成熟科学化与退役就业社会化。简单来说，就是在该上学的年龄段要在学校接受正规教育，进入专业发展阶段就要接受科学系统的训练竞赛，而在退役后能够顺利地就业与适应社会（图4-1）。

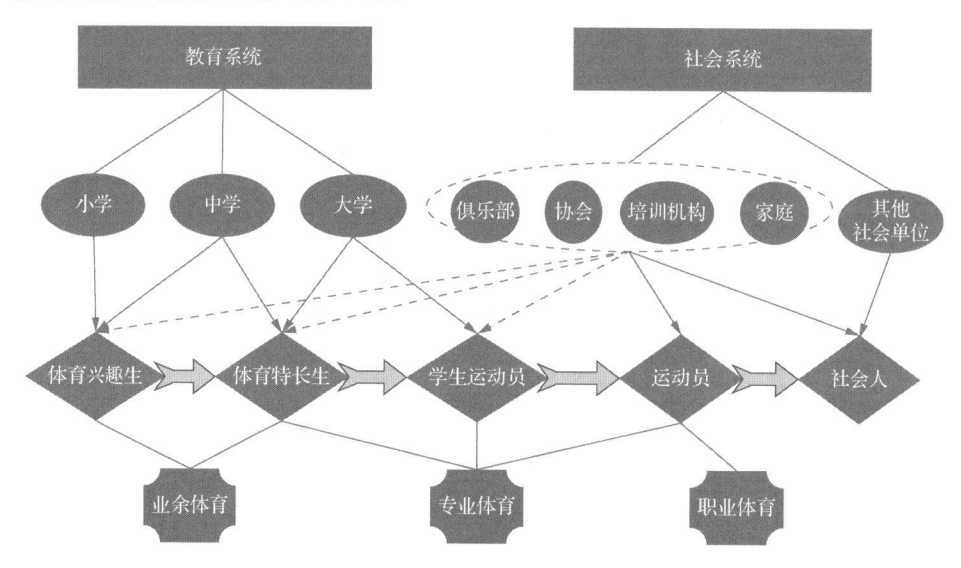

图 4-1　运动员全面发展图

（一）业余养成教育化

由于教育在促进社会流动和社会分层中的作用越来越大，人们普遍认识到好

[①] 刘东建. 全面、协调、可持续发展观解读[J]. 教学与研究，2004（2）：29-34.

的教育能够打开多扇人生之门①。若要实现运动员的全面充分发展，就需要业余体育回归学校，要在普通学生群体中发现和培养竞技体育后备人才。

1. 业余养成教育化的内涵

"业余养成"是"业余体育"与"养成"的合成词，即业余体育养成要回归学校教育。业余养成教育化是指业余体育教育要在普通学校内完成体育兴趣养成、特长培养与专业启蒙。业余养成教育化有以下三层含义。

第一，要植根于国民教育系统。"从国民教育系统培养和选拔优秀竞技运动员，是一个必然的选择"②。

第二，要在普通学校里完成，即从小学、普通初中、普通高中、普通高等学校中选拔、培养有运动天赋和潜力的后备人才。

第三，传统社会培养渠道在业余体育养成中发挥辅助作用。体校、业余俱乐部、社会培训平台作为普通学校体育的校外辅助机构，满足部分学生的业余体育学习、提高或矫正等需要。

2. 业余养成教育化的意义

业余养成教育化有利于形成在全面充分发展的学生中产生全面充分发展的竞技体育后备人才的正反馈循环，有利于科学全面选材，有利于培养和储备高水平的教练员。

3. 业余养成教育化的基本要求

业余养成基本跨越了小学、中学与大学的全学制教育阶段，体现出学校体育教育"在校化"的特点。

在小学阶段，主要培养学生对体育运动的兴趣，使学生保持对体育运动的良好情感，让学生了解、掌握符合其身心规律的体育知识、技术，提高他们的体育核心素养；在中学阶段，系统提高学生的体育核心素养，循序渐进地培养体育特长生和体育骨干；在大学阶段，除了发现和培养具有良好运动潜质的体育特长

---

① 王晓红. 社会分层论域下运动员文化教育问题的思考[J]. 成都体育学院学报，2009，35（11）：28-31.
② 韦骅，王镜宇. 从1%到3%？高校高水平运动队招生更需顶层设计[EB/OL].（2020-09-04）[2021-09-06]. http://sports.people.com.cn/n1/2020/0904/c22155-31849063.html.

生，还要重点培养学生运动员，有目的、有计划地在大型、高水平赛事中锻炼和提高学生的专业竞技水平。同时，协会、俱乐部、培训服务机构及家庭等社会系统，可以根据小学、中学、大学业余体育养成的阶段需要，发挥各自优势，辅助学校实现业余体育养成的教育目标。

（二）专业成熟科学化

1. 专业成熟科学化的内涵

专业成熟科学化是指运动员的专业知识、专业技术、专业技能及运动员的品质、观念的培养和完善需要遵循科学客观规律。具体如下。

第一，"专业成熟"是教育领域经常使用的词语，它是指运动员在专业素养上达到较高水平，符合优秀运动员的要求。

第二，专业成熟科学化的核心是尊重训练与竞赛规律，既要以制度建设进行严格管理，又要以人为本，进行人性化管理；既要弘扬运动员的主体性，又要充分利用现代化的科技方法与手段；既要重视技战术创新，又要重视中华体育精神与职业精神的内在力量。

第三，专业成熟科学化主要通过单项体育协会、职业俱乐部、学校等机构实施，小部分以个人、家庭为实施载体。

2. 专业成熟科学化的意义

专业成熟科学化的意义首先在于使运动员从单纯追求竞技成绩的窠臼中解放出来，从将竞技体育作为工具手段转变为将竞技体育作为目的归宿，真正实现运动员全面充分发展；其次在于尊重运动训练与竞赛的规律。只有实施科学化的体育教育，才能全面充分挖掘运动员的潜能，激发运动员的首创精神，使其继承和丰富竞技体育精神。

3. 专业成熟科学化的基本要求

（1）选—训—赛系统化

选—训—赛系统化是专业成熟科学化的主线，是运动员提高成绩、突破技战术难题、创造优异成绩的根本。选材要保证选择具有运动天赋和潜力的高质量苗子；训练要尊重项目规律，在训练计划内容、训练方法手段方面力求系统与科学；

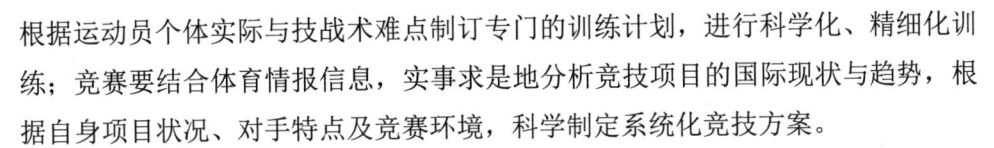

根据运动员个体实际与技战术难点制订专门的训练计划,进行科学化、精细化训练;竞赛要结合体育情报信息,实事求是地分析竞技项目的国际现状与趋势,根据自身项目状况、对手特点及竞赛环境,科学制定系统化竞技方案。

(2) 科技服务精准化

科技服务精准化是专业成熟科学化的保证。现代竞技体育的水平已经逼近人类身体极限,竞技体育若想"更快、更高、更强",就需要充分运用现代科技力量,实施精准化的科技服务。通过科学认识训练与竞赛规律,掌握运动训练与比赛理论,组建高质量复合型科研团队,正确运用现代化的科技装备和训练手段,升华运动训练与竞赛经验,进而根据运动员及运动队的特点和需要突破技战术难题,精准施策,干预与影响训练竞赛过程,得到高质量的训练竞赛成果。

(3) 组织管理人性化

组织管理人性化是专业成熟科学化的基础。运动员的组织管理需要制定以人为本的制度和原则,必须切实尊重运动员的身心发展规律和合理需求,把发挥运动员主体性、创造性放在首位,使运动员从被动参加训练比赛转化为自觉参加训练比赛。

(4) 体育精神内涵化

体育精神内涵化是专业成熟科学化的助力。中华体育精神和日益成熟的职业体育精神具有强大的内在驱动力量,能够促进运动员专业素养的发展。体育精神的继承需要将口号、标语等外在影响内化为运动员训练竞赛的意识与行为。只有把体育精神内涵化,运动员才能自觉继承与发扬体育精神,才能升华奖牌的社会、经济、文化价值,为国家与民族提供高质量的精神食粮。

(三) 退役就业社会化

退役就业社会化是指运动员退役就业领域、方式、角色的社会化。退役就业是运动员角色的终结、社会多元角色的开始。

1. 退役就业社会化的内涵

第一,严格来说,退役与就业是运动员职业生涯的两个方面或两个过程。退役是运动员角色的终止,就业是运动员重新选择社会职业的开始。退役与就业之间存在的时间差称为待业。待业时间越短,待业次数越少,运动员退役就业就越顺利。

第二,对运动员退役就业的关注点主要是就业问题。退役就业实际上是说退役后就业的问题,就业效果能够影响竞技体育发展的效益与质量,关系到竞技体育的可持续发展。

第三,运动员退役就业社会化是运动员通过全面充分发展主动转型融入社会所呈现的乐观状态,是运动员人才价值再次得到社会承认的自然结果,而不是将退役运动员作为包袱和难题推给社会后被动出现的补救措施。

2. 退役就业社会化的意义

第一,有利于形成运动员全面充分发展的正反馈闭环。退役就业社会化是为了促成运动员高质量的退役就业,解决运动员专业发展的后顾之忧。它能够扩大运动员角色的社会影响力与吸引力,夯实培养业余体育后备人才的社会基础,进而促进竞技体育高质量发展。竞技体育高质量发展提升了运动员的社会资本与价值,进一步促进了运动员的退役就业,形成了运动员全面充分发展的正反馈闭环。

第二,有利于运动员全面融入社会,提高运动员退役就业后的生活质量。业余运动员发展到专业运动员并专门从事竞技体育行业是第一次社会化,而退役就业是运动员的再社会化。运动员从专一职业向多样化角色转化,有利于实现运动员角色与非运动员角色的融合衔接,提高运动员退役就业的质量。

3. 退役就业社会化的基本要求

运动员退役就业社会化主要表现在退役就业领域社会化、退役就业方式多元化、退役就业角色多样化三个方面。

第一,退役就业领域社会化。运动员退役就业领域以体育领域为主,以公务员、教育、娱乐圈、社会其他领域为辅。从理论上看,运动员退役就业在体育或相近领域最为理想,而去其他领域就业就要付出更多的努力。

第二,退役就业方式多元化。运动员退役就业方式主要有三类:一是在政府、社会、市场的机构内就业。这种就业方式是当前和未来相当长时间内退役运动员的主流就业方式。二是自主创业。退役运动员个人或联合他人,利用社会与市场资源进行创业。三是进入高校的体育专业或其他专业进行学习深造,提升运动员社会资本后再进行就业。

第三，退役就业角色多样化。有研究发现，退役运动员的角色多种多样，有专业技术人员、国家与社会管理者、办事人员、个体工商户、私营企业主、经理、商业服务人员与产业工人、演员、歌手、电视节目主持人及自由职业者等[①]。运动员的全面发展夯实了综合素质基础，加之运动员具有"运动家"的能力与独特品质，未来运动员退役就业的角色将更趋多样化。

总之，业余养成教育化、专业成熟科学化、退役就业社会化是竞技体育高质量发展阶段运动员全面发展的观念和要求，是竞技体育高质量发展观中的一种理论建构。运动员的业余养成、专业成熟、退役就业要达到"化"的程度，还需要一个过程，需要竞技体育高质量发展进程的不断推进。

二、追求多元利益均衡发展

当前，在我国的体制架构中，竞技体育形成了以国家利益为主导，以地方利益为补充，社会利益、市场利益游离在竞技体育主体利益架构外围的不均衡格局。进入新时代，竞技体育高质量发展致力于建立政府、市场、社会协同作用的体制结构，既要发挥多元主体功能，也要满足和保护多元主体的合理权益，形成多元利益相辅相成、相得益彰的均衡格局。

（一）体育行政部门、体育项目协会、俱乐部三边利益协同发展

体育行政部门、体育项目协会、俱乐部之间映射的是政府、社会、市场三者之间的利益关系。在社会主义市场经济体制越加完善与体育强国建设进程中，以体育总局为代表的体育行政部门逐渐由"管办不分"的全能型政府向"管办分离"的服务型政府转变，而社会利益的代表体育项目协会与市场利益的代表俱乐部共同承担了政府部门"放管服"改革后的事权，即政府不该管办的专业事务交给社会和市场来管办。从当代竞技体育发展的态势来看，没有社会参与，竞技体育就做不大，没有市场参与，竞技体育就做不强[②]。在新型体制下，体育行政部门、体育项目协会、俱乐部之间优势互补、平等协同、相互制约的三边协同架构逐渐清晰起来（图4-2）。

---

① 李留东. 我国退役精英运动员再就业现状分析：基于社会分层视角[J]. 上海体育学院学报，2015，39（1）：29-34，51.
② 鲍明晓，李元伟. 转变我国竞技体育发展方式的对策研究[J]. 北京体育大学学报，2014，37（1）：9-23，70.

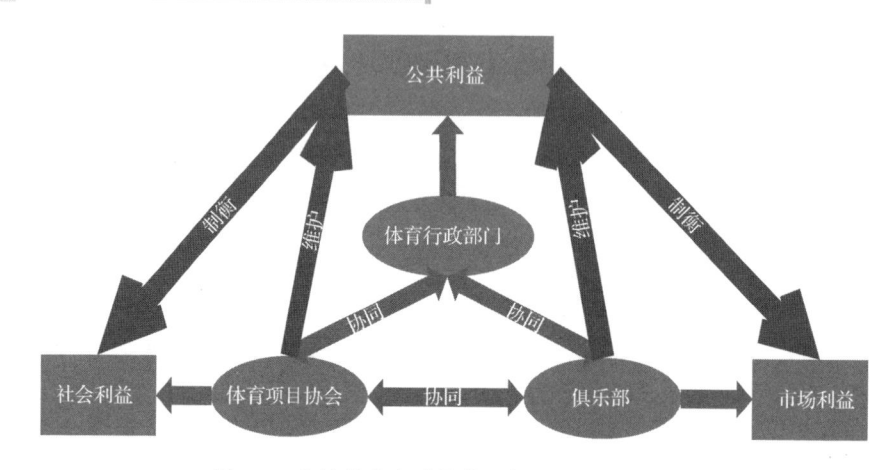

图 4-2 竞技体育高质量发展的主体利益关系图

1. 三边利益优势协同

"国家的逻辑是权力,市场的逻辑是财富,财富本身又是权力的重要来源"[①]。体育行政部门遵守权力逻辑,赋权增能于体育项目协会、俱乐部,使之具备自主发展的合法地位,激活组织实体的内生动力。一方面,体育行政部门支持俱乐部及其职业联盟繁荣职业体育市场和竞技体育产业、追求物质利益、提高自身造血功能。有研究发现,1995—2005 年的中国篮球职业市场的变化特征是国家投入的比重逐渐下降,市场领域投入的比重逐渐提高[②]。另一方面,体育行政部门依靠体育项目协会承担社会性事务,普及与提高竞技体育技术水平,培养竞技体育后备人才。

市场和社会需要依靠体育行政部门维护竞技体育发展秩序,"放权""授权"于体育项目协会与俱乐部,协调社会利益与市场利益。市场经济活动必须以社会为前提,即以某种"共同的目标、共同的需要、共同的生产资料为前提"[③]。体育项目协会与俱乐部之间应该建立共生共荣的利益关系,推动专业体育与职业体育协同发展。

2. 三边利益相互制衡

体育行政部门运用权力逻辑强化监管职能,通过制定政策法规引导体育项目

---

① 易文彬. 国家与市场关系的历史考察:国际政治经济学视角[J]. 河南大学学报(社会科学版),2012,52(1):22-26.
② 毕仲春,陈丽珠,马小平. 国家与市场关系变迁过程中:我国竞技篮球的市场化转变[J]. 北京体育大学学报,2007,30(4):555-557.
③ 马克思,恩格斯. 马克思恩格斯选集(第一卷)[M]. 中共中央马克思恩格斯列宁斯大林著作编译局,编译. 北京:人民出版社,1995.

协会、俱乐部履行相应职责，合理发展体育项目协会、俱乐部利益，防止经济利益、部门利益及个人利益的无序扩大化。同时，体育社会组织监督体育行政部门，防止体育行政部门缺位和越位。体育项目协会通过推行行业标准，构建俱乐部联盟章程，选派代表参与职业联盟的决策。俱乐部既是体育项目协会的会员，也是职业体育联盟运行的主体，有维护与制衡各方利益的责任。

3. 2019—2020年疫情期间竞技体育三边利益的协同关系分析

2019—2020年疫情期间我国职业体育比赛复赛，鲜明地展现出体育行政部门、体育项目协会、俱乐部代表的国家公共安全利益、社会利益、市场利益之间的因果关系（图4-3）。可以看出，国家公共安全利益、联赛场次、防疫措施组成了一个正相关（负负得正）的闭环。也就是说，增加国家公共安全利益，就应该减少联赛场次；而增加联赛场次，就需要增强防疫措施；只有增强防疫措施，才能降低国家公共安全利益面临的风险。这表明一方面体育行政部门在追求国家公共安全利益的前提下，需要兼顾市场利益和社会利益；另一方面俱乐部、体育项目协会不能通过盲目地增加联赛场次来追求市场利益，而是要先制定系统科学的防疫方案和措施，维护好国家公共安全利益，再追求更多的市场利益和社会利益。

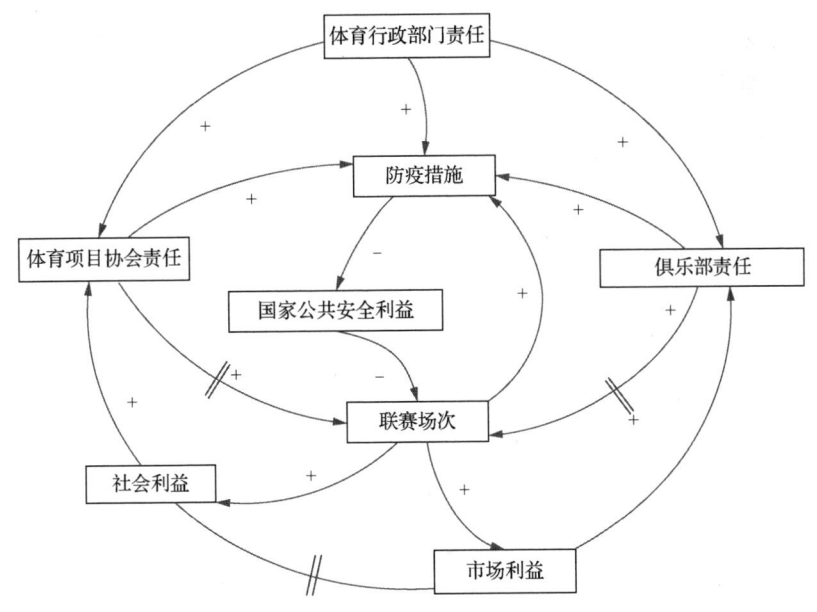

注："+"代表正相关；"-"代表负相关；"⫽"代表延迟。

图4-3 2019—2020年疫情期间竞技体育三边利益的因果关系图

(二) 竞技体育国家利益与地方利益耦合发展

地方是与政治决策中心相对应的中央以下行政区域的统称[①]。地方在竞技体育举国体制的架构中处于塔基和塔腰的位置，而行政管理体制、训练体制与竞赛体制都需要地方的支撑，其重要性不言而喻。因此，竞技体育高质量发展需要协调好国家与地方的利益关系，进一步调动地方发展竞技体育的积极性，促进地方人、财、物资源的持续投入。国家利益与地方利益的协调可以从以下两个方面进行探索。

1. 建立奥运战略与全运战略的利益耦合机制

全运会不仅是各省、自治区、直辖市竞技体育实力的角逐场，还是奥运战略国家利益与全运战略地方利益耦合衔接的枢纽，它是我国竞技体育利益生态的晴雨表。竞技体育进入高质量发展阶段，奥运基础大项与集体球类项目（以下简称基集项目）的大发展是必然要求。以此为竞技体育的突破点和着力点，能够引导地方调整竞技体育的发展重点，激励地方加大对基集项目的资源投入，建立基集项目可持续提高的正反馈闭环，这有助于协调地方全运战略与国家奥运战略的关系。奥运基集项目可持续提高的正反馈，如图 4-4 所示。地方对基集项目的资源投入既提高了地方竞技体育政绩，也提升了基集项目的国际大赛成绩。良好的地方竞技体育政绩又促进了国家和地方对基集项目的经费、人才投入，如此循环就形成了基集项目可持续提高的正反馈闭环。这有利于建立国家与地方协同发展基集项目的格局，能够优化竞技体育发展结构，进而提升竞技体育的发展质量。

2. 建立国家队组建权力的耦合机制

中央与地方政府的事务和权力配置反映了国家利益与地方利益、普遍利益与地方特殊利益的分配关系，形成了中央权力与地方权力配置的结构[②]。竞技体育国家队组建权力的结构划分也反映了国家与地方的利益关系。众所周知，国家队"管""办"权限集中于体育总局，因此地方组建国家队的积极性、主动性被束缚起来。2017 年 9 月 24 日，我国第一家省部共建的中国（浙江）国家游泳队成立，标志着国家队组建权力成为竞技体育体制机制创新的一个突破点。《"十四五"体育发

[①] 范逢春. 全球治理、国家治理与地方治理：三重视野的互动、耦合与前瞻[J]. 上海行政学院学报，2014，15（4）：55-63.

[②] 王浦劬. 中央与地方事权划分的国别经验及其启示：基于六个国家经验的分析[J]. 政治学研究，2016（5）：44-58，126.

展规划》中提出重视"创新国家队管理体制""坚持国家办与社会办相结合，积极探索与地方、高校以及俱乐部等社会力量联办共建国家队新模式""创新重大赛事备战参赛国家队组建模式"。因此，应该探索和完善体育总局与地方在竞技体育国家队组建上的利益契合点，这样既能保证体育总局行使监管权，以便进行宏观调控，也可以分权于具备明显项目优势的地方，如浙江之游泳项目、黑龙江之冰球项目、云南之马拉松项目，保障地方享有一定的竞技体育国家队组建权力，使体育总局与地方对竞技体育国家队组建权力的分配实现相互耦合。

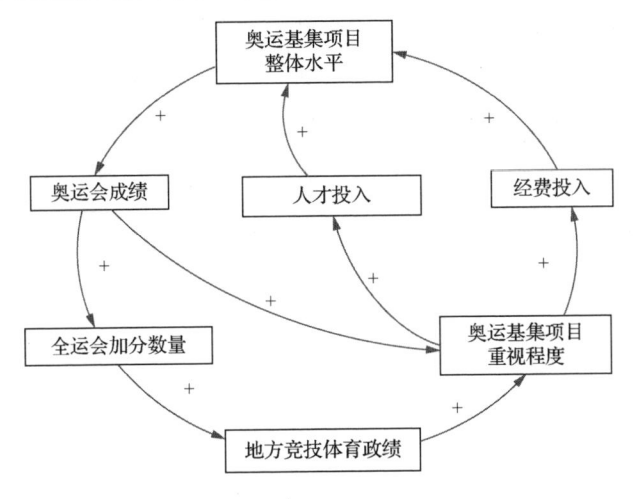

图 4-4 奥运基集项目可持续提高的正反馈图

（三）竞技体育政治、经济、文化利益互嵌发展

竞技体育追求的利益关系本质上是一种价值关系，是政治价值、经济价值、文化价值在竞技体育不同阶段的综合博弈。进入高质量发展阶段，三者利益之间的关联和互嵌是竞技体育高质量发展的支撑，而竞技体育高质量发展又巩固和强化了三者之间的耦合关系。竞技体育的政治、经济、文化的利益互嵌程度越高，高质量发展的效果越明显，中国特色竞技体育发展道路的优势就越鲜明。

1. 保障国家利益是竞技体育追求经济利益、文化利益的前提

为国争光的传统一直是竞技体育追求和传承的价值底色。跨入新时代，竞技体育在国际舞台上仍然肩负着提高我国国际地位、增强我国影响力与号召力、维护我国大国形象、拓展我国国际活动空间、增强中华民族凝聚力的任务，这是竞技体育一以贯之的制度性利益，是追求经济利益、文化利益的前提。

2. 经济利益与文化利益是竞技体育利益格局的活力源与根基

一方面，做大经济利益蛋糕是竞技体育的活力源。竞技体育追求经济利益不仅能够提高自身造血能力，减轻国家财政负担，还有助于繁荣社会主义市场经济。同时，经济利益的富足能够为培养竞技体育文化奠定物质基础。另一方面，文化利益是竞技体育可持续发展的根基。竞技体育高质量发展必须植根于文化的沃土之上，增强具有中国本土特色的发展基因。因此，在竞技体育高质量发展中要注重追求中国特色的竞技体育文化，繁荣竞技体育的物质文化，鼓励竞技体育场地设施、器材设备的发明与改进；夯实竞技体育的制度文化，创新竞技体育管理制度、技战术体系，改革和完善竞技体育举国体制；传承和丰富竞技体育精神文化，发扬中华体育精神，提升职业体育精神，促进竞技体育的可持续健康发展。

三、追求可持续内生动力发展

（一）竞技体育原有发展动力的局限性

我国竞技体育内生动力缺乏是不争的事实，究其原因是"强政府"运用行政手段、倾向性政策、大量资金，领着、拉着、推着，甚至是逼着竞技体育快速发展，形成典型的"要我发展"的被动力，而没有产生"我要发展"的主动内驱力。这主要表现在两个方面：一是体育项目协会实体化未完成，俱乐部、体育社团等内生组织不健全不完善，主导权、话语权有限，造成内生主体缺位，自主发展能力缺失；二是行政路径依赖造成竞技体育主动发展的能力偏弱。

（二）竞争与协同是竞技体育可持续发展的驱动力

进入新时代，竞技体育务必依靠自身系统生成竞争与协同的双重驱动力。微观子系统间的竞争与协同、集体模式之间的竞争与协同、序参量之间的竞争与协同，成为推动系统演化的根本动因[1]。

1. 竞技体育多元主体之间的竞争与协同

多元主体是竞技体育系统竞争与协同驱动力的行为载体，具有系统性、层次性的特点，具体如下。

---

[1] 邵桂华. 协同与竞争：协同学视野下的体育教学启示[J]. 天津体育学院学报，2007，22（1）：69-71.

第一，微观主体，如运动员、教练员、管理人员、经纪人、经理人之间产生的竞争与协同。

第二，中观主体的竞争与协同存在横向与纵向两种表现。横向上的竞争与协同产生于各项目高水平运动队、职业俱乐部、体育项目协会之间，纵向上的竞争与协同产生于国家队与省市高水平队、体育总局与地方体育局、全国体总及中国奥委会与所属会员之间。

第三，宏观主体的竞争与协同主要存在于政府、市场与社会之间。

2. 专业体育与职业体育之间的竞争与协同

专业体育是当前我国竞技体育的主流发展方式，支撑我国成为奥运大国，但近年来存在发展空间受限、发展模式陈旧问题；职业体育是新兴的竞技体育发展方式，但它脱胎于专业体育，而非内生于市场经济。二者都是竞技体育发展的高级形态，它们之间的竞争与协同推动了竞技体育的整体发展。一方面，它们围绕竞技体育人才、资金、技战术及政策信息形成竞争与协同的关系；另一方面，我国既需要巩固专业体育优势，稳定竞技体育竞争力，又需要快速发展职业体育，调整竞技体育发展结构。

第二节 我国竞技体育高质量发展的认识论

简而言之，认识论就是对客观世界是"什么样"的主观映像。竞技体育高质量发展的认识论源于竞技体育实践活动的内在规定性，是对其实质内涵作出的客观判断。

一、竞技体育高质量发展的实质是发展方式的根本性转变

《"十四五"体育发展规划》中强调，要推动体育与经济、社会协调发展，加快转变体育发展方式，实现体育更高质量、更有效率、更加公平、更可持续、更为安全的发展。《体育强国建设纲要》中也指出，完善举国体制与市场机制相结合的竞技体育发展模式，坚持开放办体育，形成国家办与社会办相结合的竞技体育管理体制和运行机制。从实质上看，竞技体育高质量发展是发展方式的根本性转变。只有通过竞技体育高质量发展方式，才能建成体育强国，才能在更高层次上实现竞技体育的可持续发展。

（一）高质量发展视域下竞技体育发展方式实现根本性转变的必然性

1. 竞技体育高质量发展的本质内涵必然要求发展方式的根本性转变

竞技体育传统的赶超型发展是"有没有""有多少""快不快"的数量增长型发展，是竞技体育的奖牌数量、人才队伍、经费资源、场地设施在数量、速度与规模上的发展。竞技体育高质量发展是"好不好"的质量效益型发展，是针对竞技体育的项目结构是否均衡、运动员是否全面充分发展、经费投入是否获得较高效益、资源配置是否可持续等问题的发展。竞技体育的高质量发展就是实现从数量赶超型向质量效益型发展方式的根本性转变。

2. 竞技体育高质量发展的价值观引导竞技体育发展方式的根本性转变

竞技体育高质量发展的价值观与传统发展方式的价值观迥异，必然要求竞技体育发展方式的根本性转变。

（1）运动员的全面发展应该构建以人为本的开放发展方式

传统竞技体育"以成绩为本"，形成选材、训练、竞赛、退役的相对封闭系统。它追求奖牌的"物本性"，以运动员片面的、不充分的发展为代价来实现赶超发展。"发展"本质上是人的全面发展，竞技体育高质量发展既需要拥有高素质的人才，也需要促进人才尤其是运动员的全面充分发展。竞技体育的高质量发展必然贯彻"以人为本"的理念和原则，开放竞技体育系统，破除运动员成长发展过程中家庭、学校、社会系统之间的藩篱，为运动员提供物质、能量和信息良性循环的发展环境，把运动员培养为全面发展的专门人才。

（2）多元利益均衡必然消解单一主体的发展方式

竞技体育的高质量发展是由平等、多元的社会与市场主体通过系统复杂竞争与协同的非线性互动机制形成的整体发展。因此，竞技体育高质量发展首先要消解政府的单一发展中心，破解行政路径依赖，推进政府职能转变，放权让利于社会与市场主体，实现共同发展。竞技体育的高质量发展倡导多元主体的互动协同，尊重体育社团、职业俱乐部、家庭、高校及个人的发展权益，形成竞技体育多中心的发展方式。

（3）可持续发展必然要求竞技体育建立协调发展方式

竞技体育的可持续发展需要通过举国体制与市场机制的协调融合、竞技体育资源的协调配置、项目结构的协调均衡，摒弃短期功利目标，抛弃资源的粗放型投入，实现竞技体育整体转型，构建高质量和高效益的全面协调可持续发展方式。

3. 竞技体育高质量发展的目标决定了发展方式的根本性转变

高质量发展能够化解新时代竞技体育面临的新矛盾，解决竞技体育发展结构不均衡与动力不可持续的问题。解决竞技体育发展结构不均衡问题的着力点在于突破基础大项、三大球项目发展的瓶颈，扩大项目普及的社会面，夯实竞技体育的社会基础；解决竞技体育发展动力不可持续问题的着眼点在于转换发展动能，依靠竞技体育内生动力的不断自我完善，提高其适应环境的能力，激发竞技体育可持续发展的活力与生命力。

（二）高质量发展视域下竞技体育发展方式转变的方向

1. 由"被组织"向"自组织"发展方式转变

我国竞技体育传统发展方式在政府主导下形成了"管办一体"的体制机制，"三块牌子、一套人马"反映出体育项目协会内生组织形同虚设，折射出传统发展方式典型的"被组织"特点。因此，竞技体育高质量发展需要推进体育行政职能的"放管服"改革，完成管办分离与专业组织内生型、实体化改革，提升竞技体育自主发展与主动发展的能力，依靠内在动力推动竞技体育的自我革新，更好地实行"专业人做专业事"的机制，实现由"被组织"向"自组织"发展方式的转变。

2. 由数量速度型向质量效益型发展方式转变

赶超式发展方式主要是以"小、巧、灵、女"优势项目支撑我国竞技体育的国际竞争力，实现奥运金牌数量从无到有、从有到多的快速发展。当前"小、巧、灵、女"优势项目的拓展空间有限，维持既有优势的成本较大，出现了"高投入、高代价、高消耗、低效益"的系统问题。这要求切实提升竞技体育发展的质量与效益，解决竞技体育的可持续发展问题。当然，竞技体育高质量发展必然要实现三大球项目的突破，建立竞技体育优势项目的均衡结构是题中之义。这都需要夯实竞技体育可持续发展基础，实现由数量速度型向质量效益型发展方式转变。

3. 由外延粗放型向内生集约型发展方式转变

我国竞技体育的传统发展方式是通过资源的外延粗放投入实现跨越式发展，政府围绕"拿金牌"投入大量人力、财力、物力，但是这样做运动员淘汰率较高、社会效益低且代价较大。由于资源多集中于竞技体育，群众体育发展缓慢，青少年体质持续下降。由此可见，竞技体育的外延粗放型发展方式需要转变为内生集约型发展方式。具体如下：一是促进运动员的全面与充分发展，实现竞技体育人才资源的"优育"与健康发展；二是提高竞技体育投入产出效益，降低冠军与奖牌的成本，优化竞技体育资源配置，引导地方科学设项与合理投入；三是发展职业体育与相关产业，提高竞技体育的自我造血能力。

二、高质量发展是建设"大而强"竞技体育的实践活动

（一）我国竞技体育面临"大而不强"的发展困局

客观来讲，我国已经成为名副其实的竞技体育大国，奥运会金牌数量与奖牌总量一直名列前茅，在世界体坛的地位与影响力不断提升。但我国竞技体育整体上"大而不强"是基本事实。《"十四五"体育发展规划》中指出竞技体育的运动项目发展不均衡、核心竞争力不强。我国离真正的体育强国还有不小的差距，主要表现为以下四点。

1. 我国在全球主流竞技体育项目上缺乏竞争力

在田径、游泳、三大球项目上，我国国际竞争力较低。2010—2019年我国男子排球、男子足球、男子篮球的世界排名如表4-1所示。从表4-1中可以看出，我国男子篮球没有明显的竞争优势，基本处在12~16名，世界八强是历史最好名次；男子排球名次一直处于下滑态势；男子足球是三大球中世界排名最低的项目。

表4-1 2010—2019年我国男子排球、男子足球、男子篮球的世界排名

项目	年份									
	2010年	2011年	2012年	2013年	2014年	2015年	2016年	2017年	2018年	2019年
男子排球排名	11	10	11	19	17	19	20	20	20	20
男子足球排名	87	71	88	95	97	84	82	71	76	76
男子篮球排名	16（世界杯）		12（奥运会）		无资格（世界杯）		12（奥运会）			24（世界杯）

2. 本土特色竞技项目未被世界体坛接受

"武术进奥运"屡屡受挫，表明我国本土特色的优势项目在全球推广乏力，项目技术、规则、社会基础的国际化程度较弱，在国际体坛的影响力有限。

3. 我国在国际体坛的话语权有限

我国在国际竞技体育政策制定、规则修订、事件仲裁等重要领域的话语权有限，在国际奥委会、国际单项体育组织及联合会担任重要岗位的人数相对较少。

4. 竞技体育自主发展、主动发展的能力不成熟

竞技体育内生动力有待挖掘，基层组织机构需要进一步健全和完善。同时，竞技体育自身造血能力不强，市场规模不大，职业体育水平不高、活力不足，在相当程度上还依靠国家财政支持。

（二）高质量发展是破解竞技体育"大而不强"困局的必然之举

马克思主义发展观认为发展必须包括质变，竞技体育高质量发展从"有没有""有多少"的发展向"好不好"的发展转变，是结构优化、动能转换的质变。因此，高质量发展是破解我国竞技体育"大而不强"困局的必然之举。

1. 竞技体育高质量发展是整体结构转型的实践活动

前国际奥委会主席萨马兰奇（Samaranch）认为，如果中国想真正成为世界竞技体育强国，那么不仅要在区域性运动项目上继续保持和扩大已有的优势，还要在全球性运动项目上取得较大的突破[1]。这从侧面表明我国竞技体育的项目结构具有不均衡的弱点。通过高质量发展实践活动实现由侧重奖牌数量向侧重奖牌质量的转变，实现优势项目由技能技巧型向基础大项转变，实现代表性项目由区域小众性项目向世界流行性项目转变，助力男子项目取得长足优势，促进夏季奥运项目与冬季奥运项目均衡发展、奥运项目与非奥项目均衡发展。

2. 竞技体育高质量发展是增强内生动力的实践活动

竞技体育内生动力充足、持续发力是成为体育"大而强"国家的必要条件。竞技体育高质量发展能够有效培养竞技体育"能发展"与"会发展"的意识和能力，是动能转换的可持续发展。

（1）"能发展"

竞技体育的内生动力是依托内生型组织释放的，因此，竞技体育高质量发展首先要完成全国体总、中国奥委会与体育项目协会的实体化，使之成为具有决策

---

[1] 春潮，贾爱萍. 制约我国成为竞技体育强国的瓶颈问题[J]. 体育与科学，2011，32（4）：95-98，94.

自主权、财政权、人事权的独立自主、自负盈亏的内生型组织。同时，在地方要大力推行体育项目协会的实体化，健全竞技体育自主发展的组织体系，这样才能使之具备"能发展"的组织机构基础，促进竞技体育的自组织发展。

（2）"会发展"

如同一个大家庭分家过日子，竞技体育建立内生型组织只是使竞技体育的自主发展成为可能。竞技体育到底会不会发展、能不能掌控竞技体育系统，还取决于其是否具备成熟的"会过日子"的能力，这是真正考验竞技体育能走多远、判断竞技体育实体化是否成功的关键。竞技体育"会发展"主要表现在三个方面：一是能够顺利完成主办和承办各项赛事的任务，搞活竞技体育表演市场，做大竞技体育产业，培养高水平专门人才，厚植竞技体育发展的资源基础；二是能够完成国家交付的奥运争光、社会服务任务；三是能够抓住机遇、克服困难，引领竞技体育稳定发展和超前发展。

三、竞技体育高质量发展是提升"体育强则中国强"反哺效应的实践活动

新时代竞技体育应该在国家和社会的资助扶持下，实现"体育强则中国强"的溢出功能，反哺国家与社会。

（一）"国家要体育强"与"体育强则中国强"的逻辑关系

1. "国家要体育强"中的"竞技体育强"

"国家要体育强"是基于竞技体育的薄弱基础而提出的战略目标，其实质是竞技体育的功能得到承认与挖掘，从而得到优先快速发展。这属于"要我强"的应激式发展，重点解决竞技体育从"有"到"多"发展的现实问题，表现形式是在国际大型赛事中尽可能多地获得奖牌，为国争光。

2. "体育强则中国强"中的"竞技体育强"

"体育强则中国强"的"竞技体育强"是指结构均衡、动力充足、质量效益明显的"大而强"的竞技体育，实质上是指竞技体育强大起来后具有的为国、为民、为社会创造政治、经济、文化、教育等价值的能力，这属于竞技体育"我要强"的能动式发展。我国在成为真正的"竞技体育强国"后将具备不同于"竞技体育大国"的发展功能，"竞技体育大国"是竞技体育"量"的累积，而"竞技体育强国"却是"质"的飞跃，竞技体育将具备为国争光、为民谋福祉、为社会谋活力、

为市场谋财富的综合功能。

（二）竞技体育高质量发展追求"体育强则中国强"的反哺效应

竞技体育作为体育的核心组成部分，集政治影响力、经济生产力、文化传播力、社会亲和力于一体[①]。竞技体育的高质量发展能够在政治、经济、文化、社会、教育等方面追求"体育强则中国强"的反哺效应。

1. 为国争光凝聚向心力

为国争光是竞技体育的核心功能之一。竞技体育高质量发展要继续提升综合竞争力，在赛场上取得优异成绩，凝聚民族向心力，提高国家认同感；在国际体坛上增进合作与交流，宣传国家形象，扩大我国国际影响力，服务于国家需要；通过高质量发展中涌现的体育能人、明星运动员为国家改革开放增添发展活力与动力。

2. 打造新兴绿色产业引擎

竞技体育高质量发展能够促进职业体育快速发展，打造21世纪的新兴绿色产业引擎，带动中介产业、新媒体产业、培训产业、体育制造业的联动发展，创造可观的经济效益，为国民经济贡献重要的市场份额。同时，竞技体育高质量发展为国家和社会创造大量的就业岗位，既可以安置退役运动员、教练员等专门人才，又可以吸纳各行各业的优秀人才。

3. 提升国民幸福水平

竞技体育的高质量发展能够满足国民高质量的体育需求，有助于提升国民幸福水平。具体如下：一是通过提供高品质的竞赛产品，满足国民高质量的观赏需求与个性消费需求；二是通过观赏参与、互动体验，帮助国民形成良好的运动休闲方式，并使其成为现代生活中不可或缺的一部分；三是通过竞技体育的文化溢出效应，改善国民精神风貌，增益国民的获得感、幸福感，改善国民的生产、生活、学习状态。

4. 提供高品质精神文化食粮

竞技体育高质量发展必然产生高质量的精神文化，为竞技体育的可持续发展注入健康、文明的血脉基因。具体如下：一是传承与弘扬中华体育精神；二是丰富与创新竞技体育的专业精神与职业精神，使运动员自觉树立良好的职业理想、职业态度、职业责任感，掌握良好的职业技能。

---

① 钟秉枢. 新时代竞技体育发展与中国强[J]. 上海体育学院学报，2018，42（1）：12-19.

第三节　我国竞技体育高质量发展的方法论

方法论是关于认识世界和改造世界的根本方法的理论，它对于具体领域来说是"关于探索的原则与程序的一种分析"[①]，是"处理问题或从事活动的方式，它构成了我们完成一项任务的一般途径和路线"[②]。本书暂不考虑哲学层面与具体方法层面的一般方法论，主要探索在自组织视角下竞技体育这一具体领域"怎么样"进行高质量发展，是对竞技体育自组织发展方式、全面协调可持续发展原则与创新发展的认识与总结。

一、竞技体育自组织发展方式

（一）自组织发展是竞技体育实现高质量发展的必要条件

在社会主义市场经济条件下，经济社会的发展是一个自组织过程，是政府、各种组织、人和市场共同作用的结果[③]。

第一，自组织发展是激活竞技体育内生动力的必然要求，是竞技体育不断自我完善、提高适应环境能力的需要，是竞技体育可持续发展的不竭生命力。

第二，自组织发展是解决新时代竞技体育高质量发展议题的内在需求，是实现竞技体育更加充分、更加均衡、更可持续发展的基石，是满足人民更高质量竞技体育需求的不二手段。

第三，自组织发展是竞技体育适应社会主义市场经济的必然选择，能够进一步理顺政府、体育项目协会、俱乐部之间的生产关系，契合举国体制与市场机制融合发展的战略需求。

竞技体育要实现高质量发展，就需要向自组织发展方式转型，由"要我发展"向"我要发展"，由"要我快速发展"向"我要高质量发展"转变。

（二）竞技体育高质量发展的自组织方式

1. 竞技体育内生组织的自主发展

竞技体育内生组织主要是指全国体总及地方体育总会、中国奥委会、体育项

[①] 唐·埃思里奇. 应用经济学研究方法论[M]. 2版. 朱刚, 译. 北京: 经济科学出版社, 2007.
[②] 郭瑜桥. 基于系统方法论的企业知识管理实施研究[D]. 天津: 天津大学, 2007.
[③] 文兴吾. 关于科学发展观的基本内涵: 作为指导发展的世界观和方法论[J]. 理论前沿, 2006（12）: 27-29.

目协会、职业俱乐部等部门与机构，它们是竞技体育高质量发展依赖的主体，是推动竞技体育可持续发展的有生力量。

第一，竞技体育要加速完成协会的实体化，实现自主发展。当前体育项目协会进入从同构到脱钩、建立独立社团法人实体的改革阶段[1]。要确保竞技体育内生组织获得社会合法性，成为自主经营、自负盈亏、自我发展、自我约束的法人实体。

第二，要找准时代角色定位，明确自身的职能边界，主动为国为民为社会谋福祉。

第三，体育行政部门与内生组织的互动需要从"工具主义"模式向"合作治理"模式转型[2]。

第四，提高内生组织在竞技规则制定、标准推行、人才培养、项目规划及资源调配方面的专业化能力，壮大竞技体育内生组织的实力，提高其社会与市场号召力，树立行业权威。

第五，优化政策与制度环境，完善监管体系，促进竞技体育内生组织的不断壮大与健康发展。

2. 形成健康可持续发展的耗散结构

竞技体育实现高质量发展需要通过自组织方式满足以下耗散结构条件。

第一，建立开放系统。竞技体育系统的开放要适度，不可开放过大或过小。

第二，远离竞技体育系统的平衡态。"非平衡是有序之源"是支撑耗散结构理论的重要思想基础。只有竞技体育系统远离平衡态，地方、体育项目协会、俱乐部子系统之间才能产生竞技性差异，进而激发竞技体育系统的协同机制，形成自组织发展的"活"结构，促进与外界环境之间物质、能量、信息的交换。

第三，发挥竞技体育系统的非线性作用。非线性作用能够放大竞技体育系统的正向、良性作用，追求整体大于各部分之和。传统竞技体育采用政府一家办的行政机制，基本符合线性作用特点。新型竞技体育形成以政府、俱乐部、体育项目协会、高校、家庭、个人为支撑的治理框架，能够产生丰富、多向、复杂、动态的非线性互动关系。

---

[1] 何强. 转变体育发展方式进程中的项目协会改革[J]. 北京体育大学学报, 2015, 38（1）: 15-24.
[2] 唐文玉. 从"工具主义"到"合作治理": 政府支持社会组织发展的模式转型[J]. 学习与实践, 2016（9）: 93-100.

第四，利用竞技体育系统的涨落机制。近年来，体育总局推行的部门机构改革、跨界选项、体教融合等一系列改革属于竞技体育发展的内涨落，对竞技体育的发展产生了深刻的影响。

3. 通过竞争与协同发展

竞技体育没有竞争就没有发展，没有协同就没有有序发展。多元主体及子系统之间的协同与竞争成为竞技体育高质量发展的可持续动力。具体如下。

第一，形成竞技体育竞争与协同的平台机制。以专业赛事、综合性赛事与职业赛事为平台，形成政府、俱乐部、体育项目协会竞争与协同的人才机制、资金机制与信息机制。

第二，掌握影响竞技体育高质量发展的快变量与慢变量。通过认识竞技体育人、财、物、信息系统之间的影响关系，分析举国体制与自组织方式的作用机制，确定影响竞技体育高质量发展的快变量与慢变量。

第三，运用协同学役使原理（又称支配原理），确定竞技体育高质量发展的序参量。序参量可以有一个或几个，一般为对竞技体育系统起支配作用的宏观体制、主导模式、运行方式与机制。

第四，形成自组织动力系统。找准竞技体育子系统协同合作的动力点，在竞技体育平衡态和非平衡态的螺旋上升中形成多层次协同与竞争的自组织动力系统，实现有序进行的竞技体育高质量发展。

4. 自组织要与举国体制相结合

第一，自组织与举国体制的结合实际上是竞技体育"管"与"办"在形式上的分离与在内在联系上的高度统一。这既需要举国体制的改革与完善，也需要自组织方式的嵌入与发展。

第二，自组织发挥作用的空间是承接体育行政部门职能转变后下放的"办"的职能。

第三，自组织与举国体制相结合实质上是要求竞技体育既确保中国特色社会主义发展道路的优势与特色，又最大限度地激发竞技体育的发展动力与系统活力，促进竞技体育又好又快地发展。

第四，竞技体育领域中社会与市场力量的壮大是由内而外的，是自主发展与主动发展的辩证统一，其逻辑主线离不开竞技体育的自组织发展。

5. 自组织要与他组织相结合

竞技体育系统"他组织的退出与自组织的成长，是一个辩证统一的过程"[①]。首先，他组织方式仍有合理存在的时间和空间，有自组织方式学习和借鉴的优点。在一定时间内，竞技体育仍然需要采用传统的他组织方式来完成管理、训练、比赛、培养人才的部分功能。其次，自组织方式与他组织方式能够同时运转，共同发挥组织功能。在一定的环境和条件下，它们可以相互转化。最后，竞技体育深化改革的力度、广度与速度决定了自组织与他组织相互作用的力度大小、持续时间。

二、全面协调可持续发展原则

（一）竞技体育全面协调可持续发展原则的内涵

全面协调可持续发展是竞技体育实现高质量发展需要遵循的基本原则。其中，全面协调是整体发展基础上的统筹发展，可持续是竞技体育在时空维度上实现高质量发展的方法和原则。

1. 整体发展

第一，竞技体育各领域、各层次、各项目、各环节的全面发展。奥运项目与非奥项目、优势项目与弱势项目、职业体育与专业体育都要全面发展；国家、地方及基层的竞技体育都要全面发展；竞技体育在政治、经济、文化、外交、社会服务领域都要全面发展。

第二，见物也见人的共同发展。在竞技体育上既要争金夺银，提高运动水平和整体实力，提升在国际体坛的地位和影响力，也要以人为本，促进运动员的全面充分发展。

第三，速度与规模的稳定发展。在竞技体育上既要保持"小、巧、灵、女"项目的发展优势，又要加强潜优势项目、基础大项与三大球项目的攻关，逐步实现从个别项目到项群的突破发展。解决速度问题，实际上是解决有无的问题[②]。只有保持一定的发展速度和规模，通过量的积累，才能维持一定的规模效应与地位稳定，避免成绩发生较大的波动；也能够为竞技体育体制与机制的深化改革提供一定的回旋余地，减缓因改革不确定性而产生的压力。

---

① 张春合，吴金元，彭庆文，等. 从他组织到自组织：论我国竞技体育体制改革的实施路径[J]. 武汉体育学院学报，2008，42（9）：20-23.
② 朱之鑫，张燕生，马庆斌，等. 中国经济高质量发展研究[M]. 北京：中国经济出版社，2019.

2. 统筹发展

统筹发展是通过通盘权衡竞技体育系统内外的影响要素，谋划有重点、有步骤的协调发展。具体如下。

第一，统筹竞技体育内、外系统的协调发展。统筹竞技体育、全民健身、学校体育、体育产业的发展，在人才培养、专业引领、文化传承、市场活力上寻找结合点；统筹竞技体育与政治、经济、文化、社会及生态等外界环境的协调发展。

第二，统筹竞技体育系统自身的协调发展。统筹竞技体育优势项目、潜优势项目、基础大项与三大球项目的协调发展；统筹竞技体育发达地区、一般地区与弱势地区的协调发展；统筹国家利益、俱乐部市场利益与社会利益的协调发展。

第三，统筹竞技体育在国内与国外的协调发展。统筹武术、龙舟本土特色项目在国内与国外的协调发展；统筹职业项目联赛与国际大赛的协调发展；统筹优势项目的国内与国外的协调发展。统筹国内外竞技体育人力、财力、物力、信息资源的输入与输出的协调发展。

3. 可持续发展

可持续发展是把竞技体育作为有机统一体，协调各领域、各层次、各环节的内在关联、相互影响，协调资源配置，实现良性健康发展。具体如下。

第一，竞争与协同发展。发挥教育系统、体育系统与社会系统的竞争与协同作用；发挥体育行政部门、俱乐部与体育项目协会的竞争与协同作用；发挥政府的政策与方向引领作用、市场的活力效率作用、社会的协调枢纽作用。

第二，动态有序演化。一是要科学制定竞技体育战略规划与顶层设计，有计划、有步骤地实现高质量发展目标；二是确立高质量发展主线，探索举国体制与自组织相结合的发展方式与方法；三是既兼顾全局，也突出重点目标，克服难点；四是动态统筹竞技体育发展数量与质量、速度与效益的演化关系。

第三，以人为本。实现竞技体育高质量发展必须以人为本，为了体育人的全面发展，依靠体育人的共建共享。

（二）竞技体育全面协调可持续发展原则的着力点

1. 优势项目结构要均衡

第一，保持现有优势项目的稳定性，保持和完善举国体制的保障作用，扩大

"小、巧、灵、女"项目的优势潜力。

第二，着力实现2~3项集体球类项目或基础大项的突破发展，积累传统弱势项目成功发展的理论和经验。

第三，夯实基础大项、三大球项目发展的社会与市场基础，繁荣职业体育市场。

第四，培养高水平、高素质的专门人才，培养竞技体育文化，引导弱势项目健康发展。

2. 发展动力可持续

第一，所谓"在其位谋其政"，实现竞技体育的可持续发展要落实内生组织的主体地位。只有权责利清晰划分和有机统一，才能实现竞技体育的自主发展。

第二，要着力培养主体的自主发展与主动发展的意识和能力。

第三，激发各领域、各层次、各环节的竞争与协同动力，推动竞技体育实现高质量的可持续发展。

3. 系统整体可控

竞技体育贯彻全面协调可持续发展，需要做到整体可控、张弛有度。具体如下。

第一，明确竞技体育高质量发展的主线，统筹竞技体育发展的时间先后顺序、空间布局秩序，有步骤、有计划地实现发展目标。

第二，在全面发展中要重点把握调结构、换动能、补短板的关键领域、项目、环节，通过重点问题的解决带动一般问题的解决。

第三，增强竞技体育系统发展速度与规模的弹性，防止竞技体育深层次改革造成成绩滑坡与动荡，为竞技体育的结构调整、优化创新提供一定的张力空间。

4. 科技支撑

竞技体育的高质量发展离不开科技支撑，科技支撑是竞技体育实现科学发展的基石。

第一，树立科技是第一生产力的理念，提升科技为竞技体育管理、训练、竞赛服务的能力。

第二，加大运动训练与竞赛的关键技术与重点环节的科研攻关力度。

第三，建立竞技体育基础理论问题、常规备战问题与重点攻关问题研究的数据库，跟踪解决竞技体育热点、难点、重点问题，为学界、业界提供数据、科研服务。

第四，深化科研体制机制改革，促进科研成果的采纳与转化，提升竞技体育的科研支撑力度，提高竞技体育的科学化水平。

三、创新发展

创新是培养和壮大竞技体育系统竞争与协同内生动力的引擎，是竞技体育摆脱体制机制双重困境的法宝。《"十四五"体育发展规划》中指出，体育创新能力还不适应高质量发展要求。因此，只有通过创新才能实现竞技体育发展方式的转型，调整竞技体育发展结构，激发竞技体育内生动力，实现竞技体育的高质量、可持续发展。竞技体育创新发展主要有守正创新和融合创新两大引擎。

（一）守正创新

在竞技体育的转型发展中，所谓守正是指恪守中国特色竞技体育的发展道路；守正创新是指立足中国实际和制度优势而进行的竞技体育创新。《"十四五"体育发展规划》中指出，要创新竞技体育体制机制，坚持举国体制与市场机制相结合，构建竞技体育发展新模式。具体如下。

第一，在中国特色社会主义理论的指导下，挖掘和培养竞技体育在体制、机制方面的中国特色，保持中国特色发展方式方法的战略定力。

第二，紧扣竞技体育的管理体制、发展方式、政策制度、技战术体系，大胆创新，实现更多竞技体育的关键层面和环节的突破发展。

第三，通过体制机制创新，激发竞技体育各领域、层面、项目、环节的创新，进而倒逼竞技体育体制机制持续创新。

第四，整合竞技体育点、线、面上的创新，由点及线、由线成面，进而实现竞技体育整体的高质量发展。

（二）融合创新

所谓融合创新是指学习、借鉴竞技体育发达国家、地区或相关领域的有益理论、经验，夯实和提升竞技体育高质量发展的创新基础和水平。具体如下。

第一，综合融合创新。融合竞技体育发达国家、地区的有益理论、实践模式与成功经验，这是竞技体育学习借鉴的主要方向。同时，还需要融合政治、经济、文化、社会、生态各行各业的先进理论与经验，融合国内外、行内外的百家之长，

"成"中国竞技体育特色发展之路。

第二，动态融合创新。竞技体育高质量发展是需要在相当长时间内实现的发展目标，不同时期的国内外环境、阶段目标、瓶颈问题都烙刻着时代印迹，因此竞技体育融合创新的领域、方向、方式及突破点会存在不同，需要根据具体情况进行动态融合创新。

第三，自主融合创新。培养自主创新的意识与能力，摒弃过度模仿、依赖国外经验的做法，要把先进的理论、经验中国化，使其契合中国竞技体育实践的需要，为中国竞技体育的高质量发展服务。

第五章

我国竞技体育高质量发展目标

竞技体育高质量发展目标是指通过实践活动达到的预期结果，既有整体发展目标，也有不同层面的目标，还有可观察的具体目标。它是新发展阶段竞技体育深化改革的指路灯塔，引领竞技体育实现发展方式转型，推进实施高质量发展模式；它是新发展理念下竞技体育引吭高歌的战鼓，指引竞技体育创新、协调、绿色、开放、共享的征程；它是新发展格局下竞技体育攻坚克难的金刚钻，绘制了竞技体育可持续发展的宏伟蓝图。

第一节 我国竞技体育高质量发展目标的确立依据

我国竞技体育高质量发展目标的确立，需要遵循历史的、辩证的、发展的观点，分析竞技体育发展目标的渊源，认识其面临的内外环境要求，明确现在和未来的发展方向。

一、新时代中国经济社会发展的部署要求

新时代社会主要矛盾的转变和高质量主题发展的要求为中国特色社会主义指明了发展方向，主导了国家经济社会发展的战略部署，决定了经济社会发展的方法和手段。具体如下。

第一，新时代我国社会主要矛盾的解决必须依靠社会各领域的高质量发展。我国不仅要在经济领域实施高质量发展，还要在政治、文化、社会、生态，包括竞技体育领域实施高质量发展。只有实施竞技体育高质量发展，才能转变发展方式，优化竞技体育项目发展结构，转化竞技体育发展动力，满足新时代对竞技体育的高质量需求。

第二，新时代我国经济社会发展的主题是高质量发展。《中共中央关于制定国民经济和社会发展第十四个五年规划和二〇三五年远景目标的建议》中指出，"十四五"时期经济社会发展要以推动高质量发展为主题，这是根据我国发展阶段、发展环境、发展条件变化做出的科学判断。要切实围绕竞技体育高质量发展，深化供给侧结构性改革，激活多元主体活力，持续提高竞技体育的竞争力，提供高质量的竞赛产品与服务，繁荣竞技体育产业，满足国家、社会、个人高质量的需求。

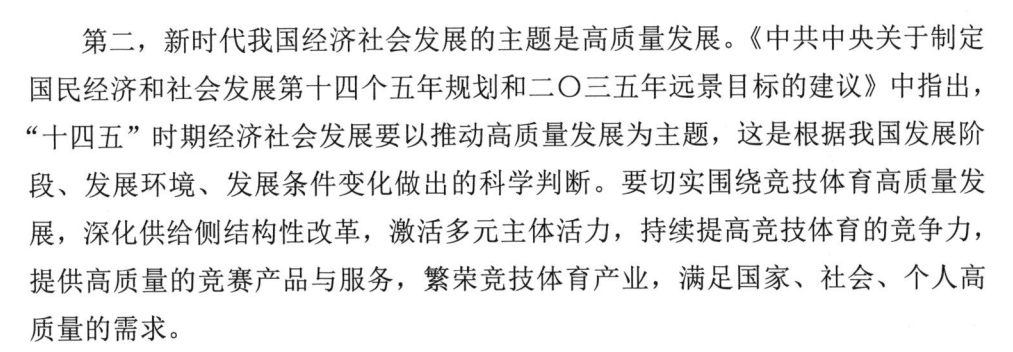

第三，党的十九届五中全会上提出到2035年建成体育强国的远景规划。竞技体育是建设体育强国的主阵地之一，是建设体育强国的主引擎之一。要使竞技体育在实现国家经济社会远景战略规划中占据主动，既要有科学性、系统性、前瞻性的顶层设计，也要统筹战略目标，精准发力寻求突破，精准施策久久为功，完成竞技体育调结构、转方式、换动力、补短板、强弱项、稳增长、提质量的任务。

二、体育强国建设的战略要求

"加快推进体育强国建设"是跨入新时代我国体育事业发展的历史新方位与新使命。到2035年建成体育强国的远景规划与《体育强国建设纲要》的实施，对竞技体育发展质量和效益提出了新的战略要求，影响了竞技体育高质量发展的进程。具体如下。

第一，竞技体育"更好、更快、更高、更强"。这一战略目标把"更好"放在"更快""更高""更强"的前面，突出了"更好"的发展是实现竞技体育发展速度、规模的基础和前提，表明在体育强国建设进程中竞技体育要围绕"更好"追求高质量发展与综合效益。

第二，夏季项目与冬季项目、男子项目与女子项目、职业体育与专业体育、三大球项目与基础大项等实现均衡发展。竞技体育项目均衡发展的实质是调整发展速度、规模与布局，夯实竞技体育发展的社会基础与市场基础，促进冬季项目、男子项目、职业体育、三大球项目与基础大项的跟进发展，最终实现竞技体育的全面协调可持续发展。

第三，竞技体育综合实力和国际影响力大幅提升。这表明我国竞技体育要形成中国特色的竞技体育发展道路，在基础大项、潜优势项目上要实现大发展，在三大球项目、弱势项目上要实现重要突破。同时，中国本土特色项目得到有效推广和世界认可，中国优秀组织管理人才任职重要国际体育组织的人数、岗位增多，中国的话语权在竞技体育国际事务治理、规则制定、仲裁申诉等方面得到增强。

三、我国竞技体育发展目标演化的逻辑要求

第一，"奥运三问"定格了中国竞技体育演化发展的目标节点。"奥运三问"即"中国什么时候能够参加奥运会""中国什么时候能够获得一枚奥运金牌""中国什么时候能够举办一届奥运会"。随着刘长春、许海峰及北京2008年奥运会做出的圆满回答，"奥运三问"被定格在中国竞技体育发展的历史时空中。对"奥运三问"的圆满回答是中国竞技体育发展的重要目标节点，奠定了中国竞技体育"有没有""有多少"的历史发展逻辑，也揭开了我国竞技体育由少到多、由量到质的现实发展逻辑，连缀成中华民族伟大复兴、实现体育强国梦的历史注脚。

第二，赶超发展支撑了中国竞技体育快速发展演化的历史主线。伴随着改革开放与国力增强，中国全面参加奥运会等国际大型赛事，取得了世界瞩目的成就。在1984年洛杉矶奥运会上，许海峰获得中国历史上的首枚奥运金牌，在北京2008年奥运会上中国位列奥运会金牌榜首位，在2012年的伦敦奥运会上中国获得奥运会境外参赛最好成绩。我国竞技体育取得成就的背后，赶超发展是其坚实有力的支撑逻辑，它以速度、规模、数量为核心促进竞技体育"高效发展""快速发展"，支撑我国竞技体育从无到有、从有到多。

第三，新时代高质量发展成为竞技体育新的历史征程。在新的发展阶段，中国竞技体育要实现持续赶超、全面赶超，并且在竞技体育产业领域做大做强。要真正促使竞技体育强起来，必须转变数量增长型的赶超发展逻辑，在保持一定数量规模的基础上，从大幅提高基础大项与集体球类项目水平、发展结构、内生动力与人的全面发展等方面探索实施质量效益型发展的目标逻辑。

四、国际体坛发展格局的竞争要求

国际体坛竞争更趋激烈，中国竞技体育竞争力与影响力如逆水行舟，不进则退。在北京2008年奥运会登顶金牌榜后，中国在伦敦奥运会、里约奥运会分别获得金牌38枚和26枚，这表明中国竞技体育的顶尖竞争力出现下降趋势。同时，英国、俄罗斯、德国在奥运金牌榜上紧跟中国，英国在里约奥运会上的金牌数超

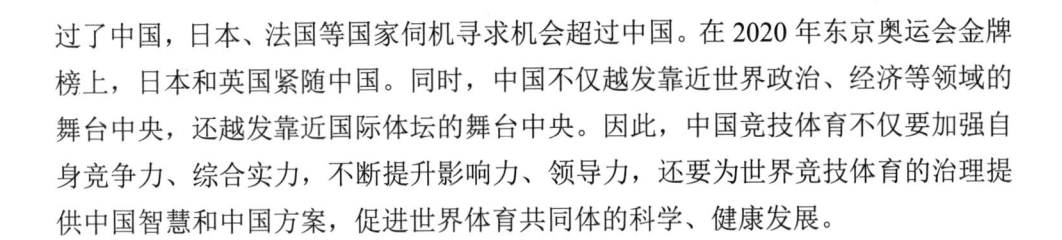

过了中国,日本、法国等国家伺机寻求机会超过中国。在2020年东京奥运会金牌榜上,日本和英国紧随中国。同时,中国不仅越发靠近世界政治、经济等领域的舞台中央,还越发靠近国际体坛的舞台中央。因此,中国竞技体育不仅要加强自身竞争力、综合实力,不断提升影响力、领导力,还要为世界竞技体育的治理提供中国智慧和中国方案,促进世界体育共同体的科学、健康发展。

第二节 我国竞技体育高质量发展目标解析

《"十四五"体育发展规划》中点明了2035年体育强国建设远景目标,提出要建成社会主义现代化体育强国,体育的制度生命力、大众亲和力、国际竞争力、经济贡献力、文化软实力、世界影响力充分彰显,体育治理体系和治理能力实现现代化,体育已成为中华民族伟大复兴的标志性事业。必须紧密围绕建成体育强国的战略目标,一以贯之推进竞技体育高质量发展,焕发竞技体育系统内生动力,调整优势项目结构,补齐竞争力短板,提升国际话语权,最终实现质量效益型高质量发展目标。

一、我国竞技体育高质量发展的整体目标

竞技体育高质量发展目标是竞技体育实践活动达成的预期结果,是竞技体育高质量发展与通过竞技体育高质量发展促进经济社会发展的综合集成。竞技体育高质量发展的整体目标集中表现为竞技体育的充分发展、稳定发展、全面发展和可持续发展。这契合了《"十四五"体育发展规划》中提出的"均衡发展""充分发展"的总体要求。

(一)在发展深度上要实现竞技体育的充分发展

充分发展是竞技体育在深度上的高质量发展,是竞技体育提质增效的必然要求,也是竞技体育提升发展层次、深耕内涵建设的必要举措。实现竞技体育的充分发展,涉及竞技体育系统各层面的深度发展,也需要各组成要素的深度发展。

1. 实现竞技体育系统中人的充分发展

社会发展进程应当是通过人且为了人而对人的本质的真正占有[1]。竞技体育系

---

[1] 马克思.1844年经济学—哲学手稿[M].刘丕坤,译.北京:人民出版社,1979.

统中人的充分发展是指以运动员为核心的从业者的人格、学养、社会关系的充分发展。人是竞技体育系统中最具非线性作用的能动因素，因此要持续提高人的综合素质与能力，培养人们良好的创新素质、职业素养和精神面貌，使竞技体育中的人实现"自由与充分发展"。

2. 实现竞技体育内生组织的充分发展

竞技体育内生组织主要是指为了实现竞技体育的发展目标而自然联合、自发形成的组织、管理、服务、监督竞技体育活动的团体，主要包括全国体总及地方体育总会、中国奥委会、各体育项目协会、俱乐部等部门与机构。它们是竞技体育高质量发展依赖的主体，是推动竞技体育可持续发展的有生力量。一方面，竞技体育内生组织的充分发展要求完成实体化，成为自主发展的独立法人，并且内生组织要积极主动发展。另一方面，竞技体育内生组织的充分发展要求建立健全覆盖竞技体育活动领域的内生组织体系，不断提高业务能力，提升行业权威性。

3. 实现举国体制与市场机制的深度融合

新时代中国特色的竞技体育发展道路体现为举国体制与市场机制的深度融合，只有举国体制与市场机制实现一体化融合，竞技体育才能实现见人与见物、发展速度与发展质量、系统规模与综合效益的辩证统一。举国体制与市场机制深度融合形成的新型举国体制，能够优化配置竞技体育资源，形成资源要素流动与集聚的良好机制，为人和组织的充分发展提供制度保障。

（二）在发展速度上要实现竞技体育的稳定发展

稳定发展是竞技体育在速度维度上的高质量发展要求，是实现竞技体育深度、广度、持久度发展的基础。竞技体育只有保持相对稳定的速度，维持相对稳定的规模与数量，才能够展现持久的既有优势和竞争实力，提高竞技体育改革与发展的弹性，防止竞技体育深层次改革造成的成绩滑坡与动荡，为竞技体育的结构调整、优化创新提供一定的张力空间，获得深化改革、突破发展的从容环境。值得说明的是，实现竞技体育稳定发展并非抱着功劳簿、无视短板问题，而应该在既有优势项目的基础上迎难而上，拓展新的竞争优势，促进竞技体育的稳定发展。

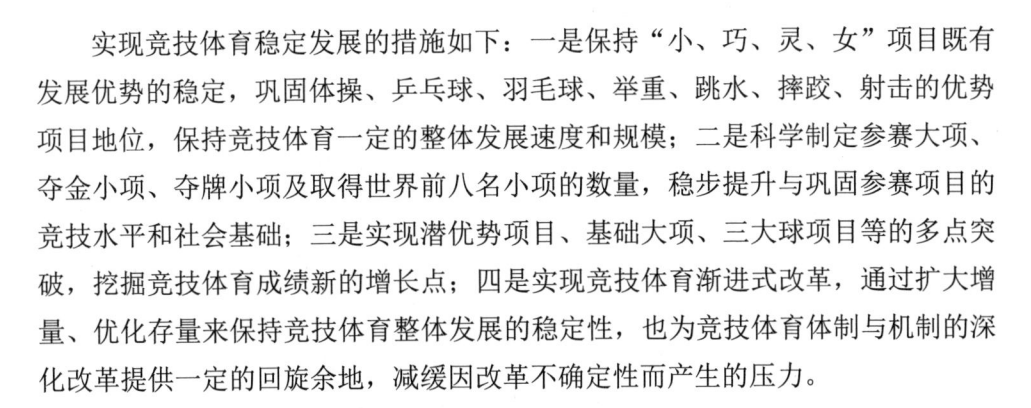

实现竞技体育稳定发展的措施如下：一是保持"小、巧、灵、女"项目既有发展优势的稳定，巩固体操、乒乓球、羽毛球、举重、跳水、摔跤、射击的优势项目地位，保持竞技体育一定的整体发展速度和规模；二是科学制定参赛大项、夺金小项、夺牌小项及取得世界前八名小项的数量，稳步提升与巩固参赛项目的竞技水平和社会基础；三是实现潜优势项目、基础大项、三大球项目等的多点突破，挖掘竞技体育成绩新的增长点；四是实现竞技体育渐进式改革，通过扩大增量、优化存量来保持竞技体育整体发展的稳定性，也为竞技体育体制与机制的深化改革提供一定的回旋余地，减缓因改革不确定性而产生的压力。

（三）在发展广度上要实现竞技体育的全面发展

全面发展是为了解决竞技体育局部赶超造成的内部结构失衡、外部发展不协同问题而提出的。竞技体育全面发展的本质是实现结构均衡，矫正竞技体育片面发展的错误，促进基础大项、三大球项目及其他弱项的协调发展，尤其是争取在国际主流体育项目上取得长足进步，从而更好地促使竞技体育融入体育系统及社会大系统，进一步提高竞技体育对发展国计民生的重要作用。

从全面发展的角度来看，竞技体育高质量发展的广度具有相对性。一方面在系统内部，相对于优势项目与潜优势项目，竞技体育的基础大项、三大球项目与弱势项目要发展起来；相对于职业体育较成熟的足球、篮球项目，乒乓球、排球、网球项目要发展起来；相对于竞技体育发达的东部地区，中西部竞技体育弱势地区要发展起来；相对于处于主导地位的西方体育项目，我国武术、龙舟等本土特色项目，民族民间竞技体育项目要发展起来；相对于专业运动员与职业运动员，竞技体育后备人才要发展起来，运动员的退役就业要进一步得到保障；相对于一贯重视发展的国家利益，俱乐部利益、社会利益、个人利益要得到重视；相对于运动员赛场上的争金夺银，运动员的文化素养要全面发展起来；相对于为国争金夺银，为国为民创造财富要发展起来。另一方面在系统外部，相对于竞技体育的优先发展，竞技体育要与全民健身、学校体育、体育产业、体育文化协同发展起来；相对于以往国家、社会、学校对竞技体育的大量支持，竞技体育要发挥对国家、社会、学校的反哺作用，发挥"体育强则中国强"的作用。

（四）在发展持久度上要实现竞技体育的可持续发展

可持续发展是指竞技体育实现长远、健康的高质量发展，它既是竞技体育高质量发展目标实现的条件，也是竞技体育高质量发展追求的根本目的。

1. 实现竞技体育与体育系统之间的可持续发展

竞技体育连同学校体育、全面健身、体育产业等，都是体育大系统的有机组成部分，它们同气连枝、相互影响、相互依存。一方面，竞技体育要实现与体育大系统的有机联系，既吸收体育大系统的物质、能量，又为体育大系统作出贡献，优化体育大系统和谐共生的发展环境。另一方面，竞技体育与全民健身、体育产业、学校体育之间形成既竞争又协同的关系，把竞技体育高质量发展植根在厚实的社会基础、人才基础、产业基础之上，共同促进体育大系统的良性循环与健康发展。

2. 实现竞技体育人才资源的可持续发展

可持续发展主要解决人与环境、人与资源之间的矛盾，而对于竞技体育来说，实现可持续发展最根本的资源是人力资源，人力资源最核心的要求是运动员的可持续发展。在我国竞技体育取得历史性辉煌成就的同时，运动员的主体性、积极性、主动性、创造性被忽视。进入新时代，运动员的全面充分发展成为竞技体育高质量发展的根本尺度之一。只有培养高素养的运动员，才能支撑竞技体育的高质量发展，甚至可以说运动员的文化素质有多高、创造性有多强从客观上决定了竞技体育高质量发展的广度、深度、速度与持久度四个维度。因此，要通过培养高素质的运动员实现竞技体育高质量发展目标；通过竞技体育高质量发展，吸引和培养高素质的后备人才；通过培养高素质的后备人才，造就高素质的运动员[1]。同时，以高素质的运动员为中心，形成高素质的教练员、裁判员、管理人员及经纪人、经理人等群体。如此才能实现竞技体育人才资源的良性循环，进而实现竞技体育可持续发展。

3. 生成竞技体育可持续发展的内生动力

竞技体育可持续发展需要激活竞技体育系统的内生动力。一是要实现竞技体育系统由内而外的，而非由外而内的发展，即竞技体育的发展是自主的、主动的、积极的发展。二是激发竞技体育各领域、各层次、各环节的竞争与协同动力，可持续推动竞技体育高质量发展。

---

[1] 曲鲁平. 我国青少年体质健康促进模型构建与运动干预研究[M]. 北京：人民体育出版社，2021.

二、竞技体育高质量发展的分层目标

（一）微观层面目标

高质量发展是满足高质量需求的发展[①]。因此，竞技体育高质量发展要满足国家、市场、社会、个人的多元化需求，这是竞技体育高质量发展的微观层面目标，能够保证竞技体育的稳定发展。微观层面的大部分目标是可以量化或观测的可操作性目标，主要表现为提供高水平的赛事服务产品、一定的奖牌数量与世界名次、降低奖牌成本。

1. 提供高水平的赛事服务产品

竞技体育是以运动项目为形式、以竞技赛事为载体、以不断提高运动水平为目的的实践活动，竞技体育提供高水平赛事产品是其本质属性规定性的表现。具体如下：一是提供高水平的专业赛事产品，服务于国家政治与外交需要，服务于社会交流与表演需要，服务于专业技术技能评估、选拔与提高的需要。专业性赛事要代表国家竞技体育发展水准，优势项目要体现国际水准，以促进竞技体育项目水平的提高。二是提供高水平的职业赛事服务产品，满足日益增长的观赏需要和多元消费需要。具体来讲，要进一步提高足球、篮球的职业化程度，推进乒乓球、排球、羽毛球、网球、散打等具有市场潜质项目的职业化进程，培养职业体育各领域专门人才，夯实职业联赛的球迷基础，提供国内具有较高吸引力、国际具有较高影响力的高质量职业联赛。三是统筹开发和利用职业体育资源，培养具有领袖气质和重要影响力的职业体育明星，更好地发挥明星的示范与引领作用。

2. 一定的奖牌数量与世界名次

国际体坛一直是中国重视的国际舞台，是中国与世界交流与合作的重要桥梁，也是中国改革开放的展示窗口。由此可见，获得一定的世界名次与奖牌数量不仅十分必要与可行，还要做好做足。从历届夏季奥运会奖牌榜与金牌榜看，中国的位次一般稳定在前四名，相比之下，冬季奥运会的成绩较差。在北京2022年冬奥会上，中国位列金牌榜第三名。从世界排名预估，经过高质量发展的我国竞技体育在夏季奥运会金牌榜、奖牌榜的排名应该稳定在前三名，在冬季奥运会金

---

① 王一鸣，陈昌盛，等. 高质量发展：宏观经济形势展望与打好三大攻坚战[M]. 北京：中国发展出版社，2018.

牌榜、奖牌榜的排名应该稳定在前十名。另外,《中国足球改革发展总体方案》(2015年)中制定了足球进入世界强队前列的远景目标,即有更多的集体球类项目、基础大项竞技水平位于世界前列,并且能够实现成绩的突破。

3. 降低奖牌成本

不断提高竞技体育投入产出效益,降低奖牌和名次背后的成绩成本,把奖牌成本,尤其是冠军成本作为竞技体育持续、健康发展的晴雨表。

(二)中观层面目标

1. 实现竞技体育项目结构的均衡发展

竞技体育发展质量和水平的中观层面目标首先体现在发展结构上,均衡发展是衡量发展结构的重要标准和影响发展水平的基本要素[①]。林毅夫等从比较优势角度认为产业结构和技术结构的升级都是经济发展过程中内生变量[②]。竞技体育项目结构的均衡和优化是影响竞技体育高质量发展的主要变量。《"十四五"体育发展规划》中多次强调,要优化竞技体育发展布局,巩固和保持优势项目,挖掘和培育潜在优势项目,推动夏季项目和冬季项目均衡发展,促进项目科学布局。因此,在当前和未来相当长的时间内,竞技体育高质量发展迫切需要扭转项目结构失衡的状况,建立均衡、健康的项目发展结构。

2. 实现内生动力的可持续发展

从复杂系统理论的视角看,竞技体育高质量发展需要激活自身系统的内生动力,唤醒竞技体育系统的自组织机制,建立竞技体育系统竞争与协同的耦合动力,形成多层次、全方位协同与竞争的自组织动力系统,实现竞技体育高质量发展。

3. 实现科技创新发展

科技创新是竞技体育高质量发展的题中之义,它是激发竞技体育内生活力的重要因素,是实现竞技体育科学发展的基石。实现科技创新发展的措施如下:一是实施精准化的科技服务,为体育选材、运动训练、竞赛、康复的精准施策

[①] 杨桦. 我国竞技体育三大难题及破解思考[J]. 体育科学,2013,33(12):8-9.
[②] 林毅夫,蔡昉,李周. 比较优势与发展战略:对"东亚奇迹"的再解释[J]. 中国社会科学,1999(5):4-20,204.

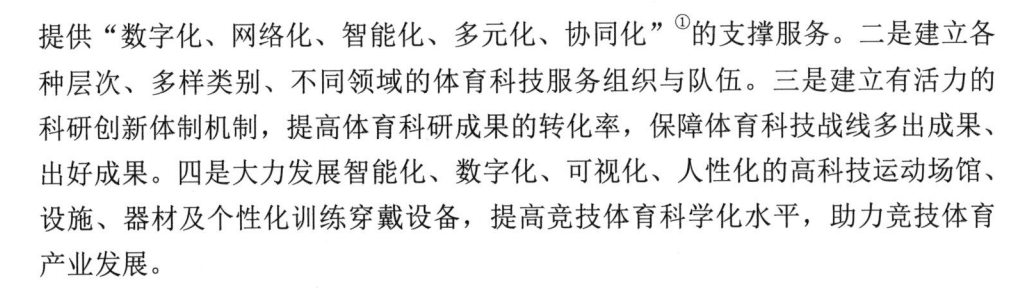

提供"数字化、网络化、智能化、多元化、协同化"[①]的支撑服务。二是建立各种层次、多样类别、不同领域的体育科技服务组织与队伍。三是建立有活力的科研创新体制机制，提高体育科研成果的转化率，保障体育科技战线多出成果、出好成果。四是大力发展智能化、数字化、可视化、人性化的高科技运动场馆、设施、器材及个性化训练穿戴设备，提高竞技体育科学化水平，助力竞技体育产业发展。

（三）宏观层面目标

宏观层面目标是竞技体育高质量发展的根本目标，从人的自由发展方面来看，主要表现为实现运动员的全面充分发展；从系统的整体方面来看，主要表现为中国特色竞技体育发展道路的成熟与可持续发展。

1. 实现运动员的全面充分发展

实现竞技体育高质量发展不仅要依靠运动员的全面充分发展，还要通过运动员的全面充分发展水平来评价竞技体育高质量发展的程度和水平。因此，运动员的全面充分发展是竞技体育高质量发展的出发点和归宿，是竞技体育高质量发展的根本目标。

2. 中国特色竞技体育发展道路的成熟与可持续发展

中国特色竞技体育发展道路主要表现在两个方面：一方面表现为举国体制与市场机制的深度融合，建立扎根中国大地、发展结构均衡、内生动力充足、与体育大系统和社会大环境和谐共生的体制机制，形成竞技体育高质量发展的成熟道路；另一方面表现为竞技体育各领域、层面、环节的守正创新和融合创新，实现竞技体育的突破发展和可持续发展，不断探索符合中国实际和制度优势的竞技体育高质量发展道路。

三、竞技体育高质量发展的可观测目标

竞技体育高质量发展目标具有鲜明的前瞻性、系统性、层次性、动态性及可操作性特点，其中可量化、可观测的目标能够作为竞技体育高质量发展的观测点，在一定程度上能够反映竞技体育高质量发展状况。从表5-1可以看出，竞技体育高质量发展的主要可观测目标集中在微观层面，中观层面次之，宏观层面最

---

① 钟秉枢. 科技助力体育腾飞 体育助力创新人才成长[N]. 中国体育报，2020-12-03（3）.

少。其中，中观层面的可持续发展动力、宏观层面的中国特色竞技体育发展道路方面的目标还未找到合适可观测目标。

表 5-1 竞技体育高质量发展的主要可观测目标

目标层次	目标内容	可观测目标
微观层面	提供高水平的赛事服务产品	专业赛事数量与水平、职业赛事数量与水平；专业运动员等级与数量、职业运动员等级与数量、俱乐部数量、俱乐部收入、职业联赛收入、转播费、版权收入、门票收入等
	一定的世界名次与奖牌数量	奥运会、亚运会、国际单项大赛、非奥项目大赛、三大球项目、基础大项等获得的成绩、位次、奖（金）牌数量
	降低奖牌成本	奖牌成本
中观层面	结构均衡	优势项目、潜优势项目、弱势项目的组成比例；基础大项、三大球项目的成绩；职业运动员与专业运动员比例；职业项目与专业项目比例；后备人才与等级运动员的比例等
	科技支撑	科研人员数量、科研经费、科研项目数量、成果转换率、科研仪器设备等
宏观层面	运动员全面发展	成材率、退役就业率、文化课成绩、学历、社会适应能力等

第六章
耗散结构视角下我国竞技体育高质量发展的条件研究

复杂系统能否可持续发展，其核心在于能否自发形成耗散结构[1]。耗散结构是自组织形成的一种稳定态的非平衡有序结构，它是相对于平衡结构的一个概念。竞技体育无疑是复杂的巨系统，它的高质量发展体现为一种高层次、高水平、可持续发展的有序状态。竞技体育要实现高质量的目标和运行状态，就要向有序方向发展；要远离平衡态，就必须处于耗散结构状态[2]。只有形成自组织的耗散结构，才能保持与外界环境的物质、能量与信息的交流，激活内在机制的良性关联作用，只有这样，竞技体育系统发展的外因与内因才能相辅相成，共同推动竞技体育实现高质量发展。只有坚持自组织发展道路，使竞技体育不断在不同层次上形成耗散结构，才能促进其可持续发展[3]。

第一节 我国竞技体育高质量发展的自组织条件

复杂系统的自组织条件既是开拓竞技体育高质量发展新格局的主动之举，也是应对国际竞技体育竞争变局的主动之举。

一、竞技体育形成全面双向开放的耗散系统

开放实践证明，以开放促发展是中国崛起的宝贵经验[4]。新时代必须坚持扩大

---

[1] 邵桂华. 我国竞技体育系统耗散结构形成的路径[J]. 上海体育学院学报, 2015, 39（5）：12-16.
[2] 邹波, 张庆普, 田金信. 大学—产业—政府技术创新系统耗散结构形成机理分析[J]. 自然辩证法研究, 2008, 24（8）：47-51.
[3] 同[1].
[4] 李计广, 李秋静. 我国推进高水平开放：内涵、标准与评估[J]. 国际贸易, 2020（4）：4-13.

对外开放,高度开放是文明互鉴与进步的重要前提[①]。我国竞技体育要实现高质量发展目标,就要建立全面双向的开放系统。高质量发展必然是可持续的发展[②],而耗散结构理论认为,实现可持续发展的首要条件是形成耗散开放系统。因此,构建竞技体育耗散开放系统,助力体制机制的深层改革,有利于竞技体育主动适应国际、国内双循环的新发展格局,加快实现高质量发展目标。

(一)竞技体育耗散开放系统的内涵

竞技体育高质量发展既需要"耗"取所需的人才、资金、先进技战术、信息等资源,促进竞技体育系统要素资源的流动与集聚,也需要"散"出竞技体育赛事产品、服务、技术、信息,以及需要社会系统解决的退役运动员等问题。竞技体育耗散开放系统是竞技体育发展要素之间、子系统之间及其与外系统之间相互作用、相互联系的综合体,是反映系统内外动态影响程度的整体组织。它能够动态获取所需要的发展资源,有利于拓展竞技体育的发展空间,提高竞技水平,扩大竞技体育表演产业市场,使我国进一步融入国际体育圈,提升国际影响力,掌握国际话语权,持续提高竞技体育发展质量与发展效率。因此,耗散开放系统是竞技体育顺应新时代双循环发展新格局、加快建成体育强国、谋求高质量发展的首要条件。

(二)竞技体育耗散开放的结构——三体两元双向开放

竞技体育高质量发展是三体两元双向开放的耗散系统,表现为体育行政部门、体育项目协会、俱乐部三个主体的双向交叉开放,职业体育与专业体育的两元互嵌开放,如图6-1所示。

1. 双向耗散开放

双向耗散开放是指系统发展要素向内、向外的输入与输出的开放。向内耗散开放是指系统内发展要素之间的相互作用,主要表现为竞技体育举办权限的合理划分与资源要素的流动,它是竞技体育进入新时代侧重实施的内循环开放方式;向外耗散开放是竞技体育的传统开放方向,一般是指向先进国家与先进地区的开放,同时兼顾向教育系统、社会系统、文化系统的开放。具体如下。

---

① 徐康宁. 扩大对外开放的新机遇、新理念与新方向:重要战略机遇期的文明互鉴与制度型开放[J]. 江海学刊,2019(1):84-91,254.
② 任保平,文丰安. 新时代中国高质量发展的判断标准、决定因素与实现途径[J]. 改革,2018(4):5-16.

第一，竞技体育双向耗散开放过程本质上是系统耗与散的过程，既可以输入国际优质的能源流，也可以向国际体坛输出赛事、服务与人才流；既需要对外开放，也需要对内搞活，尤其是竞技体育系统的核心要素"举办权"在区域、协会的开放，深化事权重心下沉、监管重心上升的改革，对打通竞技体育系统内部的大循环具有现实意义。根据这一点审视当前的协会实体化改革，对于竞技体育形成高质量开放性的发展模式具有里程碑作用。

第二，竞技体育高质量发展的双向耗散开放需要依托系统发展要素的流动。如果人才、资金、信息、体育设施设备及规则、权力等发展要素在系统内外自由流动度高，则竞技体育系统的双向耗散开放程度就高；如果发展要素的流动性弱或者不流动，则竞技体育系统的双向耗散开放程度较低，甚至成为孤立、封闭的系统。

第三，双向耗散开放是竞技体育高质量发展形成的整体特征。竞技体育不仅在宏观层面上建立了双向耗散开放系统，还在职业体育与专业体育等系统中建立了双向耗散开放系统。

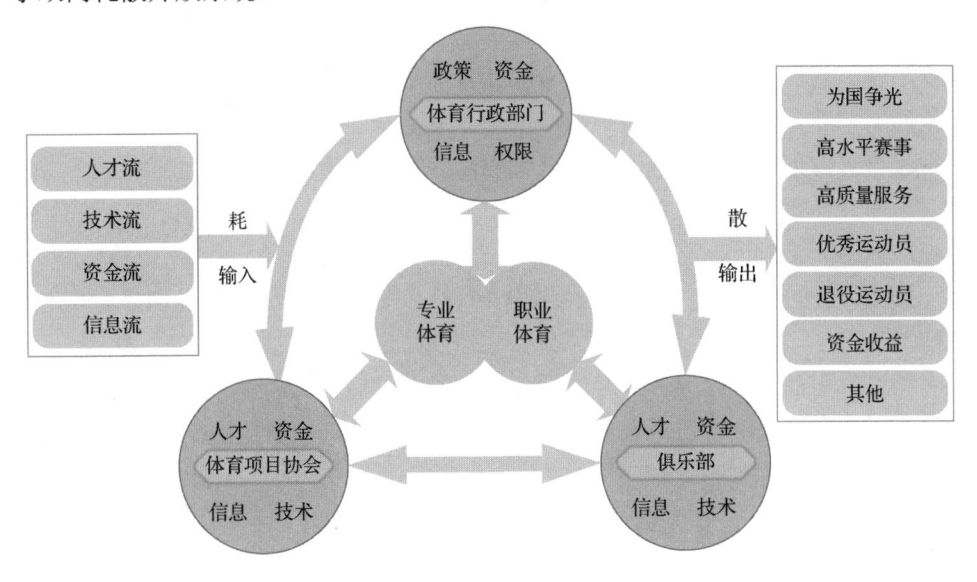

图 6-1 竞技体育三体两元双向开放的耗散系统

2. 三主体双向交叉开放

三主体双向交叉开放是指体育行政部门、体育项目协会、俱乐部之间的双向交叉开放。具体如下。

第一，从宏观上看，竞技体育三体双向交叉开放是中国特色竞技体育发展道路的特征与优势，它既能激活市场、社会的自组织体制，又能更好地发挥体育行政部门的统筹与监管作用。

第二，从微观上看，竞技体育三体双向交叉开放能够形成基层体育局、体育项目协会与俱乐部的良性互动，形成相互支持、相互制衡的内生机制。

第三，目前竞技体育三主体双向交叉开放完成程度取决于政府政策的支持程度，体育项目协会、俱乐部的自组织机制得益于政府的赋权增能，并且仍需要接受体育总局的业务指导与监督管理，重大事项需要上报体育总局批准或备案。

第四，体育项目协会与俱乐部在业务关系上相互交叉与影响。一般情况下，俱乐部需要到相应的体育项目协会进行业务注册、备案，接受体育项目协会的指导。体育项目协会也会制定相应的转入标准与行业规范，规范俱乐部的发展，协调竞技体育的社会利益与市场利益，维护为国争光的传统利益。

3. 两元双向互嵌开放

两元双向互嵌开放是指职业体育与专业体育的双向嵌入开放发展。具体如下。

第一，职业体育与专业体育在某种程度上是可以相互转换的。典型的例子是实行双轨制的乒乓球项目，既实行专业体育体制，也实行职业体育体制，能够在职业形态与专业形态之间转换。虽然网球、羽毛球、排球等项目一般实行专业体育发展方式，但在市场条件比较充分时也能够积极推进职业体育的发展。这些项目存在职业体育与专业体育的交叉转换，表明职业体育与专业体育之间存在相通互嵌的关系。

第二，职业体育与专业体育在为国争光目标上是相互契合的。职业体育与专业体育都能够选拔一流水平的竞技体育人才，让他们在各自项目的国际舞台上为国争光。

第三，职业体育与专业体育的后备人才培养目标与机制是一致的。根据竞技体育高质量发展观，按照后备人才学校教育化的趋势，二者的后备人才都来自教育系统。

（三）竞技体育耗散开放系统的发展路径

竞技体育的耗散开放要以高质量发展为主线，围绕聚资源、增活力、促协同、求共享来展开，既要在补短板、强弱项领域"促开"，也要在核心领域、传统优势领域"促放"[①]。

---

① 鲍明晓. 以新时代改革开放，统领体育强国建设[J]. 体育科学，2019, 39（3）：13-18.

1. 实施更加积极主动的双向开放策略

实施更加积极主动的双向开放策略是基于我国从体育大国向体育强国加速转变的实力与底气，以便应对国际体坛日益激烈的竞争与潜在的开放风险。我国实现了奥运金牌零的突破、成功举办北京夏奥会的突破与奥运会金牌榜第一的突破，因此竞技体育高质量发展应该由"有没有、有多少"向"强不强"升级，加快融入世界竞技体育。具体如下。

（1）把握国内外战略发展机遇期

要认清国内外开放发展的总体态势，加快竞技体育双向开放的步伐。具体如下：一是我国的改革开放已经进入以国内大循环为主、国际国内双循环相互促进的新发展阶段，为竞技体育的双向开放指明了发展方向。二是服务业是我国深化改革开放的重点领域之一，将为竞技体育服务业、表演业提供难得的开放与升级空间。三是国际奥林匹克的改革发展为竞技体育"走出去"与"引进来"提供了国际交流的舞台。四是现代科学技术革命为竞技体育的创新开放、科学发展提供了有力支撑。

（2）树立主动开放的理念

主动开放的精髓在于"内"与"外"的辩证开放。首先，竞技体育应该向系统外的资源开放，同时要注重系统内的资源流动与机制开放。这就是改革开放总设计师邓小平强调的"对外开放与对内搞活"[①]。其次，主动开放战略的逻辑起点是主动发展，要在主动谋发展中积极寻求开放机遇，将耗散系统内外的有益资源为我所用。再次，树立开放包容共享的理念。我国在与不同国家和地区的开放合作中求同存异，妥善处理制度、体制与机制的分歧，共享开放红利，追求互利双赢的开放发展。最后，竞技体育的主动开放战略要把满足内需与外需联系起来，把提升国民高质量的体育需求作为全面双向开放的基础和核心，把满足外需作为更好地服务内需与追求双赢的桥梁。

（3）整体布局竞技体育各层次、领域与环节的双向开放

一是整体规划竞技体育国际、国内资源要素的开放布局。二是完善体育行政部门、体育项目协会、俱乐部、家庭与个人举办或参与竞技体育的开放布局。三是推进建设国家、地方、基层竞技体育的双向开放体系。

（4）明确双向开放的战略重点

竞技体育双向开放的重点领域是竞技表演业与中介服务业，核心开放链集中

---

① 邓小平. 邓小平文选（第三卷）[M]. 北京：人民出版社，1993.

在赛事产品、资金投入、人才流动上。双向开放的重点主体是体育行政部门、体育项目协会和俱乐部,权限调整与利益划分则是主要开放点。尤其是在职业联盟成立与运行后,政府、市场、社会三者的开放关系将会调整。在竞技体育领域重点开放专业赛事与职业赛事平台机制、运动队的合作共建机制、选材与训练的基地,以此保障竞技体育利益共同体的协同发展。

(5)保持守正开放、自主发展的战略定力

竞技体育的双向开放是内需主导与外需协调的深层次开放,涉及复杂的主客观因素。美国、德国等竞技体育强国的先进理念与做法是我国竞技体育双向开放学习借鉴的重点对象。我国竞技体育的双向开放要统筹国际国内两个大局,保持守正开放的战略定力。竞技体育开放的领域、顺序、程度的自主权操之在我,不唯西方标准马首是瞻。不仅如此,在竞技体育赛事、服务、项目合作、人才交流上,要主动彰显中国方案,提升中国话语权。

2. 建立竞技体育全面开放的新格局

竞技体育双向开放的新格局是融入世界竞技体育发展潮流、贯彻新发展理念、促进我国竞技体育获得更好发展空间和条件的客观要求。竞技体育高质量发展除形成如图6-1所示的竞技体育三体两元双向开放的耗散系统外,还要大力推进国际与国内互联互通开放、地方与协会互利共赢开放的新格局的形成。

(1)国际与国内互联互通开放

一方面,从国际体坛的开放格局看,西方体育发达国家是竞技体育优秀人才、精品赛事及竞技文化的输出方,包括我国在内的多国是输入方;从竞技体育话语权看,西方体育发达国家在多数国际体育组织机构中具有较强的规则制定权、裁决权;从主流竞技体育项目影响力看,西方体育发达国家具有绝对的竞技实力与市场号召力。因此,我国竞技体育必须"走出去"融入国际体坛朋友圈,学习西方体育发达国家的先进理念与机制,逐渐提高关于国际规则的话语权,助力体育强国目标的加快实现。另一方面,要改变过去单向融入全球体系的开放战略[1],重点输出有中国特色、符合竞技规律、国际大众喜爱的赛事项目与品牌,摆脱后进体育大国在现实发展过程中的"资源锁定效应"[2],积极参与国际竞技体育的治理。这需要大力培养竞技体育相关人员对外输出的意识与能力,提升我国竞技体育品牌的国际流行度与市场美誉度。

---

[1] 刘登攀. 新时代中国对外开放研究[D]. 北京:中共中央党校(国家行政学院),2019.
[2] 陈飞翔,俞兆云,居励. 锁定效应与我国工业结构演变:1992—2006[J]. 经济学家,2010(5):54-62.

一是深入推广太极拳、龙舟等民族传统特色项目，打造我国竞技体育走向世界的拳头品牌。二是创新散打、乒乓球职业体制机制，打造该项目发展的国际标杆，为国际体坛提供原创的竞技体育公共产品。三是加快提升职业篮球、足球、冰球、乒乓球等项目的市场化程度，主动输出精彩纷呈的职业联赛，参与世界主流职业体育项目的竞争与合作。中国男子篮球职业联赛（Chinese Basketball Association，CBA）、中国足球协会超级联赛（以下简称中超）在2019—2020年疫情期间的复赛中已经展露出较好的体制机制活力与竞技表演产业国际影响力。

（2）地方与体育项目协会互利共赢开放

地方与体育项目协会是我国竞技体育高质量发展的两大引擎，它们之间的开放与合作将激活竞技体育高质量发展的持续动力。地方与体育项目协会的合作开放要做到互利共赢、相得益彰。具体如下：一是建立地方与体育项目协会之间的协作关系。体育项目协会的壮大需要地方在政策、资源方面的支持，而地方提高自身竞技体育实力也需要体育项目协会的业务指导和资源的协调，二者是典型的非零和博弈关系。二是推进体育项目协会向基层的开放，健全地方协会的基层组织，促进竞技体育人才、技术、知识、政策在纵向与横向上的贯通，实现地方与体育项目协会在开放要素上的双向衔接。三是地方与协会要合理分工，共享竞技体育开放发展的红利。体育项目协会主抓目标规划、行业标准规范、高级别赛事供给、人才选拔培养、项目普及、项目文化等目标内容。地方主抓政策实施、经费保障、人才输送、运动队建设、承办与参加竞赛等目标内容。四是双方合力承接政府下放的竞技体育举办权。体育总局在"管办分离""放管服"改革后将监管重心上移，将举办权、事权开放给协会与地方，希望二者能够通力合作，促进竞技体育资源的流动与增加。总之，地方与体育项目协会的互利共赢开放要有利于提高我国竞技体育的实力，激发竞技体育发展活力；要有利于提高地方与体育项目协会内部要素流动的便利程度，提升竞技体育资源集聚的质量与效益，促进地方与体育项目协会的可持续发展。

3. 由要素型开放向制度型开放升级

近年来，我国经济社会不断推动商品和要素从要素型开放向制度型开放转变。从经济角度看，制度型开放是指在尊重各方意愿的前提下，形成经济全球化通行规则，构建以更加公平、合理和合法的规则为导向的开放型世界经济[1]。对于

---

[1] 戴翔，张二震."一带一路"建设与中国制度型开放[J]. 国际经贸探索，2019，35（10）：4-15.

竞技体育来说，它是竞技体育资源要素开放的升级版，实质是与国际体坛通行规则和标准对接，最终形成国内外具有公信力与约束性的一致性发展规则。所谓制度型开放是指规则的"进出口"[①]，因此竞技体育由要素型开放向制度型开放转变，既要做好规则的进口，也要积极做好规则的出口。具体如下。

第一，在规则进口上，要对接竞技体育国际规则，融入国际体坛竞争与合作的大局。一是对标国际体坛的技术标准与竞赛规则，主动适应国际体坛规则的新变化与新要求，普及与提高我国竞技体育的技战术规范。二是与竞技体育相关产品装备的国际标准接轨，倒逼国内竞技体育制造业、服务业及相关产业的高质量发展。

第二，在规则出口上，主要是培养和推广竞技体育的全球公共产品。全球共享和参与的公共产品是竞技体育制度型开放的规则窗口，能够为世界提供来自中国的规则体系，提升中国竞技体育的国际话语权。因此，制定散打、太极拳、竞技健身气功、龙舟等中国特色项目高标准的规则，创新乒乓球职业赛事体系，积极引领中国体育赛事与项目技术、体育文化、体育设施设备高质量"走出去"，打造竞技体育制度型开放高地，对于发挥中国竞技体育在国际体坛和国际市场竞争中的桥头堡作用、高水平地融入国际高端公共竞技产品供给链，都具有重要的战略价值与现实意义。

第三，提升我国"进出口"竞技体育国际规则与标准的话语权。大力举荐优秀人才入职国际体育组织的重要岗位，积极参与竞技体育国际规则与标准的研制，主动提供竞技体育项目改革与完善发展的中国方案，为我国竞技体育高质量发展营造制度型开放的国际化、法制化、便利化环境。

4. 建立耗散开放系统的合理边界

由于开放具有正向与负向的双向效应，所以开放既有利于系统之间的合作共赢，实现资源效益的优化，也有可能威胁系统的稳定和安全，导致系统运行阻滞甚至崩溃。这就产生了竞技体育合理开放边界问题，即开放尺度问题。具体如下。

第一，竞技体育的开放边界要与国家经济社会发展程度、体育项目协会与俱乐部的成熟程度、体育行政部门的职能转变程度相适应。当前，我国进入以国内大循环为主、国际国内双循环相互促进的新发展格局，这是竞技体育确立开放边界的主要环境依据。同时，还要研判体育行政部门、俱乐部与体育项目协会的自身状况及双向开放的实际能力，规范竞技体育的开放边界。

第二，通过竞技体育系统内外的实际需求确定其开放程度。竞技体育对国际体坛及其他系统的资源、人才、技术、知识的需求程度决定了竞技体育的开放输入程度。同样，国际体坛及其他系统对竞技体育的需求程度也决定了竞技体育开放输出的程度。可见，竞技体育系统内外的高质量需求能够引导竞技体育实现高水平的开放。

第三，相关部门的监管与服务能力也决定了竞技体育的开放程度。监管与服务能力是与竞技体育开放程度成正比的，竞技体育的监管与服务体系完善、能力过硬能够有效地预防和化解开放发展过程中的风险，有利于扩大开放；反之，则会制约竞技体育的开放。这从侧面反映了我国改革开放是一揽子系统工程，只有改革与开放、监管与服务协调配合，才能走得更快、更远。

第四，研制竞技体育发展的相关标准。目前制定与实施的《中国足球协会职业俱乐部准入规程》《体育赛事活动管理办法》等较好地反映了竞技体育的开放尺度。《体育标准化管理办法》中明确规定，体育赛事、产业、装备、等级等体育标准分为国家标准、地方标准、行业标准、企业标准、团体标准。这些竞技体育的相关标准就是确定竞技体育开放边界的依据，是竞技体育开放与运行需要遵守的不二规范。

5. 加快推进竞技体育体制机制改革

深化体制机制改革其实是竞技体育的深层次开放，最直观的表现是竞技体育由政府一家办体制逐渐演化为政府、市场、社会三家办体制，竞技体育逐渐明确走开放型体制机制的道路。《"十四五"体育发展规划》中着重指出，充分发挥政府、社会、市场的作用，凝聚各方力量，激发社会活力，整合国内外优质资源向竞技体育汇聚。因此，加快推进体制机制改革能够催发竞技体育双向耗散开放，从根本上提高竞技体育的全方位开放水平。

（1）通过体制机制改革打通竞技体育耗散开放的堵点、盲点

如同人体的新陈代谢，竞技体育的耗散开放同样存在堵点和盲点。一方面，竞技体育耗散开放主要有两个堵点。系统内的堵点主要表现为举国体制的内卷化风险，亟待改革和扩大举国体制的包容面，创造性地发挥市场机制与社会机制的决定性作用。这一堵点实质上反映了竞技体育举办权的集中与分散程度问题，过度放权激发了市场与社会活力，但也存在失控的风险，容易造成国家利益、社会利益与市场利益的失衡。系统外的堵点主要表现为西方竞技体育强国的强势未能为国际竞技体育的高水平开放营造公平、公正的竞争与合作环境。另一方面，竞

技体育耗散开放也有两个盲点。一是体育项目协会、俱乐部的内生组织体系还不健全、不完善，未能形成纵向到底、横向到边的开放网络。二是职业体育开放的市场基础问题。我国职业体育脱胎于专业体制，并非内生于社会主义市场经济体制，其市场的内生基础与需求薄弱，未能形成成熟的市场机制。

（2）通过体制机制改革防范和化解耗散开放的风险

竞技体育耗散开放需要防范和化解竞技体育成绩下滑、举国体制内卷化和过度商业化的系统性风险。其中，竞技体育成绩下滑与竞争力下降风险最为关键，它们往往能够放大系统内的质疑声音，进而否定竞技体育的耗散开放发展。举国体制内卷化风险在于在新时代如何坚持和体现举国体制的制度优势，并发挥市场机制的决定性作用。过度商业化是竞技体育市场过度自由化产生的苦果，抹杀了中华体育精神和奥林匹克精神，不符合以人为本的发展原则。因此，竞技体育需要通过体制机制改革，融合市场体制机制的活力，内生可持续发展动力，高效益配置资源，挖掘优势和潜优势项目潜力，稳步提升基础大项和集体球类项目的竞争力，防范和化解竞技体育耗散开放带来的系统风险。

（3）通过体制机制改革激发双向开放的系统活力

一是体制机制改革要为体育项目协会、俱乐部、家庭及个人赋权增能，激发竞技体育发展主体的内生活力。二是体制机制改革要释放举国体制的制度活力，更好地发挥市场竞争机制、价格机制的杠杆活力。三是体制机制改革要形成高水平开放的政策保障体系，解决竞技体育耗散开放的审批、财务、监管、后备人才、利益分配等问题。

新时代竞技体育必须坚持改革开放，高度开放是文明互鉴与进步的重要前提[①]。尽管面临复杂、不确定的外部环境，但是建立双向耗散开放系统是竞技体育实现高质量发展的必由之路。竞技体育不仅要对外开放，与国外竞技体育领域互相学习、互通有无，还要对内开放，促进竞技体育系统资源要素的循环流动。我国竞技体育在更深层次的开放格局中不仅要实现自身系统高质量的大发展，还要为到2035年建成体育强国作出贡献。

二、竞技体育系统要远离平衡态

远离平衡态是竞技体育高质量发展的必要条件。只有竞技体育系统远离平衡

---

① 徐康宁. 扩大对外开放的新机遇、新理念与新方向：重要战略机遇期的文明互鉴与制度型开放[J]. 江海学刊，2019（1）：84-91，254.

态，体育项目协会、俱乐部等子系统之间才能产生物质、能量、信息上的差异与流动，进而激发竞技体育系统的竞争与协同机制，形成竞技体育自组织发展的"活"结构。

（一）静平衡态、近平衡态、亚平衡态与非平衡态的区别

静平衡态（又称静态平衡）、近平衡态、亚平衡态和非平衡态，如图6-2所示[①]。其中，A、C都处于平衡态。热力学中所说的平衡是指在与外界没有物质交换的条件下，宏观体系的各部分长时间不发生任何变化，它是一种"死"的演化结构，而耗散结构是一种"活"的有序结构[②]。

A处于静平衡态，所受合力为零，是完全平衡状态。

B处于非平衡态，实际上处于远离平衡态，受到微小的外力扰动后会完全失稳，能够发生剧烈变化，脱离原来的平衡系统，形成新的稳定系统。因此，非平衡态是不稳定的平衡态。

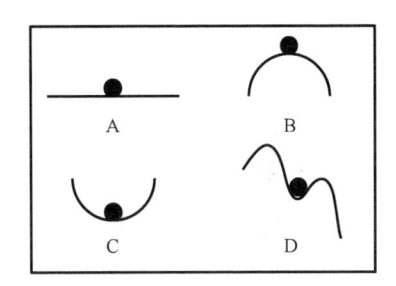

图6-2 系统平衡状态图

C处于动平衡态，系统受力大小相等，系统特征变量没有变化。C与A不同的是，C受到外力扰动后会因失稳而偏离平衡态，成为近平衡态，但C的发展趋势仍是回到原来平衡态的起点。

D处于亚平衡态，如果D受到的外力扰动较小，就不足以使其脱离原来的平衡态；只有受到足够大的外力扰动并达到一定的临界值，才能使其失稳成为非平衡态。

（二）竞技体育高质量发展需要远离平衡态

第一，竞技体育高质量发展需要非平衡系统提供可持续的发展活力。一个处于平衡态的系统意味着其内部遵循势能最小的原则，是一个没有活力的低功能系统[③]。平衡态系统不符合竞技体育高质量发展的内在要求，只有远离平衡态，才能为竞技体育高质量发展提供持续活力。

---

① 郑珊. 非平衡态河床演变过程模拟研究[D]. 北京：清华大学，2013.
② 湛垦华，沈小峰，等. 普利高津与耗散结构理论[M]. 2版. 西安：陕西科学技术出版社，1998.
③ 徐建军，龚涛. 耗散结构理论视野下的大学生文化素质教育体系创新[J]. 湘潭大学学报（哲学社会科学版），2011，35（1）：14-17.

第二，竞技体育系统只有远离平衡态，形成高度开放的结构，获得充分的非饱和空间[①]，才能不断地与环境进行物质、能量和信息的交换，保障竞技体育的可持续发展。

第三，非平衡态是创新之源，它有利于竞技体育形成"活"的发展结构。非平衡态有利于竞技体育系统发挥创新机制作用，主动获取高质量发展所需的人才、技术、政策、资金等资源，以保持非平衡的优势地位或弥补非平衡的劣势地位。平衡态是一种无序的"死"的结构，无法保证系统灵活应对环境的变化，更不能引领竞技体育创新发展。

（三）竞技体育系统远离平衡态的策略

差异性和互补性越强，系统越远离平衡状态[②]。因此，竞技体育若要远离平衡态，就需要从培养竞技体育系统的差异性、互补性入手。

1. 释放竞技体育体制改革势能

势能也称位能，是指相互作用的物体因所处的位置或弹性形变等而具有的能量[③]。它是因相互作用的物体之间或物体内部子系统之间的相对位置不同而产生的可以做功的能。竞技体育体制能够形成不同形式的势能，诱发或维持非平衡态，促进竞技体育高质量发展。

（1）下移行政权力释放竞技体育的垂直势能

传统竞技体育体制是政府一家办的集权赶超型体制，体育项目协会、俱乐部虚设，附属于体育行政部门，这种体制无法适应新时代的新要求。因此，"简政放权""放管服"改革的出发点是行政权力的再分配，上提竞技体育的监管重心，下放过度集中的竞技体育权力，形成监督权、管理权、举办权、运行权的相互制衡与合作的张力，实质上是释放竞技体育体制"管办分离"的垂直势能。竞技体育体制通过合理配置体育行政部门原先拥有的管理权、举办权、财权等权力，为社会主体、市场主体赋权增能，提升体育项目协会、俱乐部、高校、家庭及个人的主体地位，构建非平衡的竞技体育体制框架，把体育行政部门释放的垂直势能转化为竞技体育的发展动能。

---

① 张康之，周雪梅. 论任务型组织结构的非平衡态[J]. 中国行政管理，2006（12）：22-25.
② 刘丽萍，刘玲玲. 基于耗散结构理论的企业合作创新系统研究[J]. 中国软科学，2009（S1）：316-320.
③ 中国社会科学院语言研究所词典编辑室. 现代汉语词典[M]. 7版. 北京：商务印书馆，2016.

（2）增强举国体制与市场机制融合共生的弹性势能

当前，改革和完善举国体制、融合市场机制已经成为人们针对如何实现竞技体育高质量发展的共识。《"十四五"体育发展规划》中强调，竞技体育要"坚持举国体制与市场机制相结合"的发展思路。一方面，举国体制要在转变政府职能前提下形成大体育格局，确保社会主体、市场主体的作用空间，发挥社会、市场的主体力量，形成新型"举国"合力共建共治的竞技体育体制。另一方面，市场灵活的竞争机制要融入举国体制，倒逼举国体制深化改革，加大竞技体育系统的开放力度，包容和鼓励市场与社会主体的发展。要实现竞技体育尤其是职业体育市场竞争机制的发展，还需要更好地发挥政府的掌舵作用。只有二者融合共生，才能激活竞技体育系统整体的发展活力，使得竞技体育前进有方向、体制有保障、机制有活力，逐步走上举国体制与市场机制良性互动的发展道路。

2. 搭建竞技体育资源流动与集聚平台

资源保障是竞技体育高质量发展的基本条件，资源的流动与集聚能够改善竞技体育资源同质过多，突破竞技体育资源低端平衡分布状态。

（1）打破竞技体育资源流动壁垒，加速运动员、教练员、资金、技术、信息的跨区域流动

我国竞技体育原有的条条框框的组织特点，造成竞技体育资源的条块分割，形成了关于地方利益、部门利益的保护主义，导致竞技体育资源低端平衡分布。这既不利于提高竞技体育整体效益，也不利于地方、院校、部门利益的优化发展。只有打破竞技体育资源流动壁垒，才能实现资源的自由流动与选择性集聚，这样有利于发现和培育竞技体育优势资源，壮大具有鲜明竞技体育资源禀赋的地方、部门的实力。

（2）发挥竞技体育地理区位优势，扩大资源要素的吸引力

我国竞技体育取得的辉煌成绩是集聚了全国的优质体育资源，组建和建设国家运动队、省级优秀运动队的结果。竞技体育高质量发展需要集聚竞技体育优质资源，发展一批具有较强聚集力的地方或部门，这导致其他地区的可移动性资源要素纷纷向该地区聚集[1]，促使资源要素禀赋占有程度呈差异化分布，形成不同区域之间的竞争势能差，增强竞技体育的竞争冲击力。因此，竞技体育要大力发挥我国不同特色区位的优势，培养竞技体育优质资源，为夏奥项目与冬奥项目提供

---

[1] 程启智，汪剑平．区域经济非平衡发展：表现形式、根源与分析框架[J]．江西社会科学，2009（10）：68-74．

发展的地区、部门空间。例如，浙江、上海的游泳项目资源，新疆、云南的田径项目资源，黑龙江的冰雪项目资源，吉林的滑冰项目资源等。

（3）要加快竞技体育举办权限的下放，提升资源优势单位的话语权

权力具有吸附资源的"磁力效应"，"管办分离"后举办权被下放给体育项目协会、地方，能够强化体育项目协会、地方对竞技体育资源的吸纳能力，形成一批具有组织、支配竞技体育资源能力的单位，进一步凸显体育项目协会、地方对竞技体育资源的动员与配置能力，有利于发挥竞技体育资源平台的辐射作用。以游泳项目为例，中国游泳看浙江，浙江游泳名将很多，是国家游泳队的重要力量[①]。类似浙江这样具备雄厚竞技体育要素资源禀赋和竞技实力的地方、部门或机构，在举办竞技体育或组建国家队时理所当然拥有话语权。

3. 激发竞技体育系统的创新活力

"我国的改革进行到今天，进一步深化改革要靠创新驱动"[②]。中国竞技体育非平衡发展的破局关键在于创新，创新能够促使竞技体育子系统之间产生较大的势能差，实现竞技体育的个性发展和超前发展，也能促进竞技体育与其他系统、竞技体育内部子系统之间的差异化发展，打破平衡与同质性的低端竞争，促进竞技体育非平衡发展。

（1）树立创新思维，突破项目发展的惯性路径依赖

思维观念具有先导性，把创新思维作为竞技体育挖掘竞争优势、转化潜竞争优势、提振竞争弱势的先手棋。一方面，通过树立创新思维，摆脱优势项目与潜优势项目的行政路径依赖。在政府自上而下自觉改革破解认知锁定的环境下，不断创新体制机制，释放市场与社会力量，完善倡导和鼓励创新的制度，健全创新扶持政策，解决竞技体育深层次矛盾和问题。另一方面，通过树立创新思维，摆脱弱势项目的低端路径锁定。我国竞技体育的弱势项目，尤其是集体球类项目，整体仍在竞争水平低端区徘徊，其根源之一在于模仿学习有余、自身创新不足。这些弱势项目不仅要学习先进国家的技战术与管理经验，还要重金引进外援、外教及其团队。然而经过多年的发展收效甚微，究其原因在于这些项目没有把创新发展的出发点与落脚点扎根在中国的国情之上。

---

① 陈思彤，李东烨. 总局与浙江签约共建中国（浙江）国家游泳队[EB/OL].（2017-09-25）[2024-04-29]. https://www.sport.gov.cn/n20001280/n20745751/n20767277/c21367555/content.html.
② 成思危. 深化改革要靠制度创新驱动[J]. 中国软科学，2014（1）：1-5.

（2）培养创新能力，持续推动竞技体育非平衡发展

一是培养守正创新能力。通过发挥中国制度与体育体制优势，汲取传统文化滋养，紧扣竞技体育的管理体制、发展方式、制度政策、技战术等大胆创新，整合竞技体育各领域、层面、项目、环节的创新，进而实现竞技体育在瓶颈问题与关键环节上的突破发展，远离路径依赖与惯性心态造成的僵化态势，形成竞技体育创新发展的良性运行之路。二是培养融合创新能力。通过综合融合创新，学习和借鉴竞技体育发达国家和地区的有益理论、实践模式与成功经验；通过动态融合创新，培养竞技体育相关人员针对不同发展阶段、不同发展环境、不同发展目标、不同发展问题的创新能力；通过自主融合创新，结合中国竞技体育的发展实践，把国外、系统外先进的理论、经验中国化。

4. 建立竞技体育竞争机制

只要系统存在差异，就存在竞争，差异越大，竞争就越激烈。反之，通过竞争机制亦可以培育在点、线、面上具备丰富差异的非平衡系统网络，整合形成非平衡的竞技体育系统。

（1）培养竞技体育的竞争主体

一是推进完成体育项目协会、俱乐部、职业联盟的实体化，使其成为自主发展、自负盈亏、产权清晰的法人实体。二是培育俱乐部、职业联盟等市场机构成为主动发展的进取性组织，提高其资源获取、动员与支配的能力。三是完善竞技体育市场组织体系，建立自愿结合、多级有序、纵横相通的俱乐部体系。

（2）发挥竞技体育的竞争机制

一是在参赛、训练、队伍组建、竞赛规则制定、项目规划发展、后备人才培养、行业标准及体育资源调配等方面提供竞争平台。二是建立和健全竞争规则、标准，优化竞争的制度环境，引导人才、技术、资金、信息等方面的有序竞争。三是积极鼓励参与国际体坛竞争，主动与先进国家和地区开展技战术、人才及资本的竞争与合作，完善国际化、专业化竞争的政策支持。四是发挥利益分配机制的激励功能，促进竞技体育有序良性竞争。在竞技体育建设目标、资源配置、成绩评价、利益分配等方面，重点关注国家、地方、体育项目协会、俱乐部等利益主体的博弈，协调以奥运会为代表的国家利益与以国内大型赛事为代表的地方利益、以体育项目协会与赞助商等为代表的社会和市场利益之间产生的目标竞争与利益冲突。

三、竞技体育系统要发挥非线性相干效应

（一）非线性相干效应的内涵

线性作用是指成比例关系的减弱或增强，作用的总和等于每部分作用之和，服从叠加原理；非线性作用是指非比例关系的减弱或增强，作用的总和大于或小于每部分之和，不服从叠加原理。线性系统是简单线性、机械的确定性系统，只要输入确定性的物质、能量、信息，就能得到确定性的输出结果。非线性系统是通过非线性作用机制形成的系统，自变量与因变量之间不是确定性的因果关系，"系统的输出响应特性、状态响应特性、状态转移特性中至少有一个不满足叠加原理"[1]。

显而易见，非线性相干效应是系统内各要素通过非线性相互联系与相互作用产生的整体效应。它既可以是整体倍增效应，也可以是整体倍减效应。当系统处于平衡态或近平衡态时，非线性相干效应具有破坏作用，会干扰系统的稳定，系统最终会回归原来的稳定态；当系统处于非平衡态时，非线性相干效应能够诱发系统从无序转为有序、从低级有序转为高级有序。

（二）竞技体育非线性相干效应的作用

1. 非线性相干效应是竞技体育生成高级有序结构的内部动力

非线性相干效应是形成耗散结构的四个必备条件之一，是系统演化出有序结构的根本原因[2]。非线性相干效应能够使竞技体育开放系统在非平衡态时达到自组织发展的临界状态，它具有"质"的建设作用。

2. 非线性相干效应能够使竞技体育系统具备多重演化的可能

非线性相干效应使竞技体育系统具有多种方向、过程、结果的可能性，增强了竞技体育系统的复杂不确定性。在非线性作用下，各要素之间不是简单的因果关系，而是既存在正反馈的倍增效应，也存在限制增长的饱和效应，即负反馈[3]。

---

[1] 苗东升. 系统科学精要[M]. 4版. 北京：中国人民大学出版社，2016.
[2] 蒙健堃. 普里高津创立和发展耗散结构理论的方法探析：纪念伊利亚·普里高津诞辰100周年[J]. 系统科学学报，2017，25（1）：61-64.
[3] 邹波，张庆普，田金信. 大学—产业—政府技术创新系统耗散结构形成机理分析[J]. 自然辩证法研究，2008，24（8）：47-51.

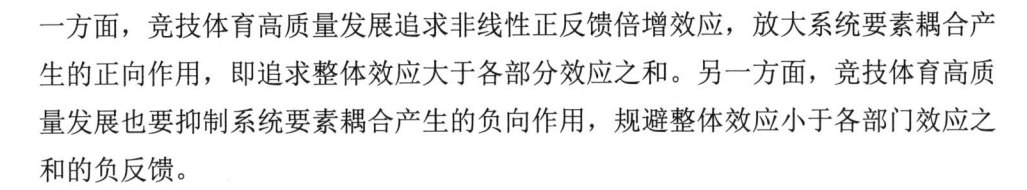

一方面，竞技体育高质量发展追求非线性正反馈倍增效应，放大系统要素耦合产生的正向作用，即追求整体效应大于各部分效应之和。另一方面，竞技体育高质量发展也要抑制系统要素耦合产生的负向作用，规避整体效应小于各部门效应之和的负反馈。

（三）竞技体育发挥非线性相干效应的策略

1. 推进新型竞技体育多元治理体制机制

从耗散结构理论的视角，竞技体育要迈向高质量有序发展必须改革行政部门"一家办"的线性体制机制，把社会、市场融入多元治理主体治理框架中，建立和完善多向度治理的非线性体制格局。具体如下。

（1）构建多元协同治理框架，整合举国体制与市场机制的发展合力

新型竞技体育治理是以体育行政部门、俱乐部、体育项目协会、高校、家庭及个人为支撑的体制框架，它们之间的互动关系多向、复杂、动态，为竞技体育高质量发展增添活力。体育行政部门发挥方向引领、战略布局、政策监管、制度协调、秩序维护等作用，主要履行杠杆与监管职能；体育项目协会做好制定行业规则、制定技术标准、发展联赛平台、培养人才、提供公共服务等工作，主要履行服务与枢纽职能；俱乐部及联盟组织做好俱乐部管理、联赛运营、高水平人才输送等工作，主要履行高质量赛事产品供给职能。

（2）形成竞技体育多元发展主体之间的平等伙伴关系

在国家治理体系与治理能力现代化建设的大框架下，应该建立竞技体育政社、政企、社企及个人之间平等协商的关系。只有竞技体育原有体制形成的自上而下垂直单向的关系被打破，才能形成相互平等联系与作用的网络关系，产生非线性相干效应，实现竞技体育整体系统功能的优化与升级。

（3）建立竞技体育人才培养、赛事举办的正反馈衔接体系

一是构建以教育系统为主、以社会系统为辅的竞技体育高水平人才、后备人才的储备、训练与培养机制，厚实后备人才的社会基础。二是形成综合性赛事、职业性赛事及单项专业性赛事相结合的赛事体系，建立不同规模、不同层次赛事相辅相成的机制，发挥竞技体育赛事的整体功能。

2. 构建竞技体育系统要素非线性作用的立体网络

现代社会是一个以高度复杂性、依靠网络连接为特征的社会[①]，它实质上是一个非线性系统。竞技体育要发挥非线性相干效应，就需要激活系统内部"以立体网络形式相互作用"的非线性机制[②]，构建系统要素非线性作用的立体网络。

（1）丰富竞技体育系统的异质性要素

系统具有的丰富、异质、独立的要素是系统异质性发展的基础和动力。随着社会主义市场经济体制越发完善，政府部门加速职能转变，竞技体育即将完成"管办分离""放管服"改革。在政府主导发展的既有优势下，市场、社会力量也被纳入竞技体育发展框架，俱乐部、体育项目协会、培训机构、中介机构、高校、个人等异质多元的要素涌入竞技体育系统，为竞技体育高质量发展奠定了形态、结构和功能的多元基础。

（2）建立竞技体育系统要素相互作用的层次网络

竞技体育系统要素相互作用的网络（图 6-3）主要有三种。一是平行作用网络。竞技体育的目标要素、主体要素、资源要素与环境要素是可以相互作用的平行要素，目标、主体、资源与环境之间可以进行单向或多向的相互作用。它们还可以划分出更多的相互作用的要素层次，如环境要素可以分为国内环境要素与国外环境要素，它们与资源要素的人、财、物、信息都可以相互作用。二是跨层作用网络。竞技体育系统不同层次要素之间的相互作用，形成高一级的要素，如俱乐部、体育项目协会与目标要素，它们都追求竞技成绩、人才培养、市场效益、文化建设等目标，既有相近的地方，也有不同的地方。三是复杂作用网络。竞技体育系统要素之间的相互作用基本上涉及多目标、多层次、多要素、多变量，是不折不扣的复杂非线性网络。

3. 激发竞技体育系统的能动性

竞技体育系统只有激发内在动力、培育内生组织、实现主动发展，才能发挥不可估量的作用。竞技体育系统的能动性主要表现在以下两个方面。

[①] 张建辉. 谈非线性科学体系的构成及其与管理科学的关系[J]. 商业时代，2011（32）：18-19.
[②] 王光辉，刘怡君，王红兵. 基于耗散结构理论的城市风险形成及演化机理研究[J]. 城市发展研究，2014，21（11）：81-86.

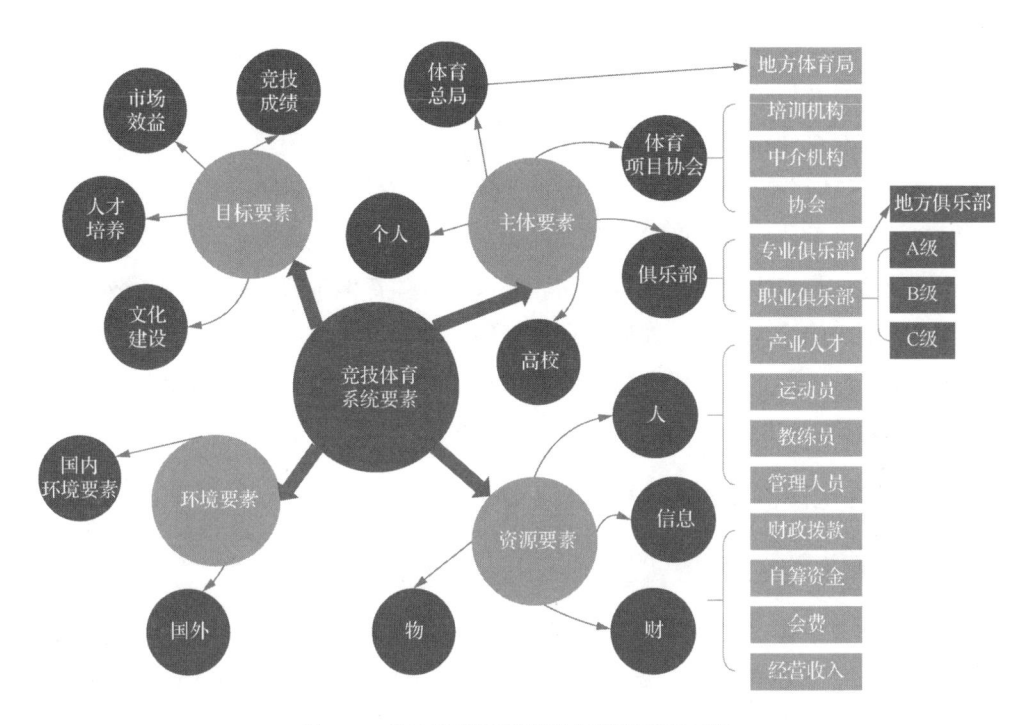

第六章　耗散结构视角下我国竞技体育高质量发展的条件研究

图 6-3　竞技体育系统要素相互作用的网络

（1）激发竞技体育系统中"人"的主观能动性

一是尊重竞技体育人才，树立以人为本理念。竞技体育高质量发展要从依赖要素驱动转变为依靠人力资本，要围绕竞技体育人才的选拔、培养、转会、奖惩、退役等建立以人为本的人才评价体系和机制，提高竞技体育人才的输送率、成材率、社会再就业率。只有把出发点和落脚点放在体育人才的主动发展、全面发展、科学发展上，实现体育人才的自我价值，才能达到竞技体育高质量发展。二是坚持人的自然属性、社会属性、精神属性的辩证统一[1]，尊重运动员的身心全面发展规律、项目训练与竞技制胜规律，激发运动员的积极性和创造性。三是要建立训练、竞赛各环节公正、公开、民主、平等的关系，尊重和维护运动员、教练员等个体和群体的权益。四是发挥竞技体育能人的带头作用。能人是指才能出众的人[2]，一般称为精英。竞技体育能人是指在竞技体育系统中思路新、有进取心，体育精、有事业心，见识广、有责任心，并且有历史使命感和职业奉献精神的精英。竞技

---

[1] 王冀生. 以人为本　注重学术　服务社会　改革创新　试论现代大学的办学理念[J]. 教育发展研究, 1999（11）: 48-50.
[2] 中国社会科学院语言研究所词典编辑室. 现代汉语词典[M]. 7版. 北京: 商务印书馆, 2016: 947.

体育发展的速度快慢、效益大小、质量高低与自身系统的能人多寡不无关系。

（2）激发竞技体育系统中组织的自主能动性

竞技体育系统中的组织主要是指非营利性质的体育社团与营利性质的俱乐部市场组织，包括全国各级各类体育项目协会、职业体育俱乐部、职业联盟等组织。激发竞技体育系统中组织的自主能动性，主要是完成竞技体育社会组织的实体化改革，使其成为自主发展的实体法人。完成职业体育俱乐部所有权、使用权、收益权、支配权的法理切割，完善职业俱乐部的现代市场企业制度，使其与职业联盟携起手来，成为竞技体育表演市场真正的"导演"兼"主角"，为国民大众提供高质量的竞技表演服务产品。

四、竞技体育要抓住系统涨落契机

（一）系统涨落的内涵

竞技体育中存在大量随机涨落现象。例如，竞技体育系统外的社会主义市场经济体制不断完善、国际奥林匹克运动改革、国际单项组织变动，竞技体育系统内的深化改革、后备人才数量与质量变动、财政资金投入大小，甚至更具微观的运动训练状态变化、竞技赛事比分起伏、运动员心态波动等，都属于涨落现象。1988年，中国体育代表团兵败汉城奥运会是中国竞技体育发展的外涨落，这一方面纠正了中国竞技体育领域过于乐观的发展心态，另一方面使得中国进一步认识了国际竞技体育的发展规律与竞争趋势，"中国的《奥运争光计划》和全运战略随即被推出"[①]。自2016年以来，体育总局推行了扁平化管理、部门机构改革、跨界跨季选项等一系列改革措施，一批竞技体育专业人员担任项目负责人，这是深刻影响竞技体育发展的内涨落。

（二）竞技体育系统随机涨落的作用机制

涨落是竞技体育系统状态变化的随机因素，它在竞技体育系统演化中表现出微涨落自稳定发展、巨涨落质变发展、耗散结构有序发展三种作用机制。竞技体育发展模式演化的涨落机制如图6-4所示。

---

① 杨中旭，丁尘馨，唐磊. 汉城失利后，中国体育开始"奥运争光计划"[EB/OL]. (2008-08-05)[2024-03-05]. https://www.chinanews.com/olympic/news/2008/08-05/1336051.shtml.

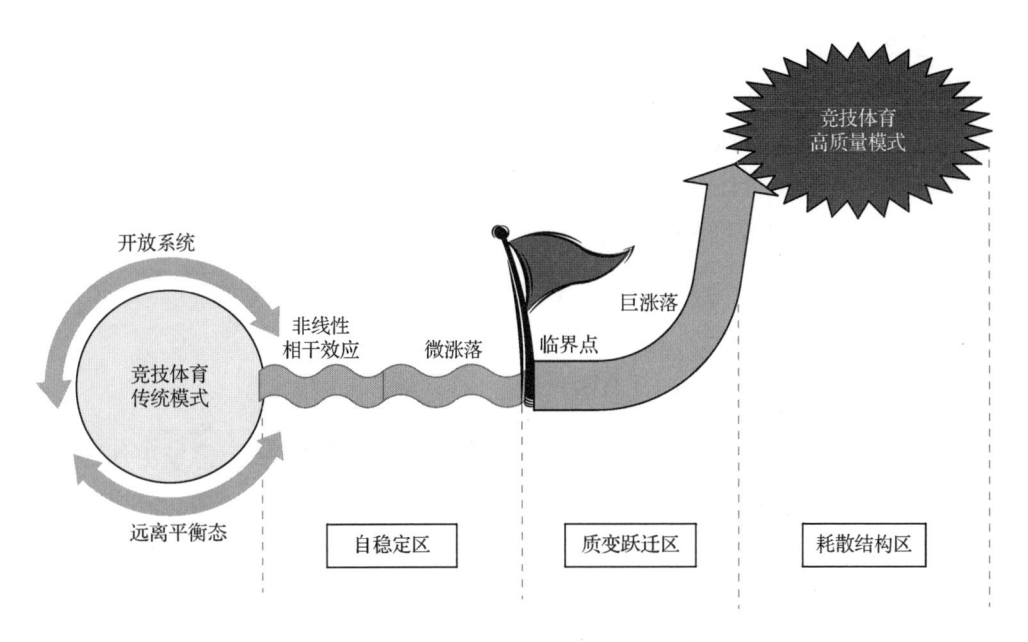

第六章　耗散结构视角下我国竞技体育高质量发展的条件研究

图 6-4　竞技体育发展模式演化的涨落机制

1. 竞技体育系统微涨落的自稳定作用

在自稳定区，竞技体育系统的内外涨落作用力较小。竞技体育的改革仅限于缝缝补补，完善既有的体制机制，区域性、地方性的改革未能成为波及整个竞技体育系统的大涨落；竞技体育成绩的波动、资源的聚散等变化程度不大，全国竞技体育的发展态势与格局变化不大；竞技体育出现的漏洞、负面问题等能够在原有体制机制框架内得到弥补和解决，或者得到暂时的缓解。总之，竞技体育系统的微涨落起伏不大，形成的势能力量较小，对原有结构、发展动力的作用不大，对竞技体育现有系统的稳定性影响有限，竞技体育系统经过短暂波动后基本又回到原来的稳状态。

2. 竞技体育系统巨涨落的质变作用

在质变跃迁区，涨落作用机制有三个关键点：一是竞技体育系统达到从量变到质变的临界点。竞技体育的开放系统持续吸收外界环境中的负熵，系统处于远离平衡态逐渐进入质变的临界区。二是微涨落在非线性相干效应的放大作用下成为巨涨落，从而导致系统越过临界点，产生突变，形成新的耗散结构分支[①]。三是

[①] 徐国宾，练继建. 应用耗散结构理论分析河型转化[J]. 水动力学研究与进展 A 辑，2004（3）：316-320.

巨涨落成为竞技体育系统跃迁的触发器。涨落成了促使系统从不稳定状态跃迁到一个新的稳定有序状态的积极因素，是形成新的稳定有序结构的杠杆[①]。也就是说，竞技体育系统即使具备了开放、非平衡、非线性相干效应三个条件，没有涨落也不能从传统发展模式跃迁到新型发展模式。因此，涨落既是当前竞技体育系统形成耗散结构、实现由赶超模式向高质量模式成功转型的直接诱因，也是推动竞技体育发展模式不断质变、从低级有序向高级有序演化的决定性条件。

3. 竞技体育耗散结构的自组织作用

在耗散结构区，竞技体育通过质变进入自组织有序发展阶段，系统更加开放，保持远离非平衡的状态，非线性相干效应更加明显。同时，系统涨落也一直存在，不仅存在原有系统形成的传统涨落，还有市场、社会多元化体制机制形成的新涨落。自组织作用既是维持竞技体育耗散结构发展的必备条件，也是竞技体育实现更高级有序发展的前提条件。总之，竞技体育系统开始重复"微涨落自稳定""巨涨落质变"的循环，从低级有序向高级有序不断跃迁，从而推动竞技体育高质量可持续发展。

另外，随机涨落的作用具有两面性，"'涨落'达到或超过一定的阈值，是使系统形成新结构或使系统结构遭到破坏的关键"[②]。当系统处于平衡态或近平衡态时，涨落就是系统发展的干扰因素，会破坏系统的稳定和平衡；当系统处于非平衡态，甚至是处于系统突变的临界点时，涨落能够放大系统内部产生的非线性作用，由微涨落生成巨涨落，帮助系统形成从无序到有序、从低级有序到高级有序的耗散结构。竞技体育高质量发展要发挥系统内涨落与外涨落的正向作用，促进竞技体育产生质的飞跃，同时防止系统涨落产生破坏与干扰作用。

五、竞技体育系统随机涨落的诱发因素

诱发竞技体育系统随机涨落的因素来源具有多层次性、多方向性的特点，以竞技体育系统为参照，根据影响因素的来源，竞技体育系统随机涨落的主要诱发因素可分为外源性诱发因素与内源性诱发因素。

---

① 湛垦华，沈小峰，等. 普利高津与耗散结构理论[M]. 西安：陕西科学技术出版社，1982.
② 陈士俊. 从耗散结构理论看创新人才的培养与高教改革：兼论创造性思维的耗散结构模型[J]. 自然辩证法研究，2003，19（5）：65-69，88.

1. 外源性诱发因素

（1）国家发展的历史新方位

中国特色社会主义进入以高质量发展为主题的新时代，深刻影响了包括竞技体育在内的社会各项事业改革发展的战略目标、步骤策略。竞技体育的发展需要被纳入新时代框架，我们要顺应历史潮流，确立新思路、转方式、调结构、换动力、补短板，解决竞技体育高质量发展的新矛盾、新问题，提高发展质量和效益，使竞技体育服务于国家改革发展大局和自身可持续发展。

（2）国家体育法规政策

国家体育法规政策是国家层面为了引导、支持或者干预体育发展而制定的各类法规政策的总和，一般体现在国家权威机关发布的规范性文件中。其中中华人民共和国国民经济和社会发展规划纲要（以下简称"纲要"）、党代会报告与国务院发布的纲要、报告、法规政策是最重要的代表（表 6-1 和表 6-2）。可以看出，国家越来越注重优化竞技体育项目结构，转变发展动力，发挥产业功能，提高其综合实力，引领体育强国建设，推动竞技体育的高质量发展。"纲要"与党代会报告的时间跨度为五年，国务院发展的政策具有较长的时间效力，它们对竞技体育发展的重点、难点、突破点的方向规划不同，文件扶持的侧重领域和具体政策不同，引导、调整、促进竞技体育发展的速度、效益与质量自然也不同，体现出法规政策的涨落效应。

表 6-1 国家五年发展规划纲要与党代会报告关于竞技体育的要求

文件	关于竞技体育的表述
"十一五"规划纲要	提高竞技运动水平，办好北京奥运会和广州亚运会
"十二五"规划纲要	优化竞技体育项目结构，提高竞技体育综合实力；开发体育竞赛和表演市场，促进体育事业和体育产业协调发展
"十三五"规划纲要	促进群众体育与竞技体育全面协调发展，做好北京 2022 年冬季奥运会筹办工作
"十四五"规划纲要	坚持文化教育和专业训练并重，加强竞技体育后备人才培养，提升重点项目竞技水平，巩固传统项目优势，探索中国特色足球篮球排球发展路径，持续推进冰雪运动发展，发展具有世界影响力的职业体育赛事；办好北京冬奥会、冬残奥会及杭州亚运会
党的十七大报告	广泛开展全民健身运动，办好 2008 年奥运会、残奥会

续表

文件	关于竞技体育的表述
党的十八大报告	广泛开展全民健身运动,促进群众体育和竞技体育全面发展
党的十九大报告	广泛开展全民健身活动,加快推进体育强国建设,筹办好北京冬奥会、冬残奥会
党的二十大报告	促进群众体育和竞技体育全面发展,加快建设体育强国

表 6-2 1995—2019 年国家发布的与竞技体育相关的体育法规条例

发布机构	文件名	发布时间/年
中共中央、国务院	《中共中央 国务院关于进一步加强和改进新时期体育工作的意见》	2002
	《中共中央 国务院关于加强青少年体育增强青少年体质的意见》	2007
国务院	《奥林匹克标志保护条例》	2002
	《反兴奋剂条例》	2004
	《彩票管理条例》	2009
	《国务院关于加快发展体育产业促进体育消费的若干意见》	2014
中共中央办公厅、国务院办公厅	《中共中央办公厅 国务院办公厅关于以 2022 年北京冬奥会为契机大力发展冰雪运动的意见》	2019
国务院办公厅	《国务院办公厅转发体育总局等部门关于进一步加强运动员文化教育和运动员保障工作指导意见的通知》	2010
	《国务院办公厅关于加快发展体育产业的指导意见》	2010
	《国务院办公厅关于印发中国足球改革发展总体方案的通知》	2015
	《国务院办公厅关于加快发展体育竞赛表演产业的指导意见》	2018
	《国务院办公厅关于促进全民健身和体育消费推动体育产业高质量发展的意见》	2019
	《国务院办公厅关于印发体育强国建设纲要的通知》	2019
全国人大常委会	《中华人民共和国体育法》	1995

(3) 世界竞技体育的发展变化

竞技体育本质上属于高级游戏,起源于不同区域和不同民族,但属于全人类。全世界的人们参与、欣赏、接触竞技体育的方式不一而足。竞技体育已经成为世界各国家、民族、人群现代生活的重要内容,国际化程度越来越高,奥林匹克运动的复兴繁荣就是最好的证明。因此,世界竞技体育的治理改革、竞赛规则修订、竞争格局更新等不同程度地影响着我国竞技体育的运行发展。例如,为了适应国际奥林匹克运动三驾马车的治理架构,我国设置了中国奥委会;我国乒乓球运动

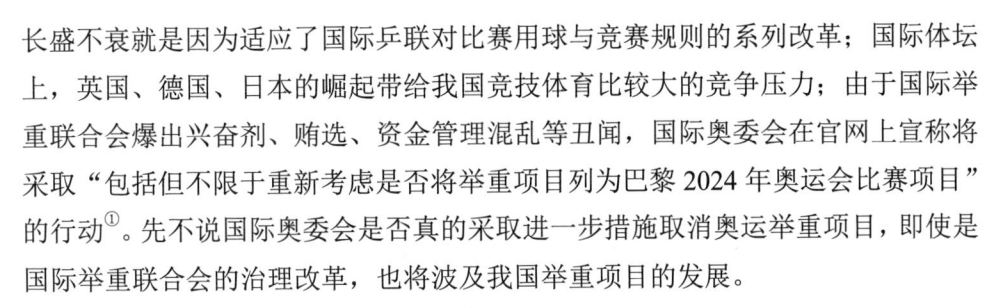

长盛不衰就是因为适应了国际乒联对比赛用球与竞赛规则的系列改革;国际体坛上,英国、德国、日本的崛起带给我国竞技体育比较大的竞争压力;由于国际举重联合会爆出兴奋剂、贿选、资金管理混乱等丑闻,国际奥委会在官网上宣称将采取"包括但不限于重新考虑是否将举重项目列为巴黎2024年奥运会比赛项目"的行动①。先不说国际奥委会是否真的采取进一步措施取消奥运举重项目,即使是国际举重联合会的治理改革,也将波及我国举重项目的发展。

（4）社会需求的变动

社会对竞技体育赛事服务产品的高质量需求是推动竞技体育创新发展、促进竞技体育系统有效供给、拉动竞技体育高质量赛事产品和服务供给的原动力。进一步说,社会需求的变动直接影响了竞技体育的供给,甚至在一定程度上决定了竞技体育的供给。

从国家需求的角度看,中华人民共和国成立以后,我国致力于大国的建设与发展,需要竞技体育服务于国家政治、外交工作。从第一次在奥运会赛场升起中国国旗,到获得第一枚奥运金牌,再到在2008年北京奥运会上获得金牌榜第一名,我国竞技体育不断发展,适应了国家建设的需要。当前我国进入中华民族伟大复兴的历史征程,竞技体育需要迅速适应新时代的国家要求,引领体育强国建设,助力体育成为中华民族伟大复兴的标志性事业。

从市场与社会的需求角度看,1994年我国竞技体育为了适应市场化发展大潮,拉开了职业体育的发展序幕。2017年党的十九大报告中指出我国进入高质量发展的新时代,要加快完善市场经济体制,使市场在资源配置中起决定性作用,更好地发挥政府作用。因此,在竞技体育领域既要迅速完成协会实体化改革,明晰俱乐部产权,使社会与市场主体成为自主发展的独立法人,也要改革和完善举国体制。可以说,此举决定了竞技体育发展的性质、结构与任务。

从社会大众的需求角度看,当前竞技体育赛事服务产品存在"所供非所需"问题,与社会大众的需求存在相当程度的错配,并且赛事服务产品供给的数量和质量较低。我国在一定程度上从不缺少高质量赛事与服务的需求,但是国内高端竞技赛事与服务的供给不足,国内需求人群只能在世界上寻求高质量顶级赛事,因此商机自然被分流给国际体育发达国家。

---

① 王禹. 国际举联改革进展缓慢 举重项目或被逐出奥运会[EB/OL].（2020-10-08）[2024-03-05]. https://www.chinanews.com.cn/ty/2020/10-08/9307897.shtml.

（5）科技影响

科技助力是竞技体育高质量发展的主要驱动力[①]，能够影响竞技体育发展的指导理念、训练理论、产品与开发、竞赛管理、大数据库建设等方面。因此，竞技体育的发展要"由人力密集（即建立强大的梯队拿金牌）变为科技密集"[②]。不同的科技思想、科技知识、科技方法、科学技术影响竞技体育的程度不同，科技服务精准化程度不同，科技成果的转化率不同，进而使科技进步对竞技体育的贡献率也不同。如果科技进步对竞技体育的贡献率不同，竞技体育管理与训练的科学化水平就会存在差异，竞技体育系统就会具有不同的认识观、价值观、方法观。体育产出、体育科技经费和体育科技人力发展的波动是影响体育科技进步贡献率的重要因素[③]。

2. 内源性诱发因素

（1）竞技体育治理结构

治理结构决定了竞技体育发展的组织框架与动力方式，决定了竞技体育能行多远、能走多快和发展的后劲动力。当前，体育项目协会实体化改革即将完成，行政主导的管办一体模式逐步向多主体协同模式转型，竞技体育治理理念、战略、目标、方式都将深刻影响竞技体育的运行机制与具体措施。

（2）运动员综合素质的提高

运动员不仅是发展竞技体育的当然主体，也是竞技体育发展的自然对象和载体，其综合素质决定了运动员的技能掌握水平、技战术创新能力及道德修养，在一定程度上决定了竞技体育可持续发展的程度。同时，有相当一部分运动员退役后从事教练员、裁判员及管理人员工作，运动员的综合素质在很大程度上决定了教练员等竞技体育从业人员群体的综合素质。因此可以断言，竞技体育实现高质量发展的腾飞之时，定是运动员文化修养、道德修养与创新能力实现高水平发展之日。从这个意义上说，不同历史时期运动员的综合素质决定了不同历史时期竞技体育的发展高度、宽度与深度，在很大程度上影响甚至决定了竞技体育的发展模式。

---

① 张雷，陈小平，冯连世. 科技助力：新时代引领我国竞技体育高质量发展的主要驱动力[J]. 中国体育科技，2020，56（1）：3-11.

② 李金霞，顾宁. 竞技体育发展与国家战略一脉相承访首都体育学院校长钟秉枢[EB/OL]. （2017-10-24）[2024-03-05]. https://www.sport.gov.cn/n20001280/n20745751/n20767277/c21365931/content.html.

③ 董海军，王兴，司虎克，等. 科技强体进程中体育科技进步的贡献及其影响因素[J]. 上海体育学院学报，2013，37（4）：16-19.

第六章　耗散结构视角下我国竞技体育高质量发展的条件研究

（3）竞技体育发展规划目标

发展模式是为了解决发展问题、实现组织或系统的目标而存在的。体育事业发展规划与竞技体育事业发展规划所确定的目标能够客观反映竞技体育需要解决的问题。从表6-3中可以看出，在近四届体育事业发展规划中，竞技体育的规划目标具有一以贯之的三个重点，分别是调整竞技体育的项目结构、转变竞技体育发展方式、提升竞技体育整体水平和综合实力。这表明竞技体育深化改革的主线是提高竞技体育发展的质量和效益。

表6-3　近四届体育事业发展规划中竞技体育目标要点

文件名	竞技体育目标要素
《体育事业"十一五"规划》	不断提高竞技运动水平，增强我国竞技体育的总体实力，努力在2008年奥运会等国际大赛中取得优异成绩，为国争光
《体育事业发展"十二五"规划》	继续保持在奥运会等国际大赛中排名前列，改善项目发展结构和布局，巩固和提高我国竞技体育的整体水平和国际竞争力，推进竞赛体制改革，完善后备人才培养体系，增强竞技体育可持续发展能力
《体育发展"十三五"规划》	竞技体育发展方式有效转变，综合实力和国际竞争力进一步增强。项目结构不断优化，发展质量和效益显著提高
《"十四五"体育发展规划》	竞技体育发展新模式进一步健全、成熟，项目布局更加合理，训练体系和竞赛体系更加科学、完善，国际竞争力进一步提升。夏季奥运项目再创辉煌，冬季奥运项目全面提升，以"三大球"为重点的集体球类项目发展基础更加夯实。办好北京2022年冬奥会、冬残奥会及杭州2022年亚运会等

（4）竞技体育创新程度

创新是竞技体育可持续发展的原动力，创新程度决定了竞技体育发展模式的合理程度和有效程度。竞技体育的创新主要包括技战术创新、赛事产品创新、服务供给创新、组织与制度创新等方面，创新的数量、质量影响了竞技体育系统运行的效率和质量，进而影响竞技体育取得的成绩、发展的速度和创造的效益。

3. 竞技体育系统随机涨落诱发因素的综合作用

竞技体育系统演化的内源性诱发因素与外源性诱发因素的共同作用，形成了竞技体育高质量发展模式的随机涨落，竞技体育系统随机涨落诱发因素的不确定性是随机涨落普遍存在的原因。竞技体育系统的内源性诱发因素与外源性诱发因素出现的时间早晚、力量方向、作用大小是难以确定的，因此竞技体育系统的涨落表现为随机，涨落的幅度、方向也是不确定的（图6-5）。从图6-5中看出，竞技体育系统随机涨落的诱发因素中的国际竞技体育竞争、国家政策法规、科技进步、社会需求外源作用力，与创新程度、治理结构、运动员综合素质、规划目标内源作用力相结合，外源作用力推动内源作用力，内源作用力反作用于外源作用力，二者融合而成竞技体育系统随机涨落产生的合力，从而影响竞技体育系统的发展演化。

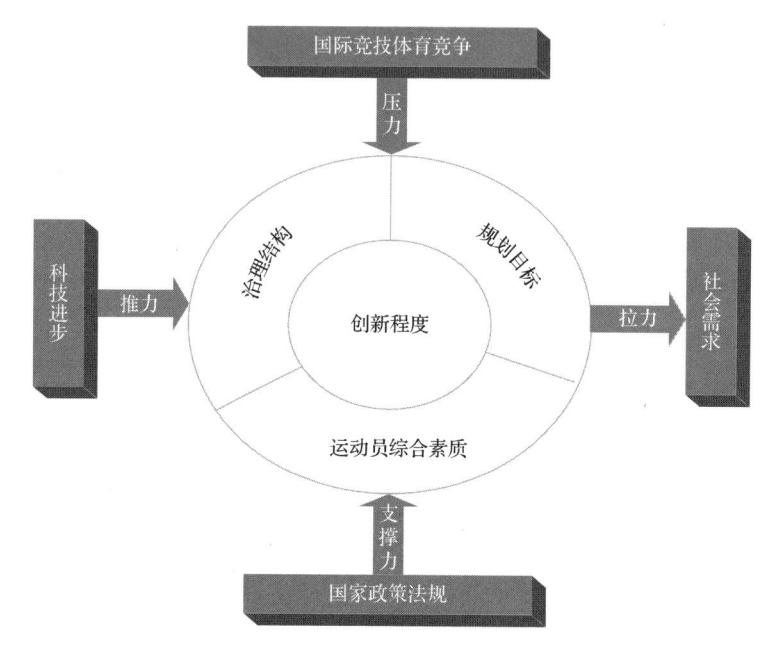

图 6-5 竞技体育系统随机涨落的诱发因素

第二节 耗散结构视角下我国竞技体育高质量发展的 Brusselator 模型

Brusselator 模型在国内又称为布鲁塞尔器，是普利高津等人从化学反应过程中总结出的数学模型，用于描述一个耗散结构演化的动力学过程。随着科学的研究进展，该模型被进一步拓展到经济、社会、管理等社会科学领域，应用于耗散结构形成的动力学建模分析，对研究复杂系统耗散结构的形成及演化机理具有重要意义[①]。

---

① 陈伟，李金秋. 基于 Brusselator 模型的我国知识产权管理系统耗散结构生成机制[J]. 科技进步与对策，2017，34（21）：7-15.

一、Brusselator 模型的构成

(一) Brusselator 模型的动力学方程式

Brusselator 模型用于表达一个宏观系统的耗散结构演化生成的动力学条件，作为耗散结构量化分析方法，针对耗散结构产生的临界条件提供了理论判据和可操作的数学模型。Brusselator 模型一共有四个动力学方程表达式，具体如下：

$$A \xrightarrow{K_1} X \quad (6-1)$$

$$B + X \xrightarrow{K_2} D + Y \quad (6-2)$$

$$2X + Y \xrightarrow{K_3} 3X \quad (6-3)$$

$$X \xrightarrow{K_4} E \quad (6-4)$$

(二) Brusselator 模型动力学方程表达式中的符号代表的意义

1. A 与 B

在 Brusselator 的动力学方程表达式中，A 与 B 代表参与化学反应的初始反应物，它们在反应中被消耗，同时又能从外界环境中得到补充。

2. X 与 Y

X 与 Y 是随时间变化的反应因子，代表系统在自组织过程中的中间组分，其浓度能够随着时间的变化而变化；其中 X 既是反应物又是生成物，还能发生自催化反应，如式（6-3）所示。

3. D 与 E

D 与 E 代表化学反应的生成物，D 代表非耗散结构的生成物，E 代表耗散结构的生成物，D 与 E 代表稳定形态的生成物。

4. K

K 代表反应速度系数，直接影响方程的反应速度[1]，是影响化学反应速率的催化剂，K_1、K_2、K_3、K_4 代表四类影响化学反应速率的催化剂。

总之，X 全程参与了化学反应的过程，X 在式（6-1）和式（6-3）中得到增加或增强，在式（6-2）和式（6-4）中被减少或削弱。Y 是整个化学反应的关键因子，

---

[1] 李新, 李柏州, 苏屹. 基于 Brusselator 模型的我国企业技术获取系统耗散结构研究[J]. 科技进步与对策, 2016, 33 (20): 91-96.

参与了式（6-2）和式（6-3）两组反应，在式（6-2）中得到增加，在式（6-3）中被减少，并融入 X 中。在这四组动力学方程表达式中，比较特殊的是式（6-3），其中 X 既是反应物又是生成物，式（6-3）表达的是自组织超循环中典型且重要的自催化反应，自催化反应使得 X 得到量的增加与质的提高。由于模型中的 A、B、X 三个变量同时参加非线性反应，所以 Brusselator 模型又被称为"三分子反应模型"[①]。

二、我国竞技体育 Brusselator 动力学模型的符号转译与解释

根据 Brusselator 模型的原理，结合我国竞技体育发展的实际，本书对 Brusselator 模型的动力学符号进行转译，将动力学方程表达式中 X、Y、A、B、D、E 代表的原义转换为竞技体育系统中的发展因子或因素。

（一）竞技体育 Brusselator 动力学模型的符号转译

我国竞技体育 Brusselator 动力学模型符号的转译如表 6-4 所示。专业体育与职业体育是我国竞技体育系统发展的初始反应物；竞技体育优势项目与基集项目是该过程中随时间而变化的主要反应因子，也是竞技体育发展过程中产生的问题；竞技体育大国是竞技体育发展的中间生成物，竞技体育强国是竞技体育高质量发展的最终生成物；$K_1 \sim K_4$ 代表竞技体育发展演化的模式，起着催化剂的作用。

表 6-4 我国竞技体育 Brusselator 动力学模型符号的转译

模型符号	符号转译
A	专业体育
B	职业体育
X	竞技体育优势项目
Y	基集项目
D	竞技体育大国
E	竞技体育强国
K_1	集权赶超发展模式
K_2	有限分权赶超发展模式
K_3	转型探索发展模式
K_4	高质量发展模式

---

① 于永海，吕福新，唐春晖. 基于 Brusselator 模型的企业网络管理熵研究[J]. 商业经济与管理，2014（1）：34-41.

（二）竞技体育 Brusselator 动力学模型的转译

经过符号的转译后，竞技体育 Brusselator 动力学模型相应转译为

$$A(专业体育) \xrightarrow{K_1(集权赶超发展模式)} X(竞技体育优势项目) \quad (6-5)$$

$$B(职业体育) + X(竞技体育优势项目) \xrightarrow{K_2(有限分权赶超发展模式)} D(竞技体育大国) + Y(基集项目) \quad (6-6)$$

$$2 \times X(竞技体育优势项目) + Y(基集项目) \xrightarrow{K_3(转型探索发展模式)} 3 \times X(竞技体育优势项目) \quad (6-7)$$

$$X(竞技体育优势项目) \xrightarrow{K_4(高质量发展模式)} E(竞技体育强国) \quad (6-8)$$

（三）竞技体育 Brusselator 模型中符号的合理性解释

1. 专业体育与职业体育是竞技体育发展壮大的反应物

A（专业体育）、B（职业体育）是我国竞技体育的两种发展形态，二者相互作用、相互影响，共同支撑我国竞技体育的发展。竞技体育通过专业体育与职业体育提高运动技术水平，培养竞技体育专门人才，搞活体育产业市场。因此，专业体育与职业体育是我国竞技体育播种、生产、收获的土壤，是竞技体育高质量发展的左膀右臂。它们是参与竞技体育"化学反应"的反应物，在反应中被"消耗掉"的一代代运动员、教练员、裁判员及人、财、物资源，能够从环境中得到补充和更新。

2. 竞技体育优势项目与基集项目随着竞技体育的演化呈现出不同的反应浓度

X（竞技体育优势项目）与 Y（基集项目）是伴随竞技体育演化的反应因子，传统优势项目的数量与结构，世界大赛获得奖（金）牌的数量、含金量，以及处于优势竞争地位的基集项目的多寡体现出 X、Y 的反应浓度随着时间变化而变化。

第一，X（竞技体育优势项目）全程参与演化发展，既是竞技体育发展的生成物，也是竞技体育发展的反应物。竞技体育优势项目能够发生自催化超循环反应，这种反应能够加速竞技体育的发展，也能够参与自身的更新换代。在方程表达式中表现为 X 量变为 $2X$、$3X$，并最终由 $3X$ 发生质变反应成为竞技体育强国。按照 Brusselator 模型要求，X 要全程参与竞技体育的演化发展。在竞技体育的 Brusselator 模型中，竞技体育优势项目代表了竞技体育的实力和结构，是体现竞技体育竞争力的直接指标。它成为贯穿实现竞技体育大国与竞技体育强国全过程的主线，既是奠定竞技体育大国的传统生成物，又是建成竞技体育强国的反

应物。具体来说，竞技体育优势项目既可以是历史形成的七大传统优势项目，也可以是囊括未来取得突破发展的一部分基集项目形成的我国竞技体育新优势项目群。从辩证法的角度看，新优势项目也会演变为传统优势项目，体现了历史与现实、数量与质量的动态发展、辩证统一的关系。

第二，Y（基集项目）参与了 Brusselator 模型的反应，它在式（6-6）中是生成物，在式（6-7）中是反应物。一方面，随着竞技体育的发展，在优势项目取得长足发展后，促进基集项目的发展就提上了竞技体育高质量发展的议程。另一方面，职业体育能在一定程度上有助于解决基集项目问题。职业体育除发展竞技体育表演产业外，还肩负着提高职业体育项目的国际竞争力水平的任务，有助于职业体育项目在国际大型赛事上取得一定数量的、具有较高含金量的奖（金）牌，有助于改善传统优势项目的结构，实现竞技体育优势项目的均衡发展。

3. 竞技体育大国与竞技体育强国是竞技体育演化发展的生成物

第一，D（竞技体育大国）、E（竞技体育强国）是我国竞技体育发展过程中的两大历史节点目标，竞技体育大国目标已经实现，竞技体育强国目标正在谋求实现。竞技体育大国是指在区域性、小众性、冷门性竞技体育项目上具有较强竞争力和影响力、在国际体坛具有一定国际地位和话语权的国家。毋庸置疑，我国是通过发展专业体育实现了竞技体育大国的目标。竞技体育强国是指在全球性、大众性、集体性、基础性的竞技体育项目上具有较强竞争力和影响力，同时在区域性、小众性、冷门性的竞技体育项目上保持一定竞争力和影响力，在国际体坛具有较高国际地位和明显话语权的国家。当前，我国正在努力实现这一重大历史节点目标。

第二，竞技体育大国不具有耗散结构，竞技体育强国具有耗散结构。竞技体育大国是主要依赖专业体育来实现的。在此阶段，专业体育的内生组织未能实现实体化的自主发展和主动发展，是由行政命令与计划手段"被组织"发展起来的。因此，可以判断竞技体育大国不能实现自组织发展，它在本质上不具有耗散结构。这一点完全符合式（6-6）的要求。竞技体育强国通过高质量发展模式激活竞技体育的内生动力，使体育项目协会、俱乐部成为自主发展、主动发展的实体化组织，使其具备能够自组织发展的组织基础和驱动力，成为具有耗散结构的生成物。

4. 不同类型的发展模式是竞技体育演化发展的催化剂

发展模式是解决发展问题的方式方法，因此在不同发展阶段竞技体育的集权赶超发展模式、有限分权赶超发展模式、转型探索发展模式及高质量发展模式，犹如化学反应里的催化剂，能够加快竞技体育发展步伐，促使竞技体育提高运动技术技能，实现预期的发展目标。

三、我国竞技体育 Brusselator 动力学模型分析

（一）竞技体育 Brusselator 动力学方程表达式（6-5）分析

式（6-5）表明，A（专业体育）与 X（竞技体育优势项目）之间存在正向的因果反馈关系。在 K_1（集权赶超发展模式）的作用下，我国竞技体育依靠专业体育取得了初步成绩，产生了一定数量的奖（金）牌，形成了较为明显的竞技体育优势项目，解决了我国奥运奖（金）牌的"有无"问题，逐渐向实现奥运奖（金）牌"有多少"的目标发展。

专业体育向竞技体育优势项目发展阶段是指 1978 年改革开放至 1992 年党的十四大召开时期，在该阶段我国建立了从计划经济为主、市场经济为辅的市场经济体制格局，逐步建设"社会主义有计划的商品经济体制"。该阶段突出了竞技体育为国争光的政治功能，建立了竞技体育举国体制，实行集权赶超发展模式。从系统"熵"的角度看，集权赶超发展模式适应了国家需要，形成了快速赶超的管理体制、训练体制与竞赛体制，大量人才、资金、场地设施、设备资源涌入竞技体育领域，中华体育精神体系基本形成，运动员、教练员与管理人员的精神风貌日新月异。因此，竞技体育产生了加速系统发展的负熵流，这极大促进了我国竞技体育的有序发展。该阶段我国竞技体育表现出较高的竞技水平和竞争力，在奥运会等国际大型赛事中争金夺银，竞技体育国际排名持续上升，竞技体育系统呈现出整体有序发展的态势。

（二）竞技体育 Brusselator 动力学方程表达式（6-6）分析

第一，X（竞技体育优势项目）正向促进了 D（竞技体育大国）的实现。在 K_2（有限分权赶超发展模式）的作用下，我国形成了体操、举重、跳水、射击、乒乓球、羽毛球、柔道七个优势项目，奥运金牌与奖牌总数不断增加，奥运总分排名逐渐稳定在第二集团，在 2008 年北京奥运会上更是取得金牌榜排名第一的好

成绩。我国成为具有较强竞争力和影响力的奖（金）牌大国，是名副其实的竞技体育大国。

第二，Y（基集项目）问题是在 D（竞技体育大国）建设过程中出现的问题。随着我国实现了竞技体育大国的发展目标，在竞技体育领域开始重视解决奖（金）牌的含金量问题，即奖（金）牌的质量问题，这也是下一阶段建成体育强国需要面对和解决的现实问题。

第三，B（职业体育）正向促进了 Y（基集项目）尤其是三大球项目的竞技体育水平。随着社会主义市场经济体制的建立与不断完善，以及职业体育全球化的快速发展，职业体育开始作为新型竞技体育形态崭露头角。职业体育一方面成为我国专业体育发展的重要辅助方式，另一方面开始引领竞技体育表演产业的发展，成为繁荣体育产业市场的主要引擎之一。

竞技体育大国形成阶段是指 1992—2011 年。在国家宏观调控下，市场在资源配置中起到了基础性作用[①]，中国特色社会主义市场经济框架和体系不断完善。在该阶段，俱乐部、企业等市场主体进入竞技体育领域，职业体育开始萌芽并得到初步发展。我国职业体育主要在足球、篮球、排球、乒乓球、网球等观赏性强、社会基础较好的项目中开展。虽然我国职业体育还不成熟，但对于竞技水平较弱的"三大球"项目来说，职业体育能够提高项目竞技水平，激发项目的活力与动力。

第四，B（职业体育）反向抑制了 A（专业体育）的发展。职业体育作为竞技体育新的发展方式，不仅具有较强的搞活经济的能力，还具有培养高水平竞技体育人才的作用。一方面，它的出现相当于在竞技体育系统中引入了来自市场系统的负熵流，能够消化一些竞技体育系统多年运行产生的正熵流，如发展主体单一、机制僵化、观赏水平不高等系统产生的正熵。另一方面，职业体育在一定程度上压缩了专业体育的发展空间，降低了专业体育的影响力，动摇了专业体育的绝对统治地位。这表明职业体育对专业体育具有一定的反向抑制作用。在职业体育的影响下，专业体育需要从自身开始变革自新，通过逐步推行实体化改革，加强自组织机制，提高生存和发展能力，以适应社会主义市场经济的发展方向与要求。

在该阶段，职业体育适应能力和影响力有限。一方面，职业体育作为内生于专业体育的新发展形态，还未彻底摆脱行政指令的干扰，尚未形成独立的发展系统，职业俱乐部的管理制度、运行机制等还不成熟，呈现出制度建设薄弱、市场

[①] 崔友平. 中国经济体制改革：历程、特点及全面深化：纪念改革开放 40 周年[J]. 经济与管理评论，2018（6）：5-14.

活力不足、运行不稳定的情况。在该阶段，足球、篮球项目的职业化相对成熟，排球、乒乓球、网球等项目基本走双轨制道路，职业化道路比较曲折。从市场角度看，排球、乒乓球、网球项目的商业价值一旦得到提高，其市场利润和吸引力就会增加，职业赛事就能搞起来，否则就会出现职业联赛"裸跑"甚至停摆的现象。另一方面，体育项目协会的实体化还没有完成，该进程影响了专业体育与职业体育的自主发展、主动发展。

（三）竞技体育 Brusselator 动力学方程表达式（6-7）分析

第一，$2X$ 代表 X（竞技体育优势项目）增多，奖（金）牌数量不断累积，竞技体育的竞技优势得到拓展。

第二，$3X$ 代表竞技体育优势项目结构通过量的积累发展到质变的临界点。在竞技体育转型探索及体育强国目标的引导和作用下，竞技体育优势项目不仅累积到一定水平，Y（基集项目）还在个别项目上实现了突破性发展，成为竞技体育新的优势项目，使得 X（竞技体育优势项目）不断发生量变形成 $3X$。

第三，竞技体育优势项目实现了自催化超循环发展。$3X$ 是 X（竞技体育优势项目）与 Y（基集项目）融合而生成的新产物。X 既是竞技体育优势项目的反应物，也是竞技体育优势项目的生成物，也就是说，X（竞技体育优势项目）参与了自身的升级，产生了 Y（融合基集项目）的更高级的"自身"，这就是它的自催化超循环发展。竞技体育优势项目在更高水平上的发展，既有传统优势项目的巩固与发展，也有职业体育项目的突破发展，实现了优势项目的自催化超循环发展。

竞技体育优势项目自催化超循环发展阶段是指 2012 年之后，我国仍致力于探索如何大幅度提升基础项目与集体球类项目的竞技水平、搞活竞技体育表演市场。在该阶段，社会主义市场经济体制逐渐成熟，竞技体育从市场系统持续引入负熵流，市场机制促使职业体育快速发展，足球、围棋、篮球等项目先后走上职业化道路。在 2012 年伦敦奥运会上，"特别是基础大项游泳、田径取得明显进步，共获得 6 金 2 银 7 铜，占代表团金牌总数的 16%"[①]。竞技体育系统中出现了追求一定数量奖（金）牌与一定质量奖（金）牌并存的现象，两类问题的解决背后是专业体育与职业体育两种发展方式之间的竞争与协同，它们共同推动了竞技体育的发展。

---

① 公兵，马向菲. 刘鹏：中国代表团取得境外参赛奥运会的最好成绩[EB/OL].（2012-08-12）[2024-03-05]. https://www.gov.cn/jrzg/2012-08/12/content_2202703.htm.

通过分析可以看出，竞技体育传统发展方式进入自催化阶段，由 X 到 $2X$ 再发展成为 $3X$，竞技体育优势项目不仅是反应物，参与了竞技体育系统演化，还是竞技体育系统中新的生成物，在效果和形式上由 X 累积为 $3X$，这表明竞技体育优势项目在更高的 $3X$ 水平上发展起来，不断向接近形成耗散结构的方向发展。

（四）竞技体育 Brusselator 动力学方程表达式（6-8）分析

式（6-8）表明，在 K_4（高质量发展模式）的作用下，竞技体育优势项目发生了质变突破，即相当一部分基集项目成为新的优势项目。我国竞技体育在竞技体育优势项目与基集项目上实现均衡发展，竞技体育大国最终跃迁为竞技体育强国。

竞技体育强国形成阶段，市场发挥了配置资源的决定性作用，我国围绕高质量发展建设中国特色社会主义新时代。在社会主义市场经济越发完善的大环境下，竞技体育经过上述三个阶段的量变累积，已具备系统开放、远离平衡态、非线性作用，在随机涨落如体制机制改革、制度建设或某些重大事件的诱发作用下，形成了高质量发展的耗散结构，实现了自组织发展。竞技体育大致会在2035年前进入新的有序发展阶段，内生发展动力充足，基集项目取得历史性突破，持续在国际大赛中取得优异成绩，优势项目结构产生自组织相变，实现竞技体育优势项目与基集新优势项目的均衡发展，基本建成竞技体育强国。

四、我国竞技体育系统形成耗散结构的动力学判断

（一）竞技体育系统形成耗散结构的临界值

根据质量作用定律和反应方程，可以建立求解 Brusselator 模型的动力学方程表达式。假定 X、Y 浓度保持不变，不考虑逆反应过程，则式（6-1）～式（6-4）动力学方程表达式为双变量的常微分方程组[1][2]，如式（6-9）和式（6-10）所示：

$$\frac{dX}{dT} = A + X^2Y - BY - X \tag{6-9}$$

$$\frac{dY}{dT} = BX - X^2Y \tag{6-10}$$

---

[1] 邵桂华. 体育教学的自组织观[D]. 南京：南京师范大学，2004.
[2] 魏遥. 基于 Brusselator 模型的产融集团生成机制研究[J]. 管理评论，2010，22（8）：39-44.

令 $\frac{dX}{dT}=0$，$\frac{dY}{dT}=0$，求得式（6-9）和式（6-10）两个动力学方程表达式的唯一定态解为

$$X_0 = A, \quad Y_0 = \frac{B}{A}$$

由 Brusselator 模型动力学方程表达式得出：$B=1+A^2$ 是系统形成耗散结构的临界值。当 $B=1+A^2$ 时，系统产生的负熵与正熵相等，系统处于形成耗散结构的临界状态，此时微小的涨落就可以推动系统形成耗散结构。

（二）竞技体育系统形成耗散结构的临界条件

根据上述原理，竞技体育形成耗散结构的临界值如下：

$$职业体育 = 1 + 专业体育^2 \tag{6-11}$$

因此，竞技体育形成耗散结构的动力学条件为

$$职业体育 > 1 + 专业体育^2 \tag{6-12}$$

从式（6-12）中可以看出，职业体育大于专业体育的平方值，该临界条件表明，我国竞技体育形成耗散结构实现高质量发展不仅需要职业体育的发展大于专业体育的发展，还需要其远大于专业体育的发展。

（三）职业体育发展远大于专业体育发展的启示

1. 职业体育成为竞技体育的主导发展方式，专业体育成为竞技体育发展的辅助方式

这一启示的表现有三点：一是市场运行的方式与思维主导了竞技体育的运行发展。随着中国特色社会主义市场经济体制的建立、完善与成熟，竞争、平等、法治、开放等市场方式与思维在竞技体育表演产业领域完全发挥决定性作用。同时，政府制定宏观发展政策，更好地发挥监管作用。二是职业体育培养的优秀人才数量与规模要大于专业体育。也就是说，职业体育成为竞技体育的主导发展方式后，其人才培养量和岗位容纳量要远大于专业体育。通过 2013—2018 年职业体育与专业体育技术等级运动员的数量比较（表6-5），可以看出职业体育与专业体育的技术等级运动员之比最大是在 2014 年，最小是在 2016 年，分别为 0.383、0.245，职业体育的技术等级运动员的数量与专业体育的技术等级运动员的数量相差较

远，还难以比肩，这不符合竞技体育高质量发展的要求。可以大胆设想，竞技体育形成耗散结构实现高质量发展，需要职业体育的人才数量大于甚至是远大于专业体育的人才数量，进而可以溯及职业体育的教练员、裁判员、管理人员等人才的数量与规模也应该大于专业体育的人才数量与规模。职业体育要充分发挥竞技体育人才培养功能，提高职业体育项目的国际竞技水平，进而提高竞技体育的整体竞争水平。三是职业体育的国际影响力要高于专业体育的国际影响力。实现竞技体育高质量发展必须大幅度提高三大球的竞技水平，大幅度提高职业体育项目的国际影响力，提升职业体育赛事的国际竞争力和吸引力。

表6-5　2013—2018年职业体育与专业体育技术等级运动员的数量

年度	职业体育/人	专业体育/人	职业体育/专业体育
2013	5233	20834	0.251
2014	7849	20493	0.383
2015	4738	18947	0.25
2016	4724	19283	0.245
2017	6231	19217	0.324
2018	5436	20167	0.27

注：以《中国体育事业统计年鉴》发布的技术等级运动员数据为准，其中职业体育方面统计篮球、排球、足球、网球、乒乓球、羽毛球、拳击、电子竞技八个职业化程度相对较高的项目的数据；在专业体育方面，统计该年度除上述项目外的数据。

2. 职业体育自我造血的能力要远大于专业体育

职业体育的社会效益与经济效益要远大于专业体育的社会效益与经济效益。在社会效益上，职业体育容纳的从业人员、提供的就业岗位要大于专业体育，同时还要进一步凸显职业体育精神、职业明星的影响、服务社会的能力等方面。在经济效益上，专业体育只有接受国家和社会资助，才能为社会提供公共产品、为国争光；而职业体育的高质量发展不仅不需要国家的资金支持，还能打造绿色经济产业，创造较大的市场价值，获取较高的市场利润，带动相关产业联动发展。职业体育的市场化程度较高，能够为社会提供多元化、高质量的赛事服务产品。竞技体育的高质量发展必将促进竞技表演产业在国民经济中发挥不可小觑的作用，成为引领国民经济高质量发展的重要引擎之一。

第六章 耗散结构视角下我国竞技体育高质量发展的条件研究

3. 职业体育产生的负熵远大于自身与专业体育产生的正熵

正熵是系统无序状态的表现，系统的有序发展需要用系统产生的负熵消解系统产生的正熵。职业体育一般会在体制、制度、机制方面存在大小不一的阻滞问题，如产权不清、制度管理不系统、工资过高、竞技水平较低、后备人才及外援缺乏等问题，这些问题解决不好将影响职业体育的有序发展；专业体育一直存在的独立生存能力弱、单项体育协会权威小、后备人才断层、退役转业不顺畅等问题也影响了专业体育的健康发展。同时，竞技体育举国体制与市场机制的融合障碍，运动员文化素质较差，竞技体育与全民健身、竞技体育与学校体育的协同不顺等问题都会产生正熵。对于这些系统正熵形成的正熵流，需要用职业体育通过繁荣市场、培养高水平人才、提高国际竞技水平、优化竞技体育发展结构、为国争光产生的负熵流予以消解。

4. 职业体育产生的负熵远大于专业体育产生的负熵

在竞技体育高质量发展阶段，职业体育是竞技体育的主导发展方式，产生的负熵流占有绝对优势地位，而专业体育作为辅助发展方式，产生的负熵流相对要小，不足以消解职业体育和专业体育产生的正熵流。因此，消解竞技体育系统的正熵流主要依靠职业体育产生的负熵流。

我国竞技体育高质量发展形成耗散结构，需要以市场为主导的职业体育远大于以政府与社会为主导的专业体育，即市场化发展模式在我国竞技体育中占有绝对的主导地位。这表现在职业体育在政治、经济、社会、文化方面发挥的正向促进作用远大于专业体育。在市场化发展模式下，职业体育不仅创造可观的市场利润，还能够争金夺银、为国争光，优化我国竞技体育的发展结构。

5. 职业体育与专业体育都形成了耗散结构

当竞技体育的发展达到职业体育 $>1+$ 专业体育^2 的临界条件后，竞技体育的整个系统形成了耗散结构，实现了高质量发展。职业体育与专业体育作为竞技体育的两根支柱，必然要形成各自的耗散结构，实现自组织发展。国家与社会为竞技体育高质量发展提供方针政策，优化竞技体育发展环境，引导职业体育与专业体育的高质量发展。

6. 自组织发展方式支配了竞技体育

从发展方式上看，竞技体育形成耗散结构后，自组织发展方式支配了我国竞技体育的运行，体育项目协会、俱乐部及相关实体企业的自主发展能力、主动发展能力与业务能力达到较高程度。但是他组织仍有存在的空间，适用于未能自主发展的运动项目和组织，成为自组织发展方式的重要补充，发挥辅助自组织发展的作用。

第七章
协同学视角下我国竞技体育高质量发展的动力研究

按照哈肯的观点,系统演化的动力是系统内部各子系统之间的竞争与协同,而不是外部指令,只有这样的系统才是自组织的系统[①]。因此,竞技体育高质量发展在获得耗散结构的自组织条件后,还需要建立竞争与协同的内生动力机制,激发竞技体育可持续发展的内因,这样才能促进竞技体育高质量发展。

本章主要运用自组织的协同学理论,分析竞技体育系统竞争与协同的辩证关系,构建竞技体育高质量发展的内生动力机制,确定竞技体育自组织系统的序参量,为竞技体育依靠内生动力实现又好又快的可持续发展提供理论借鉴。

第一节 竞争与协同:我国竞技体育高质量发展的内生动力

动力是使机械做功的各种作用力,如水力、风力、电力、畜力等,一般用来比喻推动工作、事业等前进和发展的力量[②],它是事物运动、发展、变化的驱动力。唯物辩证法认为,事物的内部矛盾是其发展的源泉和根本动力[③]。从这个角度讲,竞技体育系统内部竞争与协同形成的合力就是竞技体育发展的根本动力。

[①] 吴彤. 自组织方法论研究[M]. 北京:清华大学出版社,2001.
[②] 中国社会科学院语言研究所词典编辑室. 现代汉语词典[M]. 7版. 北京:商务印书馆,2016.
[③] 曾昭皓. 德育动力机制研究[D]. 西安:陕西师范大学,2012.

一、竞争是推动竞技体育非平衡发展的力量

竞争是指相互联系、相互作用的事物具有个体性并力图保持个体性[①]，它是世间万物丰富多彩的基本动力机制。具体如下。

（一）竞争是保持竞技体育系统向前、向上发展的基本机制

竞争是竞技体育系统异质化发展的基础，有利于竞技体育形成非平衡系统。竞技体育系统中运动员或运动队的技术水平、战术水平、团队凝聚力水平的高低不同，竞技体育资源分布的多寡、厚薄、大小不均，竞技体育赛事、职业球队的社会支持强度的大小不一，都是竞争造成竞技体育非平衡发展的表现。竞争产生了竞技体育发展的系统势能，成为推动竞技体育非均衡发展的系统张力。

（二）竞争有利于扩大竞技体育系统的非饱和发展空间

竞技体育系统及其子系统为了提高竞争实力和保持竞争优势，通过扩大开放，不断吸收生存和发展的物质、能量和信息，扩大了非饱和发展空间。处于支配地位和竞争优势地位的子系统成为竞技体育发展的动力引擎，能够带动其他子系统的发展。

（三）竞争有利于驱动竞技体育系统的创新发展

竞技体育只有把创新作为竞争的核心动力引擎，才能取得优势地位或主导地位。一方面，竞技体育要取得整体的竞争优势，必须进行体制创新、制度创新、文化创新，要让创新在竞技体育的高质量发展中发挥内在驱动作用。另一方面，竞技体育要完成结构调整、动力转换、补齐短板、强化弱项的战略任务，必须进行机制创新、技战术创新。体操、乒乓球、举重、跳水等优势项目的一些高难度技术动作，如乒乓球的直板双面打法、体操的程菲跳、女排的高快结合与多快变技战术等，都是进行技战术创新后产生的，成为竞技舞台上争金夺银的撒手锏。近年来，我国优秀运动队的组建尝试多方面创新，中国（浙江）国家游泳队的合作共建模式、男篮的双国家队模式、女排的大国家队模式等为不同运动项目的高质量发展提供了动力。由此可见，创新是竞争的灵魂，是竞技体育高质量发展的必然要求。

---

① 曾国屏. 自组织的自然观[M]. 北京：北京大学出版社，1996.

（四）竞争是竞技体育优胜劣汰的选拔机制

竞争是提高运动技术水平、评定竞技能力高低、甄别竞技水平优劣的常用手段。竞技体育是具有实力者之间的争斗，竞争性是其本质属性之一。突变论创立者托姆认为，一切形态的发生都归之于冲突，归之于两个或更多个吸引子之间的争斗[1]。其一，竞技体育竞争性的直接表现是各种各样的竞技赛事，各种类型赛事中的名次、奖牌、分数是运动员竞技能力的直观体现。其二，竞争是竞技体育人才选拔晋升、考核评价的常规方法。水平高低、效率快慢、效益好坏通过竞争可以一目了然。其三，竞争也是竞技体育人才、赛事活动分门别类的必备机制。根据竞争水平、竞争激烈程度、影响力等将运动员、教练员、裁判员及赛事活动分为不同等级。

（五）竞争是竞技体育资源流动的选择机制

竞争是围绕成绩、名次、地位、稀缺资源等开展的体育活动，它是竞技体育资源流动的加速器，能够实现体育资源在个人、部门、国家之间的流动。竞争有利于竞技体育资源的集聚，可以进一步巩固竞争优势。竞争也有利于优化竞技体育的区域布局，促进竞技体育各地之间的差别化竞争，使其努力发展地区的特色优势项目、社会基础好的项目，推广本地的优质项目，避免与竞技体育发达地区之间的同质化发展和竞争。

二、协同是推动竞技体育有序发展的力量

协同学中狭义的协同是与竞争相对立的概念，广义的协同既包括合作，也包括竞争。协同反映了事物之间、系统之间或要素之间保持合作性、集体性的状态和趋势[2][3]。

（一）协同有利于竞技体育的结构均衡发展

系统的结构决定了系统的功能，系统的功能影响了系统目标的实现。在竞技体育发展过程中，各类体育人才、运动项目、体育组织、地方的发展并非齐头并

---

[1] 勒内·托姆. 突变论：思想和应用[M]. 周仲良, 译. 上海：上海译文出版社, 1989.
[2] 苗东升. 系统科学大学讲稿[M]. 北京：中国人民大学出版社, 2007.
[3] 曾国屏. 自组织的自然观[M]. 北京：北京大学出版社, 1996.

进，而是根据国家社会需要、体育发展战略及竞技体育实际，有计划、有步骤地支持竞技体育项目、地区和组织发展。当前，我国竞技体育形成了优势项目（体操、举重、射击、乒乓球、羽毛球、跳水、柔道）主导奥运项目发展、东部沿海地区引领夏奥项目发展、东三省统领冬奥项目稳步发展的布局结构。进入高质量发展阶段，竞技体育在保持现有优势和特色的基础上，需要进一步发挥系统的协同作用，让优势项目推动弱势项目、发达地区带动落后地区，形成协同均衡发展结构。

（二）协同有利于竞技体育的高效稳定发展

进入以高质量发展为主题的新时代，竞技体育的发展需要换挡调速、协同发展，提高竞技体育发展的质量和效益。具体如下：一是在资金投入效益、冠军成本、成材率、科技支持度及社会服务等方面深化内涵发展；二是完成调结构、增效益、补短板、换动能、稳增长的发展方式转型，促进竞技体育发展的行稳致远；三是加强竞技体育系统开放，加强竞技体育系统与学校教育系统、社会系统的衔接，增强竞技体育发展的教育基础与社会基础，优化竞技体育发展环境。

（三）协同有利于竞技体育的公平有序发展

客观评价我国竞技体育发展的历史进程，从中华人民共和国成立至今，我国成功解决了竞技体育"如何大""如何快"的发展问题，初步为解决竞技体育"如何强"的发展问题奠定了良好的基础。但是也出现了一些影响竞技体育公平有序发展的问题。具体如下：一是行政路径依赖阻碍了竞技体育社会化发展步伐，影响了体育项目协会、俱乐部、个人参办竞技体育的权利和积极性。二是运动员的片面发展不符合以人为本的社会主义发展本质的要求，影响了运动员的健康长远发展。三是竞技体育的优先发展在一定程度上压缩了群众体育、学校体育发展的资源空间，专业体育一统天下的状况影响了我国职业体育的职业化进程。四是地方、部门保护主义影响了竞技体育资源的合理流动，降低了竞技体育资源的配置效率和社会效益。因此，迫切需要通过竞技体育系统内外的协同发展，建立竞技体育发展的公平秩序，重塑竞技体育发展的利益格局，促进运动员的全面发展，推进竞技体育职业化进程，加快竞技体育资源的自由流动，从而实现竞技体育见物又见人的有序发展。

三、竞技体育系统中竞争与协同的相互作用

（一）协同以竞争为前提

任何整体都是以要素之间的竞争为基础，以部分之间的斗争为先决条件的[1]。竞争是协同的手段，一定的竞争优势是协同的前提。体育总局选择浙江合作共建中国国家游泳队，是因为"浙江水军"拥有雄厚的竞争实力，培养出一大批游泳世界冠军，并且创新了游泳"后备人才、优秀人才、拔尖人才"的选拔、培养与管理机制，形成了可借鉴与可复制的"浙江经验"[2]。

（二）竞争以协同为方向

没有协同关联的竞争是不稳定的竞争，是发展不能持久的竞争。一方面，协同能够扩大竞争优势。协同能够从整体上利用系统内外资源，更好地发挥竞技体育的竞争基础和特色优势，统筹考虑系统发展的时空问题。另一方面，协同能够保持竞争的正确方向，控制竞争的合理节奏，实现时空维度上的可持续健康竞争，它对于竞技体育的可持续发展有着特殊的意义[3]。我国竞技体育高质量发展需要奥运项目与非奥项目、优势项目与基础项目、女子项目与基础项目的协同跟进，进而形成更大的竞争优势，取得更好的竞争成绩。

（三）竞争与协同的矛盾运动为竞技体育高质量发展提供内生动力

协同形成结构，竞争促进发展，这是相变过程的普遍规律。竞争与协同的对立统一是系统自组织演化发展的动力和源泉，生动地体现了唯物辩证法的对立统一规律，即矛盾律[4][5]。竞技体育高质量发展的速度、质量、效益都是竞技体育子系统之间、系统与环境之间竞争与协同的本质关系共同作用的过程和结果。竞争与协同的矛盾运动衍生了竞技体育子系统、各要素之间复杂的关联结构，并辩证统一于竞技体育这一矛盾体中。通过竞争促进系统的发展，诱发系统产生协同进步行为，在新的阶段、领域、层面上诱发新的竞争。竞争与协同周而复始地相互依存与对立转化，产生了源源不断的争斗张力与协同合力[6]，为实现竞技体育高质

---

[1] 魏宏森，曾国屏．系统论：系统科学哲学[M]．北京：世界图书出版公司，2009．
[2] 李建设，王enda明，顾耀东．中国游泳"浙江现象"及形成机制探究[J]．体育科学，2017，37（6）：35-40．
[3] 谢雪峰．竞技体育生态的本质体现：竞争与协同[J]．上海体育学院学报，2011，35（4）：7-9，15．
[4] 郭治安．协同学入门[M]．成都：四川人民出版社，1988．
[5] 曾国屏．自组织的自然观[M]．北京：北京大学出版社，1996．
[6] 同①．

量发展目标提供内生动力，推动竞技体育系统的动态有序发展。

第二节　协同学视角下我国竞技体育高质量发展的序参量

序参量是表征系统宏观状态特征和行为的参量，是主导系统有序演化的自组织力量，是慢变量之间竞争与协同的产物。

一、竞技体育高质量发展的快变量与慢变量

从数量上看，快变量数量较多，慢变量数量较少，有时只有一个。从稳定性上看，快变量来得快，去得也快，稳定性较差，但对系统形态和特征的影响较小，被称为稳定模；而慢变量从无到有变化，动力作用逐渐强劲，能够使旧系统的结构、体制、机制失去稳定性，被称为不稳定模。需要指出的是，在事物或系统发展的不同时空阶段，快变量与慢变量是可以相互转化的。竞技体育子系统的快变量与慢变量如表 7-1 所示。

表 7-1　竞技体育子系统的快变量与慢变量

子系统	参量类型	主要参量
人才系统	快变量	世界冠军数量、专业与职业运动员数量与技术水平、明星运动员数量、运动员成材率、退役就业率、伤病率、后备人才数量、体校培养水平、教练员数量与水平、裁判员数量与水平、外教数量与水平、外援运动员数量与水平、俱乐部数量、经纪人数量与水平、体育社会培训能力、高校高水平运动队、体育智库人员、后备人才质量等
	慢变量	运动员综合素质
资金系统	快变量	竞技体育总经费、地方资金投入、企业资金投入、俱乐部收入、体育彩票公益金、门票收入、版权收入、赞助收入、职业联赛净收入、社会捐赠、会员费等
	慢变量	冠军成本
科技支撑系统	快变量	科研人员数量、科研经费投入、科研机构数量、反兴奋剂能力等
	慢变量	科技支撑力度
体制机制系统	快变量	体育行政管理体制、运动训练体制、全运会竞赛体制、运动项目管理中心制、协会与俱乐部自组织机制、竞技体育区域布局、俱乐部法人治理、协会实体化、体教融合机制、社会保障机制、非奥项目体制等
	慢变量	举国体制、自组织机制、创新机制

续表

子系统	参量类型	主要参量
文化系统	快变量	体育场地建筑文化、竞技项目文化、体育法、体育政策、体育规章制度、训练原则、训练观念与方法、竞技体育发展战略、竞技体育发展规划、金牌观、人才观、成功观、利益观、国外训练理念与方法等
	慢变量	中华体育精神、训练与竞赛理论水平
环境系统	控制参量	财政资助力度、职业体育关注度、金牌关注度等
	环境条件	国民经济水平、国际竞争格局、科技水平、学校教育水平等

第一，总体上竞技体育高质量发展受控制参量、环境条件、慢变量、快变量的综合影响。竞技体育子系统的慢变量如举国体制、自组织机制、创新机制、运动员综合素质、冠军成本、科技支撑力度、训练与竞赛理论水平、中华体育精神，将进一步进行竞争与协同，形成影响高质量发展的主要慢变量，最终形成的慢变量是主导竞技体育高质量发展的核心变量。

控制参量如财政资助力度、职业体育关注度、金牌关注度等，涉及竞技体育系统与国家经济、科技、教育、社会及世界竞技体育等外部系统的关联，是竞技体育高质量发展的外部环境变量，为竞技体育高质量发展提供资金经费、科技服务、就业退役保障、社会支持等外在必要非充分条件，即控制参量不产生竞技体育高质量发展的内生动力，也不决定竞技体育的发展结构。控制参量只有通过影响竞技体育内在变量，才能影响竞技体育的发展速度、规模、质量与效益。

快变量如后备人才数量、竞技体育发展规划、体育政策、科研经费投入等一般具有阶段性、临时性、非稳定性，不能反映竞技体育系统长期发展的有序程度。有些变量如运动项目管理中心制，从中华人民共和国成立至今经过了多次改革，运动项目管理中心被取消，退出了竞技体育的历史发展舞台。协会实体化也是一个过程，该项改革即将接近尾声。竞技体育发展战略、竞技体育发展规划等是竞技体育阶段发展目标的纲领和依据，但到下一个阶段就需要重新制定或修改相应的战略与规划。

第二，快变量数量多，慢变量数量少，并且快变量要远远多于慢变量。从表7-1中可以看出，竞技体育系统的快变量有几十个，而慢变量仅8个。

第三，快变量围绕慢变量产生、发展和衰落，它服务、拥护、支持、追随着慢变量，体现了役使原理。例如，增加科研人员数量、提高科研经费投入、增设科研机构数量等是为了提高竞技体育的科技服务水平，强化竞技体育的科技支撑作用；促进协会实体化是为了提高协会与俱乐部的自组织机制；后备人才质量对于竞技体育高质量发展具有重要的基础作用，但它仍然服务于运动员综合素质的发展等。

第四，慢变量是快变量之间协同与竞争的结果，而多个慢变量之间同样存在竞争与协同，最终形成一个或若干个发挥主导作用的慢变量。

第五，竞技体育的序参量在慢变量中产生和发展，是代表竞技体育系统整体行为的"场"或"模式"。表 7-1 中显示的竞技体育体制与机制的慢变量将会产生统摄全部慢变量的序参量。

二、竞技体育高质量发展序参量的识别与确定

（一）竞技体育高质量发展序参量的识别

在哈肯看来，无论是什么系统，如果某个参量在系统演化过程中从无到有变化，并且能够指示出新结构的形成，那么它就是序参量[1]。光场强度之于激光原子运动、温度梯度之于 B-Z 反应与瑞利-贝纳德对流运动、科学思想之于科学事业的发展，都是相应系统的序参量。在体育领域，教学场是体育教学系统发展的序参量，主体性是学生体育素质系统发展的序参量[2]；竞赛目标动力场是运动训练系统的序参量[3]；足球文化是职业足球发展的序参量[4]；组织管理能力是草根体育组织发展的序参量[5]。

总之，在一定条件和边界范围内建立某种广义的"场"或"模式"，它产生于子系统，又凌驾于子系统之上，即序参量[6]。本书根据序参量的一般特性，结合竞技体育系统慢变量、快变量及控制参量的分析，认为竞技体育高质量发展的序参量是举国体制与市场机制的融合度。这是竞技体育系统实现高质量发展的必然要求，举国体制与市场机制的融合度决定了竞技体育系统高质量发展的程度。

---

[1] 吴彤. 自组织方法论研究[M]. 北京：清华大学出版社，2001.
[2] 邵桂华. 序参量：体育教学系统自组织演进的主导者[J]. 西安体育学院学报，2008（1）：110-113.
[3] 赵芝玉，孙传宁，赵玉慧，等. 协同与竞争：协同学视野下的体育教学启示[J]. 南京体育学院学报（社会科学版），2008，22（6）：101-105.
[4] 李丰荣，龚波. 基于协同学视野：职业足球自组织体系与协同发展探究[J]. 天津体育学院学报，2018，33（1）：20-25.
[5] 郭磊，梁波，李丹阳. 协同学视域下草根体育组织发展的非线性动力机制研究[J]. 西安体育学院学报，2016，33（5）：519-523，549.
[6] 沈小峰，吴彤，曾国屏. 自组织的哲学：一种新的自然观和科学观[M]. 北京：中共中央党校出版社，1993.

(二) 竞技体育高质量发展序参量的确定依据

把举国体制与市场机制的融合度作为竞技体育高质量发展的序参量，是根据以下五个方面做出的判断。

1. 举国体制与市场机制的融合度是竞技体育系统慢变量集体运动的产物

第一，举国体制、协会与俱乐部自组织机制是竞技体育整体系统的两个主要慢变量，主导竞技体育系统的有序运行。序参量是子系统合作与竞争共同作用的结果[①]。在竞技体育系统的慢变量中，创新机制决定了科技支撑力度和训练与竞赛理论水平，在一定程度上也影响到冠军成本；举国体制、协会与俱乐部自组织机制决定了竞技体育系统人、财、科技、训练与竞赛理论水平的发展速度与发展质量，也影响了中华体育精神的继承与弘扬。当然，举国体制、协会与俱乐部自组织机制也决定了创新机制运行的效果。因此，举国体制、协会与俱乐部自组织机制是影响和决定其他慢变量的慢参量。

第二，举国体制、协会与俱乐部自组织机制的竞争与协同最终需要二者的融合发展。举国体制、协会与俱乐部自组织机制围绕竞技体育活动与资源进行竞争与协同，最终形成了主导竞技体育系统发展的序参量：要么是举国体制，要么是协会与俱乐部自组织机制，要么二者同时存在。实际上，举国体制、协会与俱乐部自组织机制之间的关系归根结底是体育行政部门、体育项目协会、俱乐部之间竞争与协同的关联关系。一方面，市场机制是协会与俱乐部自组织机制的灵魂，能够确保激发竞技体育内生发展动力，夯实社会发展基础，激发市场活力。另一方面，举国体制能够更好地发挥政府作用。当然，体育行政部门会从管办集于一身的体制转换到行政监管体制，为竞技体育的高质量可持续发展提供方向、政策、秩序方面的保障。因此，应在遵循市场经济规律的基础上，更好地发挥政府作用，这在客观上需要举国体制与市场机制的相融相合。

2. 举国体制与市场机制的融合度是竞技体育系统的宏观状态序参量

序参量既是对子系统合作效应的表征，又是对系统整体运动状态的度量[②]。举国体制与市场机制的融合度能够反映竞技体育系统整体的状态特征。

---

① 苗东升. 系统科学大学讲稿[M]. 北京：中国人民大学出版社，2007.
② 吴彤. 自组织方法论研究[M]. 北京：清华大学出版社，2001.

（1）举国体制与市场机制的融合度是支配竞技体育子系统运行发展的宏观状态序参量

哈肯一直强调，协同学是从序参量及支配的角度进行研究的科学[①]。序参量是在子系统相互作用基础上形成的慢参量，一旦形成就具有支配系统和各子系统发展的力量。举国体制与市场机制的融合度来源于专业体育与职业体育等子系统之间的相互竞争与协同，它能够统领竞技体育全局，决定子系统的发展速度、规模与质量，也能够影响甚至决定子系统协同与关联的各层次、各环节，如体教融合、运动员的退役就业等。必须顺应举国体制与市场机制的融合发展要求，在发展观念、行为与评价等环节做出积极响应，主动修改和完善不符合举国体制与市场机制融合发展要求的竞技体育子系统。这就是协同学理论三大支柱之一的役使原理。

（2）举国体制与市场机制的融合具有广义"场"的作用

举国体制是竞技体育一直以来赶超发展的能量场，能够引导体育资源优先供应竞技体育发展，是竞技体育实施"奥运争光计划纲要"的动力保障；市场机制是发挥体育项目协会、俱乐部，以及家庭、个人主动性的能量场；通过竞争、价格与供给配置体育资源，是满足人们多元化需求的保障机制。举国体制与市场机制的融合能够统摄两种能量场，形成辐射整个竞技体育系统的势力场，主导竞技体育高质量发展全过程，形成决定竞技体育子系统、区域、要素、项目发展进程的无形力量。

3. 举国体制与市场机制的融合能够指示竞技体育系统新结构的形成

（1）指示新时代竞技体育系统的发展结构

当前，竞技体育系统发展的结构是不均衡的，主要表现在奥运项目与非奥项目、优势项目与弱势项目、"小、巧、灵、女"区域项目与世界主流项目之间结构的失衡。这既是传统举国体制的成功之处，也是新时代举国体制必须突破改进的地方，而根本方法是通过举国体制融合市场机制来进行改革与完善。竞技体育进入高质量发展轨道，体育行政部门、体育项目协会、俱乐部构建可信任、可协商、地位平等的协同治理体制。竞技体育既巩固和拓展了传统优势竞技项目，又大幅度推动了基础大项、三大球项目的长足进步，还能够提供高水平的职业赛事，为竞技体育新型结构的形成提供平台与条件，彻底提升竞技体育发展的效益和质量。

---

① 赫尔曼·哈肯. 协同学：自然成功的奥秘[M]. 戴鸣钟, 译. 上海：上海科学普及出版社, 1988.

不难想象，举国体制与市场机制实现有机融合之时，定是竞技体育系统结构均衡、动力充足、实现高质量发展之日。

（2）举国体制与市场机制的融合是竞技体育高质量发展需要遵循的系统规则

举国体制与市场机制的融合开启了竞技体育抱团整合、协同有序的新发展时代。倘若举国体制与市场机制各行其是、相互排斥，二者难以形成协同发展的合力，那么竞技体育系统将难以实现整体有序发展。因此，在体育项目协会、俱乐部、高校等社会与市场主体能够参与、完成或能够做大、做强的领域，体育行政部门可以充分放权，做好方向引导、政策支持、基础设施条件配备等监管和服务工作；在社会与市场主体做不了、不愿做、不能做的领域，如反兴奋剂、后备人才培养等方面，体育行政部门要做好、做足工作。《"十四五"体育发展规划》中始终强调"坚持举国体制与市场机制相结合，构建竞技体育发展新模式"。总之，举国体制与市场机制的融合是竞技体育高质量发展的系统规则，决定了竞技体育系统人才资源、物力资源、经费、技战术创新的运作方式，从而引导竞技体育有序发展，促进竞技体育系统新结构的形成、优化与再发展。

三、举国体制与市场机制融合度的内涵

（一）举国体制与市场机制融合度提出的逻辑起点

举国体制与市场机制在理论与实践中能够实现融合，其逻辑起点在于竞技体育具有事业与产业的双重属性。竞技体育整体上被界定为具有产业属性的公共事业可能更符合实际[①]。原因如下。

第一，竞技体育服务产品兼具公共产品与私人产品的属性。竞技体育主要提供以竞赛为表现形式的服务产品，一方面，在为国争光的国际大型赛事上，竞技体育服务产品属于纯公共产品，具有非竞争性与非排他性，全国各族人民、男女老少都可以观看、欣赏此类产品。竞技体育公共产品一般由政府或第三方部门提供。另一方面，职业体育和商业体育属于具有一定竞争性和排他性的私人产品，它以专门为消费者提供赛事表演和服务为目的，消费者只有具备一定的经济消费水平，才能购买不同层次、不同价格的服务。

---

① 鲍明晓. 构建举国体制与市场机制相结合新机制[J]. 体育科学，2018，38（10）：3-11.

第二，竞技体育高质量发展是政府逻辑与市场逻辑的有机统一。中国特色竞技体育高质量发展离不开政府领导，政府发布的体育法律法规、方针政策能够引导竞技体育的发展方向，纠正市场机制的失灵，维护竞技体育健康发展的秩序；同时，能够激发市场的活力，发挥市场机制高效配置资源的优势，提高竞技体育基础大项和集体球类项目的竞技水平，增强竞技体育自身造血能力。因此，竞技体育的发展只有有效融合政府逻辑与市场逻辑，才能实现优势互补的高质量发展。

（二）举国体制与市场机制融合度表征的指向

所谓融合是指事物（系统）之间的联系由联合或合并向相互渗透、互为一体的方向发展的化学反应[①]。融合度是融合程度的简称，举国体制与市场机制的融合度是在遵循社会主义市场规律的前提下对传统举国体制进行改革与完善的程度，是与市场机制深入互动、互补的程度。举国体制与市场机制的融合是竞技体育国家利益、社会利益与市场利益的竞争与协同，体现了竞技体育高质量发展的数量与质量、效率与公平、方向与活力的有机统一，是国家治理体系与治理能力现代化建设的必然要求。归根结底，举国体制与市场机制融合度表征的是举国体制与市场机制有机衔接的一体化程度，可以分为低融合度、较低融合度、中等融合度、较高融合度、高融合度。当二者达到高融合度时，市场机制就与举国体制融为一体，形成新型的举国体制。传统举国体制就由行政主导下的"管办一体"质变为"体育行政部门监管+协会与市场办"的多元协商治理体制机制，即新举国体制。

（三）举国体制与市场机制融合的维度

举国体制与市场机制的融合在广度、高度、深度上优于举国体制与市场机制的结合，主要表现在目标融合、组织关联、职能有机衔接、资源融合四个方面。

1. 目标融合

传统举国体制是以争金夺银、为国争光为目标，以专业运动队为组织形式，以全运会为核心，以各级各层赛事形成的竞赛体系为杠杆的运行方式。竞技体育

---

① 卢文云，陈佩杰. 全民健身与全民健康深度融合的内涵、路径与体制机制研究[J]. 体育科学，2018，38（5）：25-39，55.

市场机制是以提供竞赛表演服务产品为盈利手段的发展方式。二者目标融合的衔接点在于提高运动技术水平及项目整体竞争水平。一方面，市场机制通过提高职业体育项目的竞技表演水平，达到提升该项目在国际大型赛事上的运动技术水平和整体竞争水平的目标。另一方面，举国体制的坚持与完善能够为职业体育和商业体育优化竞争环境，维护竞争秩序，夯实大众参与体育活动和消费体育产品的社会基础，提升职业体育和商业体育的社会关注度。在发展目标方面，二者相竞相争、相辅相成的程度能够反映举国体制与市场机制的融合度。

2. 组织关联

举国体制与市场机制的融合必然要求组织机构的有效关联和权利界限实现有效衔接。具体如下：一是体育项目协会与体育行政部门建立的组织关联。从体育项目协会的章程上看，中国足协、中国篮协、中国排协、中国乒协等体育社团需要根据法律授权和政府委托管理全国体育事务，接受行业管理部门和登记管理机关业务指导与监督管理；体育社团的纪委一般由体育总局领导和指派。全国体育项目协会在章程中都明确规定协会的党组织工作接受体育总局党组领导，甚至有些协会的党委书记由体育总局指派。二是体育项目协会与职业体育理事会建立的组织关联。这一点在中国足协制定的《进一步推进足球改革发展的若干措施》中可见一斑。中国足协与职业体育理事会互派代表参与决策；中国足协独家拥有中超、中国足球协会甲级联赛（以下简称中甲）和中国足球协会乙级联赛（以下简称中乙）三级职业联赛的产权和监督权；职业联盟拥有三级职业联赛的管理权、经营权和收益分配权，享有管理自主权[①]。《进一步推进足球改革发展的若干措施》中明确了中国足协和职业联盟的组织关联，厘清了所有权、管理权与运营权等各自权责。可见，组织关联是举国体制与市场机制融合的纽带，我国体育行政部门、体育项目协会、俱乐部及职业联盟要建立天然的互嵌互融关系，这一关系的深化程度反映了举国体制与市场机制在组织关联上的融合度。

3. 职能有机衔接

举国体制与市场机制的融合需要实现职能互促互补的有机衔接，二者的融合

---

① 中国足球协会. 中国足球协会关于进一步推进足球改革发展的若干措施[EB/OL].（2020-12-18）[2024-03-05]. http://www.thecfa.cn/zuqiugaige/20201218/29167.html.

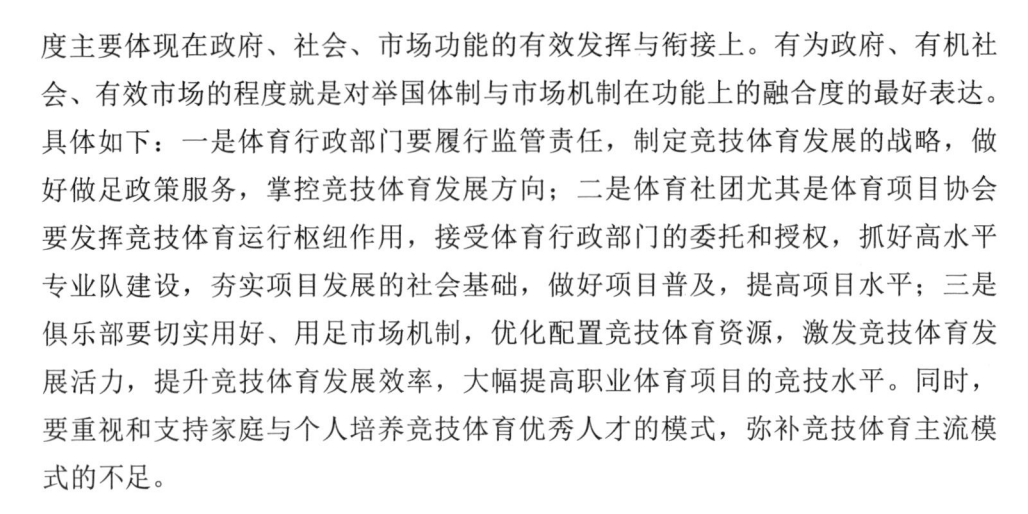

度主要体现在政府、社会、市场功能的有效发挥与衔接上。有为政府、有机社会、有效市场的程度就是对举国体制与市场机制在功能上的融合度的最好表达。具体如下：一是体育行政部门要履行监管责任，制定竞技体育发展的战略，做好做足政策服务，掌控竞技体育发展方向；二是体育社团尤其是体育项目协会要发挥竞技体育运行枢纽作用，接受体育行政部门的委托和授权，抓好高水平专业队建设，夯实项目发展的社会基础，做好项目普及，提高项目水平；三是俱乐部要切实用好、用足市场机制，优化配置竞技体育资源，激发竞技体育发展活力，提升竞技体育发展效率，大幅提高职业体育项目的竞技水平。同时，要重视和支持家庭与个人培养竞技体育优秀人才的模式，弥补竞技体育主流模式的不足。

4. 资源融合

资源融合是举国体制与市场机制融合的支撑因素，是二者实现过程融合的载体和保障。具体如下：一是赛事资源的属性界限存在一定的模糊性，这能够促进公共产品与私人产品赛事资源的转换与融合。例如，竞技体育准公共产品兼具公共产品与私人产品的属性，如乒乓球、羽毛球、排球等项目多实行双轨制，可见竞技体育的赛事资源是可以共建共享的。二是竞技体育专门人才的通用性。高水平竞技体育人才既可以参加专业赛事，也可以参加职业赛事，这也是通过职业体育培养人才的初衷，并且我国职业体育的"原始股"就是从专业队伍直接转到职业队伍。三是专业赛事与职业赛事都具有良好的正外部效应。无论是举国体制下的国内外大型赛事，还是市场机制主导下的职业赛事，都能够促进社会经济的发展，都能在更广的范围内影响国民的健康观念和行为。

四、竞技体育高质量发展序参量的演化

举国体制与市场机制的融合度即序参量，在竞技体育的发展过程中扮演着主导者的角色，是指挥竞技体育有序演化发展的"无形的手"。根据序参量的特征与作用，结合竞技体育发展的历程与未来演化，竞技体育高质量发展序参量的演化划分为序参量未建立、序参量初步建立、序参量基本成熟、序参量比较成熟、序参量成熟五个阶段（图7-1）。

第七章 协同学视角下我国竞技体育高质量发展的动力研究

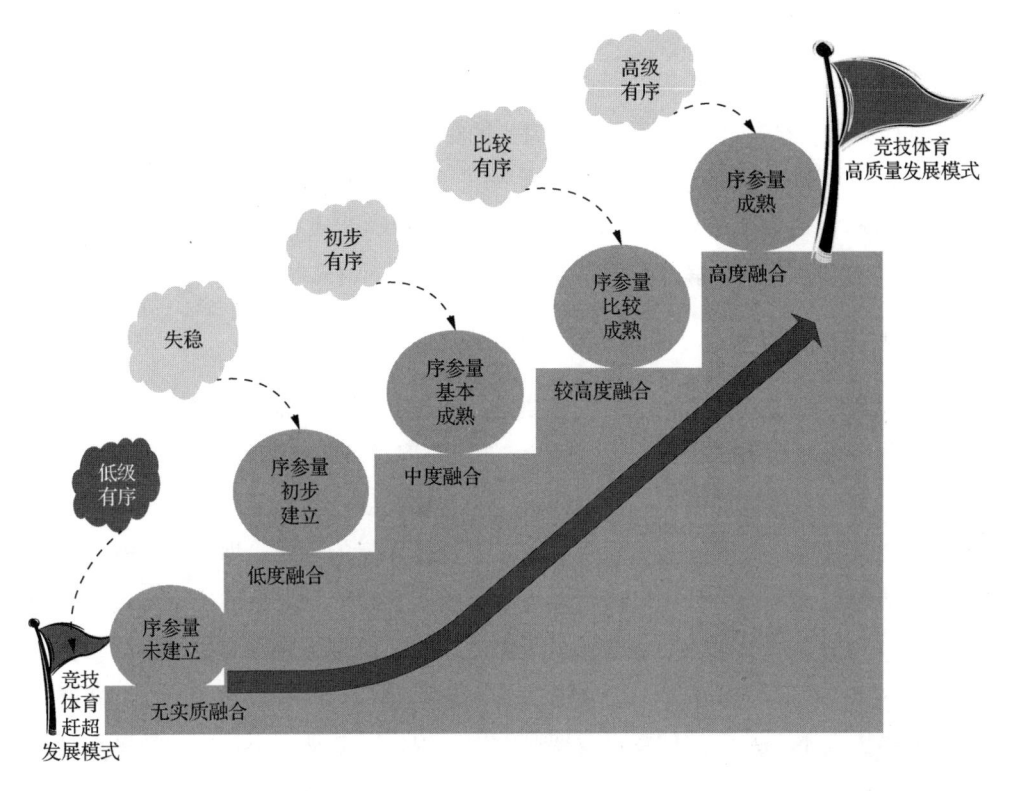

图 7-1 竞技体育高质量发展序参量的演化

（一）序参量未建立阶段

1. 举国体制与市场机制无实质融合

在序参量未建立阶段，竞技体育表现为举国体制下的赶超发展模式，实行行政主导下的管办一体，竞技体育资源高度集中，体育项目协会虚设，俱乐部产权不清，形成体育行政部门一家办的整体特征。从职业体育看，1994 年开设的职业体育项目普遍处于亏损状态，俱乐部整体入不敷出。由于过度追求经济效益和市场效应，金元体育横行，职业竞技水平与运动员酬劳偏离市场规律，与国家希望通过职业体育提高运动水平的初衷相背而行；联赛与俱乐部所有权、管理权、运营权混乱，企业撤资、联赛"裸奔"、俱乐部倒闭、欠薪纠纷等时有发生；尤其是俱乐部产权不清，俱乐部、体育项目协会、体育中介机构的市场主体资质不规范；体育社团（包括体育项目协会、全国体总、中国奥委会）还未完成实体化等。这与市场经济要求的法人实体运行的方式相背离。在商业赛事方面，上海 F1

大奖赛、中国网球大师赛等比较成功的大型赛事都是国外体育组织在中国举办的商业赛事。至于奥运冠军为企业代言也是企业利用奥运冠军的商业价值为自身服务，难以体现社会与市场力量"办体育"的目标。该阶段竞技体育的市场机制作用微弱，职业体育被称为"非职业体育""准职业体育"，市场机制沦落为举国体制的边角料。这表明该阶段举国体制与市场机制的关系充其量是两种方式的结合，二者不存在融合发展。

2. 竞技体育系统处于低级有序的发展状态

所谓有序是指竞技体育子系统或要素之间建立了有机联系，有规则地实现竞争与协同，表现为系统结构的稳定性[①]。低级有序是指竞技体育系统未达到全面、充分、稳定和可持续发展，并非指该阶段的赶超发展是混乱无序的。在该阶段举国体制是赶超发展模式的制度保障，主导了竞技体育的选材、训练、比赛、管理等环节的跨越式发展。赶超发展模式适应了我国竞技体育发展的实际，适应了国际竞技体育的竞争形势，并且取得了历史性成就。但是赶超发展模式存在诸多瓶颈，如体育行政部门管办一体造成体育项目协会、俱乐部主体地位的长期边缘化，冠军成本居高不下，竞技体育自我造血能力与内生发展动力不足，体教割裂等问题。因此，在该阶段竞技体育系统是低级有序发展的，需要进一步构建竞技体育发展关系，实现高级有序发展。

（二）序参量初步建立阶段

1. 举国体制与市场机制低度融合

在序参量初步建立阶段，竞技体育的转型探索正在推进，举国体制传统三驾马车之一的行政管理体制面临较大改革，由政府管办一体机制向"政府监管+协会与俱乐部自组织运行"新机制转变，努力建设多元协商的治理体系架构，不断提高现代化治理能力。在此阶段体育总局改革力度颇大，这种改革是为协会、俱乐部赋权增能幅度最大的"自我革命"。改革举措包括协会实体化、俱乐部产权明晰等，都是社会与市场自主发展的条件。换句话说，在该阶段竞技体育的社会与市场机制试运行，它们与举国体制的融合正在起步，配套政策和制度建设逐渐完善。因此，竞技体育系统的序参量不是非零，而是略大于无融合状态。

[①] 秦书生. 现代企业自组织运行机制[J]. 科学与科学技术管理，2001，22（2）：38-41.

2. 竞技体育整体处于系统失稳状态

中国特色社会主义市场经济体制要求市场机制发挥决定性作用，并更好地发挥政府作用。竞技体育转型发展从一开始便顺应这一历史潮流，逐渐改革竞技体育中的主体关系，推动竞技体育实现更高层次的发展。具体如下：一是确立了新的竞技体育系统战略目标。新时代要转变竞技体育发展方式，建立优势项目均衡结构，实现基础大项与三大球项目大发展的战略目标，引导竞技体育突破赶超发展模式，向高质量发展模式转型。二是推进协会实体化，构建竞技体育新的主体发展架构。三是裁撤部分运动项目管理中心，推进"放管服"改革，消解行政部门管办一体机制存在的问题。四是在选人用人上大胆启用体育专业人才，其中"纳入奥运项目协会实体化改革的有28家的主要负责人调整完毕"[①]。

（三）序参量基本成熟阶段

1. 举国体制与市场机制中度融合

在序参量基本成熟阶段，新型举国体制基本成形，实现了竞技体育高质量发展的微观目标。体育行政部门、体育项目协会、俱乐部成为推动新型举国体制运行的三驾马车，竞技体育多元协商治理能力增强；举国体制的目标协同度较高，组织关联度得到加强，高质量赛事资源更加丰富，有为政府、有机社会、有效市场的发展轨道进一步明确。因此，我国针对国际大赛的备战效率提高，金牌和奖牌数量稳中有升；社会主体、市场主体的主动性和积极性不断提高，职业赛事的水平和质量大幅提高；随着职业体育的长足进步，竞技表演市场规模不断扩大，竞技体育产业市场比较繁荣，俱乐部扭亏为盈，原本处于劣势的集体球类项目的竞技水平得到提升。

2. 竞技体育系统处于初步有序的发展状态

在序参量基本成熟阶段，竞技体育传统优势项目状况比较稳定，弱势集体项目状况得到大幅改善，整体发展结构比较均衡，系统质量和效益大大提高，初步实现有序发展，较好地完成了高质量发展的微观层面目标。具体如下：竞技体育宏观监管有效，战略与政策具有前瞻性和引领性，多元功能得到发挥，利益格局日益多元和协调；竞技体育资源浪费、职业体育金元泡沫及假赌黑问题基本

[①] 杨桦. 体育改革：成就、问题与突破[J]. 体育科学，2019，39（1）：5-11.

得到解决；体育社团、俱乐部等微观主体比较有活力，全国体总、中国奥委会、体育项目协会具备较强的业务能力、协调能力、动员能力，国家队竞争力进一步提升；俱乐部之间竞争规范有序，能够提供高质量的赛事服务产品，满足竞技体育多元化需求；体教融合全面推进，后备人才数量增加且质量大大提高，运动员的综合素质得到改善，大量高素质、高水平人才涌现；运动员退役科学合理，退役运动员社会就业和创业比较顺利。

（四）序参量比较成熟阶段

1. 举国体制与市场机制较高度融合

在序参量比较成熟阶段，新型举国体制比较成熟，竞技体育高质量发展的中观目标得到逐步推进，基本建成"有为政府、有机社会、有效市场"的共同体。体育政府部门的舵手地位进一步得到认同，市场机制发挥了竞技体育资源配置的决定性作用，社会机制有机衔接了政府与社会的协同关系，巩固了社会机制服务于竞技体育高质量发展的枢纽地位。竞技体育多元主体协商治理体系不断完善，现代化治理能力不断提高。

2. 竞技体育系统处于比较有序的发展状态

在序参量比较成熟阶段，竞技体育发展兼顾数量与质量、速度与公平、规模与效益，实现高质量发展的中观目标。具体如下：新型举国体制的三驾马车的竞争与协同有序，为竞技体育高质量发展提供了可持续发展动力；基础大项与三大球项目进一步发展，更新了竞技体育优势项目结构，扩大了优势项目的数量，从而形成了竞技体育均衡发展的结构，大大提高了我国竞技体育的竞争力和国际地位；职业体育实现更高水平的发展，职业联赛的国际竞争力和吸引力大大增强，不仅满足了国内大众的高质量需求，还满足了一些国家和地区大众的高质量需求，个别职业项目能够引领国际职业体育的发展潮流。

（五）序参量成熟阶段

1. 举国体制与市场机制高度融合

在序参量成熟阶段，市场机制完全融入举国体制，与社会机制一起成为举国体制有机协调的"左右手"，竞技体育完成了高质量发展的宏观目标。具体如下：举国体制形成成熟的"政府监管+市场与社会自组织"的体制机制，竞技体育多元协同治理体系和治理能力实现现代化；竞技体育发展的质量与效益实现质的飞跃，走出了一条有中国特色的竞技体育发展道路。

2. 竞技体育系统处于高级有序的发展状态

在序参量成熟阶段，业余体育、专业体育、职业体育有机衔接，后备人才培养"学校教育化"，运动员实现全面发展。竞技体育表演市场具有相当规模，连同体育产业成为国民经济的支柱之一。职业体育健康、有序发展，部分职业联赛的国际市场得到进一步拓展，引领国际职业联赛可持续发展，并且培养了大批高水平专门人才，助力竞技体育运动员在国际舞台上争金夺银。总之，竞技体育的发展整体处于自组织有序状态，政府更加有为，社会更加有机，市场更加有效，内生动力充足，发展结构均衡，形成了中国特色竞技体育高质量发展模式。

第三节 序参量役使下我国竞技体育高质量发展的动力机制

役使原理是协同学三大原理之一，是序参量形成之后的役使或支配子系统，是主导系统从无序到有序、从低级有序到高级有序发展的原理。根据协同学中的役使原理，序参量（即举国体制与市场机制的融合度）是主导竞技体育高质量发展的"场"力量，是竞技体育系统要素、子系统形成合力的"主心骨"。

一、我国竞技体育高质量发展的动力因素

在竞技体育高质量发展过程中提供动力的因素均是动力因素，主要包括外在动力因素和内在动力因素。另外，竞技体育主体之间相互作用与传递的媒介，如组建权力、部门利益、技战术水平及体育资源等，都是竞技体育发展的动力媒介因素。

（一）外在动力因素

外在动力因素是影响竞技体育高质量发展的外在条件、环境，是竞技体育高质量发展的外因，其只有作用于内在动力因素才能发挥推动作用。外在动力因素主要包括财政拨款、国际体坛影响、学校教育水平、科学技术水平、金牌关注度与职业体育关注度、国家远景发展目标与国民经济水平七个方面。

1. 财政拨款

财政拨款是国家支持竞技体育发展的重要手段之一。自中华人民共和国成立以来，训练经费、竞赛经费、后备人才培养经费、退役就业经费等资金主要来源于国家财政拨款，国家财政拨款甚至一度成为竞技体育的唯一经费来源。2011—2015年，竞技体育财政支出是群众体育财政支出的3倍左右，仅2015年体育竞赛和体育训练的费用就达到67.45亿元[①]。全国公共财政支出决算表中的统计数据表明，2019年用于运动项目管理、体育竞赛、体育训练三者的公共财政支出为188.6亿元，群众体育费用支出为44.74亿元[②]。在竞技体育优先发展时期，竞技体育经费大约占到体育总经费的八成，群众体育经费约占两成。在全民健身上升为国家战略后，竞技体育经费所占比例虽然有所下降，但经费总量仍呈上升趋势。随着中国特色社会主义市场经济体制的成熟与完善，以及协会实体化、俱乐部产权明晰，国家对一些职业体育项目的财政资助力度有所调整。有研究发现，1995—2005年中国篮球职业市场的变化特征是国家投入的比重逐渐下降，市场领域投入的比重逐渐提高[③]。

2. 国际体坛影响

世界竞技体育是一个交流与合作的大舞台，我国与国际体育组织、参与国在竞技体育舞台上属于竞争与协同的关系。国际体坛主要在竞争格局与改革发展两个方面影响我国竞技体育。一方面，国际竞技体育的激烈竞争激发了我国应对挑战的动力，与世界各国和先进地区优秀竞争对手的交流、学习促进了我国竞技体育竞争力和影响力的提高。我国要在国际体坛稳住第二集团的位置，挑战第一集团，这也是推动竞技体育不断前进的动力。另一方面，国际竞技体育改革尤其是奥运会、国际单项体育组织的变革也推动了我国竞技体育的改革与创新。例如，2020年东京奥运会新增棒垒球、攀岩、空手道、冲浪、滑轮五个大项16个小项；国际奥委会曾考虑将举重项目逐出奥运会[④]等。这些改革无不深刻影响着我国竞技

---

① 邱鹏，李燕领，柳畅，等. 我国公共体育服务财政投入研究：规模、结构与效率[J]. 天津体育学院学报，2019，34（2）：105-112.
② 中华人民共和国财政部. 2019年全国一般公共预算支出决算表[EB/OL]. （2020-07-03）[2024-03-05]. http://yss.mof.gov.cn/2019qgczjs/202007/t20200731_3559686.htm.
③ 毕仲春，陈丽珠，马小平. 国家与市场关系变迁过程中：我国竞技篮球的市场化转变[J]. 北京体育大学学报，2007，30（4）：555-557.
④ 佚名. 国际举联改革进展缓慢 举重项目或被逐出奥运会[EB/OL]. （2020-10-08）[2024-03-05]. https://www.chinanews.com.cn/ty/2020/10-08/9307897.shtml.

体育的发展布局和备战策略。此外，国内优秀人才在国际体育组织任职的情况也是影响我国竞技体育发展的重要因素。

3. 学校教育水平

根据竞技体育高质量发展观，竞技体育后备人才的培养要实现业余体育教育化，通过教育系统为竞技体育高质量发展提供全面、充分发展的高素质后备人才。只有学校教育达到较高的现代化水平，才能实现包括体育在内的"五育一体"的协同发展。因此，学校教育的现代化程度决定了竞技体育后备人才的数量、质量与基础厚度，在很大程度上影响了后备人才在专业领域的发展高度和深度。

4. 科学技术水平

我国体育事业发展已经由经验驱动转变为科技驱动，体育科技成为引领体育强国建设的重要动力[①]。我国科技理念、技术水平、方法手段及科技体制机制深刻影响了竞技体育高质量发展的技战术改进与创新、训练竞赛情报搜集、装备水平，以及体育科技成果的数量、质量与转化率，进而影响了竞技体育的发展速度、效益与质量。

5. 金牌关注度与职业体育关注度

金牌关注度与职业体育关注度反映了竞技体育高质量发展的官方基础、社会基础与市场基础。一方面，金牌关注度与职业体育关注度反映了国家的重视程度、社会大众的支持度与产业市场的活力，可以作为优化竞技体育高质量发展环境的指标。另一方面，金牌关注度与职业体育关注度也能够反映竞技体育高质量发展的程度，能够促进竞技体育提高竞技水平，提供高水平、高层次的赛事服务，满足社会多元化、高质量的体育需求，培养大量高素质的球迷群体，夯实竞技体育高质量发展的社会基础与经济基础。

6. 国家远景发展目标

国家远景发展目标描绘了国家的未来发展蓝图，具有强大的引领、规制与激励作用，为全国上下各行各业指明了前进方向。《中国共产党第十九届中央委员会第五次全体会议公报》中提出了到2035年我国基本实现社会主义现代化的远景

---

① 张雷，陈小平，冯连世. 科技助力：新时代引领我国竞技体育高质量发展的主要驱动力[J]. 中国体育科技，2020，56（1）：3-11.

目标，建成体育强国是目标之一。这一远景目标为竞技体育高质量发展提供了良好机遇，赋予了竞技体育新的历史使命。同时，这一远景目标又为竞技体育高质量发展带来了危机感与紧迫感，极大地推动了竞技体育工作者进一步解放思想、提高发展质量与效益，推动了竞技体育转方式、调结构、换动能、补短板的大突破与大发展。

7. 国民经济水平

竞技体育表演业是国民经济社会中的重要行业之一，是"五位一体"发展的重要作用点。因此，竞技体育表演业的发展理念、方式及过程无不深受国民经济水平的制约和影响。国运兴则体育兴，国家综合国力强大了，竞技体育发展的基础和条件自然水涨船高；国民人均消费水平提高了，竞技体育表演市场也会繁荣起来；国民经济水平提高了，国民生活方式必然得到改善与升级，易于形成竞技体育的多元化需求。总之，国民经济水平是拉动竞技体育高质量发展的重要力量。

（二）内在动力因素

竞技体育高质量发展的内在动力因素主要包括两个方面：一是由系统自身内在发展需求产生的原生性动力因素，它需要转化为现实动力[①]；二是因动力主体之间的传导而产生的次生性动力因素，如举国体制与市场机制的融合作用、创新作用、资源保障作用、利益结构等。

1. 系统自身内在发展需求

系统自身内在发展需求是竞技体育高质量发展的原动力，主要包括系统自身的全面发展、充分发展、稳定发展与可持续发展四个方面。在一个相当长的时期内，竞技体育高质量发展的内在发展需求是实现均衡发展和可持续发展，实现职业体育良性健康发展，提高竞技体育自身发展的科学现代化水平。

2. 举国体制与市场机制的融合作用

举国体制与市场机制的融合度是竞技体育高质量发展的序参量，是表征竞技体育发展状态的宏观参量，是支配竞技体育要素与子系统发展的主导力量。举国体制与市场机制的融合发展具有广义"场"的作用，是竞技体育子系统需要遵循的规则，能够统领竞技体育整体系统发展，实现竞技体育高质量发展目标。

---

① 郑杭生. 社会学概论新修（精编版）[M]. 北京：中国人民大学出版社，2009.

3. 创新作用

创新是促进各行各业发展的不竭动力，竞技体育高质量发展需要发挥创新的突破作用和引领作用。竞技体育通过体制创新、制度创新、文化创新及技战术创新，形成各领域、各环节、各层次的协同发展，取得整体竞争优势地位，实现结构调整、动力转换、补齐短板、强化弱项的有序发展。

4. 资源保障作用

人力、物力、财力、信息等资源是竞技体育发展的基础性要素，充足和高质量的资源是竞技体育高质量发展的前提和保障。同时，举国体制与市场机制的融合发展是建立在竞技体育资源载体之上的。竞技体育高质量发展一方面需要优化和利用存量资源，提高运动员、教练员、经理人等人力资源和硬件资源的利用效率，稳定和保持既有竞争优势；另一方面需要开发和开拓高质量增量资源，培养高水平明星运动员，打造竞技体育领军人物，打造竞技体育高质量发展的能人群体，同时发挥新型科技资源的杠杆作用，更新和完善竞技体育资源结构。

5. 利益结构

竞技体育高质量发展是利益格局调整、分化、重塑的过程。竞技体育国家利益、市场利益、社会利益与个人利益的冲突与协调，实体化后"新生"协会等利益集团、原有举国体制的既得利益集团及边缘利益集团之间的竞争与重组，制约了竞技体育的发展方式、发展速度与发展质量，是影响竞技体育高质量发展深度的因素。为国争光、市场逐利、个人发展，以及部门、区域之间的利益博弈是牵引竞技体育发展的神经中枢，竞技体育的利益分配及格局结构对竞技体育的深入改革和健康发展影响深远。

二、我国竞技体育高质量发展动力系统

（一）我国竞技体育高质量发展动力系统的结构

第一，竞技体育高质量发展动力系统是"一核三体三元"竞争与协同融合发展的系统（图7-2）。"一核"是指核心引擎序参量。"三体"是指竞技体育系统中的体育行政部门、体育项目协会与俱乐部三方主体，高校、家庭、个人等主体作为"三体"的辅助与补充。"三元"是指职业体育、专业体育与业余体育三类竞技体育发展形态。竞技体育高质量发展动力系统以序参量为核心，由序参量主导和

役使竞技体育各要素与子系统；"三体""三元"及资源之间相互竞争、相互协同，共同推动竞技体育高质量发展。

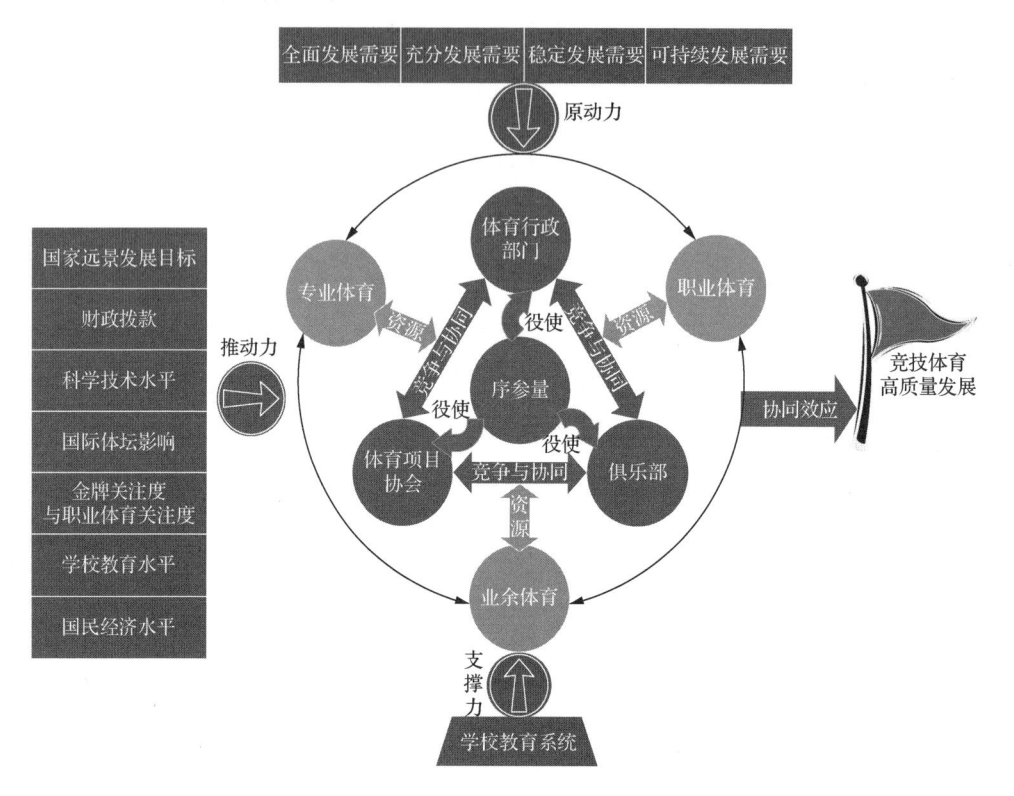

图 7-2 我国竞技体育高质量发展动力系统

第二，从动力性质看，竞技体育高质量发展动力系统是由内生动力与外生动力构成的。其中，竞技体育自身发展需求产生的原动力、"三体"相互传递产生的次生动力形成了高质量发展的内生动力；由竞技体育系统外在动力因素组成的推动力、学校教育系统产生的支撑力形成了竞技体育高质量发展的外生动力。

（二）我国竞技体育高质量发展动力系统的特征

1. 一核贯通性

在序参量主导下，我国竞技体育高质量发展动力系统"三体""三元"的竞争与协同动力机制贯通整个竞技体育系统。从宏观层面、中观层面到微观层面，从国家运动队、省运动队到基层运动队及业余训练队，从超级职业俱乐部、甲级职业俱乐部到乙级职业俱乐部，都需要发挥举国体制与市场机制的融合作用，激发竞争与协同的内生动力，推动竞技体育的全面发展、充分发展、稳定发展与可持续发展。

2. 多层次复杂性

我国竞技体育高质量发展动力系统的关联方式丰富，层次结构复杂。一方面，该系统外层有动力因素产生的外生动力，内层有竞争与协同产生的内生动力；在动力性质上，有自身需求产生的原动力，以及原动力转变生成的次生动力，这是推动竞技体育高质量发展的现实动力。另一方面，在竞技体育整体上，职业体育、专业体育与业余体育形成了竞争与协同动力。其中，在国家层面上，体育总局、体育项目协会、俱乐部及联盟之间形成竞争与协同动力；在地方或区域层面上，地方体育行政部门、全国及地方体育项目协会、不同等级俱乐部之间亦形成竞争与协同动力。同时，不同层面的主体、资源之间也需要产生竞争与协同动力。由此可见，竞技体育高质量发展动力系统是多层交互、存在竞争与协同的复杂系统。

3. 系统边界开放性

系统边界开放性主要是指竞技体育系统与教育系统、社会系统之间的关联与开放幅度，达到满足物质、能量、信息的耗散需要。具体如下：一是竞技体育要为教育系统开放后备人才培养的权力，实现业余体育教育化。竞技体育的本质功能是挖掘人体潜力、表现人类的竞技能力，后备人才的全面发展与培养应回归专于此项功能的教育系统，通过教育系统输送高质量的后备人才资源。竞技体育回馈社会的是赛事服务产品与体育精神食粮，这就是耗散结构理论中强调的要与外界环境交换物质与能量。二是竞技体育要为社会系统开放实现相互之间竞争与协同的平台。例如，国家科技水平决定了竞技体育科技服务的水平，竞技体育相关部门需要公开对备战过程、竞赛过程及人才选拔与培养过程中需要攻关的课题进行招标，鼓励具有资质和能力的机构、团队、个人开展各层次、各环节的竞争与合作，做好竞技体育科技服务工作，提高竞技体育的科学化水平。另外，无论是专业体育运动员还是职业体育运动员，都有自己的职业运动生涯，因此运动员退役就业问题需要融入社会系统。总之，竞技体育需要适度开放时空边界，不应独立于社会系统、教育系统之外，不应成为封闭而"熵"增大的系统，避免失去发展的生机和活力。

4. 协同效应非线性

我国竞技体育高质量发展动力系统内所有的发展力量，包括外在的推动力、支撑力，内生的原动力、次生动力，最终都要汇聚成竞技体育高质量发展的合力，这样才能实现竞技体育高质量发展的协同效应。协同效应是指复杂开放系统中大量子系统之间因相互协同作用而产生的整体效应或集体效应[①]。我国竞技体育高质量发展动力系统的协同效应并非各子系统协同效应之和，而是通过"1+1>2"的非线性正反馈，实现竞技体育发展效应的倍增，进而实现竞技体育事半功倍的高质量发展。

5. 动力媒介内隐性

动力媒介是社会动力从一个动力主体传导到另一个动力主体的渠道，也是社会动力积累和递增的主要凭借之一[②]。竞技体育高质量发展的动力媒介主要有权力、利益等稀缺资源。竞技体育的监管权、举办权，以及国家利益、市场利益、社会利益及个人利益均是作用于竞技体育系统的动力媒介，内隐在主体相互作用之间、竞技体育资源流动与集聚之间、各自追求的目标结果与过程中。

三、我国竞技体育高质量发展的役使动力机制

在我国竞技体育高质量发展动力系统中，举国体制与市场机制的融合度作为竞技体育系统的序参量，是竞技体育主体系统、资源系统、资金系统、信息系统协同自组织产生的宏观变量，它对子系统拥有役使能力，子系统也会服从、拥护它的支配地位。竞技体育从"三块牌子一套人马"的数量赶超模式转变为高质量发展的复杂有序模式，总是由"序参量支配其他稳定模而形成一定的结构或序，总是序参量起主导作用的结果"[③]。

（一）构建竞技体育序参量的可持续演化体制

竞技体育高质量发展是动态变化的过程，需要序参量可持续发挥役使动力机制，因此，需要构建序参量的可持续演化体制。

---

① 沈小峰，吴彤，曾国屏. 自组织的哲学：一种新的自然观和科学观[M]. 北京：中共中央党校出版社，1993.
② 郑杭生. 社会学概论新修[M]. 5版. 北京：中国人民大学出版社，2019.
③ HAKEN H. Visions of synergetics [J]. International Journal of Bifurcation and Chaos, 1997, 7(9): 759-792.

1. 创造和优化竞技体育序参量发展的自组织环境条件

竞技体育高质量发展是政府领导下的自组织发展，职业体育、专业体育、业余体育等子系统的竞争与协同产生了序参量。同样，序参量的可持续演化仍然需要创造和优化自组织的环境与条件。具体如下：完善竞技体育一核三体三元双向开放系统，促进竞技体育系统对内、对外合理充分地开放；通过良性竞争与不断创新，促进竞技体育的非平衡发展；强化竞技体育的非线性作用网络，扩大非线性效应；抓住竞技体育系统的内外涨落，不断促进竞技体育从低级有序向高级有序转化的高质量发展。

2. 完善竞技体育实体化协会组织体系

协会实体化是竞技体育内生动力的载体，是序参量可持续演化体制的基石，是体育行政部门、俱乐部与体育项目协会自组织架构中的关键一环，对于竞技体育高质量发展非常重要。建立竞技体育实体化协会组织体系的方法如下：一是使体育项目协会成为真正自主发展的独立实体，使其能够主动参与竞技体育的发展。二是要从纵横两个方面构建实体化协会的组织网络。在横向上，体育项目协会要与体育行政部门、俱乐部建立职责、功能互补的关联网络；在纵向上，体育项目协会要与各地方、行业部门建立业务互通的关联网络。三是加强实体化协会的有效沟通，夯实竞技体育竞争与协同的组织基础，为其高质量发展提供有力的组织保障。

3. 实行竞技体育动态调整的权责清单制度

权责清单制度能够规范竞技体育主体的职责行为，建立边界清晰的责权利结构，这有利于举国体制与市场机制的有序衔接和融合。具体如下。

第一，明确新时代竞技体育高质量发展主体的职能定位。体育行政部门主体履行监管职能，负责制定竞技体育高质量发展的方向与政策，扮演竞技体育"一家之主"的角色；体育社团主体承担协调与服务职能，是竞技体育高质量发展的桥梁和枢纽，扮演竞技体育系统"大管家"的角色；俱乐部市场主体承担配置资源的重任，负责提高竞技体育发展的活力与效率，扮演竞技体育开疆辟土的"大将"角色。

第二，体育行政部门要深化"管办分离"改革，建立权力清单制度。在竞技体育发展的方向、战略、平台、规则上，体育行政部门要主动作为和有效作为，建设有为政府，维护竞技体育高质量发展秩序；同时，在体育项目协会、俱乐部及其联盟在职责范围内能够做好的事项上，只要符合竞技体育服务产品性质，能够满足国家、社会、市场及个人需求，体育行政部门就要主动放权与彻底放权，做到不越位和不错位。

第三，体育社团、俱乐部等主体建立动态的责任清单制度。在重大赛事与活动节点，推荐优秀竞技运动员代表国家参加赛事活动；在精神榜样、公益广告、文明形象的倡导，以及服务社区、学校等方面，制定明确的社会责任常规清单。除体育行政部门授权履行的职责外，对于体育项目协会负责的运动队建设、人才培养、赛事举办等，俱乐部及职业联盟负责提供高质量赛事服务产品，二者还要履行国家责任和义务，为国家培养竞技体育人才，在国际大型赛事上为国争光。特别是职业俱乐部不能完全照搬西方职业俱乐部机制，避免过度追求市场利益，而应该在追求经济利益的同时兼顾为国争光，并履行服务社会与回报社会的义务。通过合理、合法的权责清单制度，一方面能够有效监督和约束竞技体育主体的行为，使之符合举国体制与市场机制融合发展的要求，另一方面能够促进体育行政部门、俱乐部与体育社团的相互协作，提高举国体制与市场机制的融合度。

4. 推进三主体互嵌互融关联发展

中国特色竞技体育不同于西方发达国家的竞技体育，其比较突出的特点是体育行政部门、体育项目协会与俱乐部之间具有同气连枝的渊源关系，因为它们都是内生于举国体制的大家庭。因此，竞技体育高质量发展必须依靠三主体的互嵌互融发展。具体如下。

第一，在协议或章程中明确体育行政部门、协会与俱乐部三主体之间的隶属关系、产权关系、业务指导关系。这是为了建立清晰明确的关系边界，以便更加有利于放权与协作，适应社会主义市场经济体制的要求。归根结底，此举反映了在竞技体育领域要更好地发挥政府作用，不能使商业体育、职业体育的市场活动无序扩张，要促进中国特色竞技体育表演产业的健康有序发展。

第二，实现三主体职能的明确划分和衔接。其中，体育行政部门做好宏观监控，定方向，出政策，搭平台，畅通和维护竞技体育健康发展的秩序；通过市场提高发展活力与效率，合理配置竞技体育资源，推动职业体育快速发展，做大做好竞技体育产业蛋糕；体育项目协会发挥协调枢纽作用，提供政府授权的公共产品与半公共产品。同时，三主体要包容和支持高校、家庭、个人参与竞技体育。三主体各负其责，竞相作为，共同提高竞技体育水平，培养竞技体育人才，促进竞技体育的健康持续发展。

第三，组织关联。举国体制与市场机制的融合必然要求组织机构的有效关联和权利界限的有效衔接。一方面，通过协会章程或协议建立事项监管的组织关联，强化体育总局对体育社团的业务指导作用。体育项目协会行使对联赛产权的所有权和监督权，体育项目协会与俱乐部联盟理事会互派代表参与决策。另一方面，各组织要重视党建工作，坚持党的领导，接受上级党委的监督管理。

（二）提升举国体制与市场机制融合度的作用强度

竞技体育高质量发展序参量只有提高自身的作用强度，才能提升自身的支配地位，扩大役使动力范围和加深役使动力深度。

1. 发挥竞技体育高质量发展序参量自增强的正反馈效应

竞技体育举国体制与市场机制融合度自增强的正反馈效应如图 7-3 所示。可以看出在序参量主导下主要有三条闭合反馈回路，其中有两条正反馈闭合回路，有一条负反馈闭合回路。

"+"代表增强，"-"代表减弱。

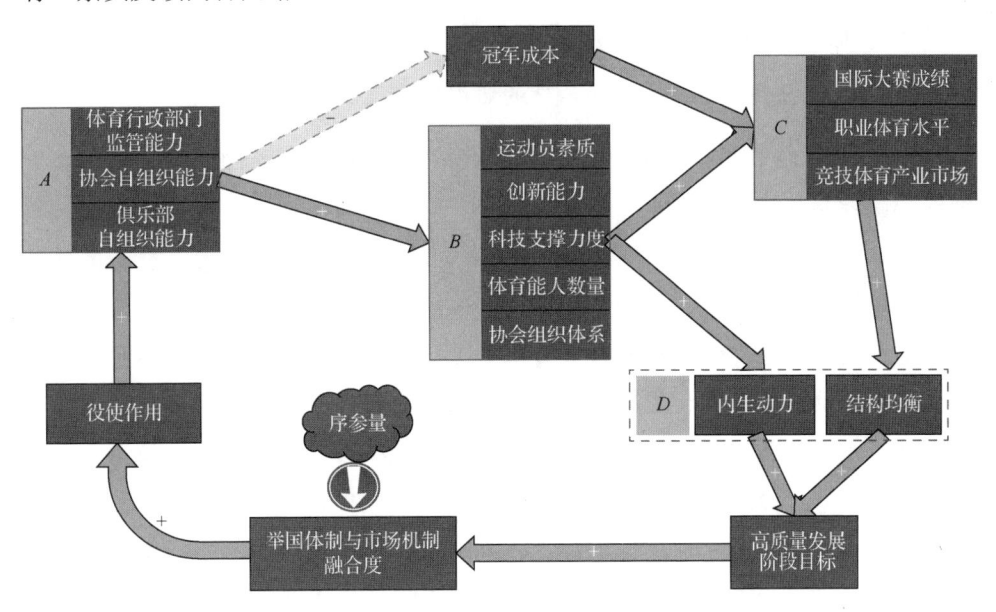

图 7-3　竞技体育举国体制与市场机制融合度自增强的正反馈效应

其中,正反馈回路如下:

序参量→+役使作用→+A→+B→+C→+结构均衡→+高质量发展阶段目标→+序参量

序参量→+役使作用→+A→+B→+内生动力→+高质量发展阶段目标→+序参量

负反馈回路如下:

序参量→+役使作用→+A→-冠军成本→+C→+结构均衡→+高质量发展阶段目标→+序参量

根据该负反馈降低冠军成本的实际性质可以判断,它实际上能够增强竞技体育各环节,有利于促进竞技体育高质量发展。

竞技体育序参量自增强的正反馈效应依赖各部分、各子系统及各环节的竞争与协同,但从该正反馈回路看,役使作用的输出端 A 部分、竞技体育高质量发展阶段目标的输入端 D 部分扮演着承上启下的角色,是促进竞技体育高质量发展序参量正反馈效应的关键环节。因此,竞技体育发挥序参量自增强的正反馈效应,一方面要重视提高竞技体育系统的自组织能力和体育行政部门的监管能力;另一方面要把竞技体育高质量发展的着力点放在内生动力与均衡结构的突破上,竞技体育人、财、物及信息资源的配置要有重点。

2. 建立竞技体育非线性协同治理的组织体系

进入现代化治理体系与治理能力的新时代,多元主体之间的对话与协商机制成为国家与社会治理的主要机制。因此,竞技体育高质量发展应该彻底转变"一家办"体制机制。具体如下:其一,建立多元主体平等、协商、共治的体制机制,尊重协会、企业、俱乐部、高校、家庭、个人的话语权与参与权,发挥国家与社会各界举办和参与竞技体育的力量。其二,竞技体育治理体系要追求多元主体治理、资源优化配置、利益格局和谐、外界条件稳定等多方形成的非线性倍增效应。其三,在序参量主导与法律法规框架下,要倡导竞技体育人才多元发展模式,鼓励创新职业与半职业模式、单飞模式及家庭模式之外的多元模式,探索举国体制与市场机制在人才养成上的融合发展。其四,要处理好竞技体育公共产品与私人产品之间的关系,在赛事服务产品的性质地位、数量、质量上有效协同,统筹兼顾国家利益、协会利益、俱乐部利益、个人利益,满足多元化的竞技体育需求。

3. 提升政府政策、权力结构与平台基地的杠杆作用

竞技体育系统内外的杠杆能够带动系统内部资源，撬动社会、市场优质资源，激发体育项目协会与俱乐部的主动性与积极性，形成举国体制与市场机制良性融合发展的动员机制。一方面，竞技体育系统外部的杠杆主要是指政府政策杠杆，如财政政策、税收政策。通过财政政策的杠杆作用，可以有效引领地方、企业投入相应比例的资金，分门别类地资助不同竞技体育项目与活动；通过税收政策的杠杆作用，可以吸引社会、市场资源进入竞技体育领域，鼓励社会、市场力量举办竞技体育赛事。另一方面，竞技体育内部的杠杆主要有权力结构、赛事平台、大型训练基地等。通过国家队及各级别运动队组建权力的合理分配，实体化体育社团的人事权、财政权的正确释放，以及职业联盟及俱乐部的所有权、运营权及收益权的科学划分，为竞技体育各参与主体赋权增能，明确发展主体的责权利；通过全运会及各种类型的赛事平台，树立竞技体育发展的风向标；通过建设、共享大型标准训练基地，支撑高质量、高水平的训练与竞赛活动。总之，提升政府政策、权力结构与平台基地的杠杆作用，能够增强举国体制与市场机制融合发展的有效性和敏感性，充分发挥"四两拨千斤"的役使作用。

4. 构建运动员健康输入与输出的新陈代谢系统

运动员是竞技体育高质量发展的主体和客体，运动员的全面和充分发展是竞技体育高质量发展的最终目的。因此，运动员后备人才"来自哪里"和退役就业"去向哪里"，体现了运动员全面和充分发展的程度，在很大程度上反映了举国体制与市场机制以人为本融合发展的程度。因此，竞技体育高质量发展需要建立运动员健康输入与输出的新陈代谢系统。一方面，运动员后备人才的可持续输入要根植于国民教育系统，实现"业余体育教育化"。通过在普遍学生群体中选拔和培养全面发展的竞技体育后备人才，培训机构、俱乐部等辅助教育系统培养后备人才，能够夯实高质量训练与竞赛的人才基础，有利于提高运动员在训练与竞赛过程中的主体性和创造性，在竞技体育激烈竞争的不确定性因素中增加高素质人才方面的确定性因素，也为日后运动员的退役就业铺就通途。另一方面，运动员退役就业要实现社会化，国家提供扶持和资助政策，社会和市场提供就业机会和岗位，实现运动员角色和新就业角色的无缝衔接。运动员退役就业的健康输出，既表明运动员的综合素质较高，也表明运动员参加竞技训练与竞赛是科学的、不唯成绩的、全面的发展过程，符合竞技体育的发展规律和人的发展规律。运动员唯

有健康输出，实现高质量就业和生活，在运动员角色转型后收获圆满的人生，才能形成竞技体育高质量发展的正反馈闭环。

（三）建立竞技体育系统竞争与协同的关联方式

系统中的质变是由系统内部子系统之间的关联改变引起的[①]，因此竞技体育实现高质量发展要在序参量的役使下建立子系统及系统内外之间竞争与协同的关联方式（表7-2），具体如下。

表7-2 竞技体育系统竞争与协同的关联方式

系统组合	关联类型	关联长短	役使作用	核心资源	政府作用	社会作用	市场作用
竞技体育系统—教育系统—社会系统	大协同小竞争	长程关联	大	权力稀缺资源	大	中	偏小
专业体育—职业体育	竞争与协同均衡	长程关联	中	常规资源	中	大	大
竞技体育系统—体育产业系统—群众体育系统	大协同小竞争	长程关联	大	常规资源	大	大	中
体育行政部门—体育项目协会—俱乐部	大协同小竞争	中程关联	大	权力稀缺资源	大	大	大
俱乐部之间	大竞争小协同	短程关联	偏小	冠军（名次）稀缺资源	偏小	中	大
运动队之间	竞争与协同均衡	短程关联	小	冠军（名次）稀缺资源	中	大	偏小
体育行政部门之间	小竞争小协同	短程关联	偏小	常规资源	偏小	偏小	小

第一，建立竞技体育系统内外交互、纵横互联的复杂关联网络。"关联方式即结构模式"[②]。其中，在竞技体育系统—教育系统—社会系统之间构建大协同小竞争关联，在竞技体育系统—体育产业系统—群众体育系统之间构建大协同小竞争关联，在专业体育—职业体育之间构建竞争与协同均衡关联，在体育行政部门—体育项目协会—俱乐部之间构建大协同小竞争关联，在俱乐部之间构建大竞争小协同关联，在运动队之间构建竞争与协同均衡关联，在体育行政部门之间构建小竞争小协同关联。

---

① 郭治安，沈小峰. 协同论[M]. 太原：山西经济出版社，1991.
② 苗东升. 系统科学大学讲稿[M]. 北京：中国人民大学出版社，2007.

第二，构建以稀缺资源为竞争核心的大竞争或大协同关联网络。竞技体育系统中的稀缺资源主要是指权力、冠军（名次）等资源，竞技体育主体对这些稀缺资源基本上是零和竞争。其中，以举办权、运动队组建权、管理权等稀缺资源构建大协同关联，发展主体基本上呈现跨部门的特点。在竞技体育系统-教育系统-社会系统之间，围绕后备人才培养权、运动员退役就业构建大协同关联；在体育行政部门-体育项目协会-俱乐部之间围绕举办权、管理权构建大协同关联；在俱乐部之间、运动队之间，围绕冠军（名次）构建大竞争关联。

第三，竞技体育高质量发展要统筹构建系统内外的长程关联与短程关联。一方面，实现竞技体育系统的可持续发展要重视构建序参量役使作用下系统内外的长程关联，发挥竞技体育系统内外远距离、长时间之间的竞争与协同作用。长程关联即原来只有临近的子系统才有相互影响与作用，如今影响与作用波及不临近甚至距离远的各子系统[1]。在竞技体育系统-教育系统-社会系统之间，竞技体育系统-体育产业系统-群众体育系统之间，以及专业体育-职业体育之间构建长程关联。另一方面，实现竞技体育系统的发展活力和效率要重视构建序参量役使作用下俱乐部之间、运动队之间和体育行政部门之间的短程关联。

第四，充分发挥体育项目协会、俱乐部的自组织活力，构建竞技体育子系统之间的大竞争关联网络。竞技体育构建大竞争关联的子系统均需要社会或市场发挥较大作用。只有俱乐部、体育项目协会充分发挥自主发展、主动发展的自组织机制，竞技体育的竞争活力才能被激发出来，竞技体育的非均衡大竞争系统才能形成。

第五，竞技体育系统的役使作用与政府作用高度相关，政府"主心骨"地位可见一斑。构建举国体制与市场机制相结合的新机制，总的原则是实现政府主导下的市场有效参与[2]。同时，若竞技体育序参量役使作用"小"或"偏小"，则竞技体育子系统之间能够形成小协同关联方式，这表明竞技体育系统的小协同可以减轻体育行政部门的规制和干扰作用。

（四）完善举国体制与市场机制融合发展的响应机制

1. 做好举国体制与市场机制融合发展的顶层设计

顶层设计是运用系统论的方法，从全局的角度对某项任务或某个项目的各方

---

[1] 沈小峰，吴彤，曾国屏. 自组织的哲学：一种新的自然观和科学观[M]. 北京：中共中央党校出版社，1993.
[2] 鲍明晓. 构建举国体制与市场机制相结合新机制[J]. 体育科学，2018，38（10）：3-11.

面、各层次、各要素进行统筹规划,集中有效资源,高效快捷地实现目标[①]。要从战略的高度系统规划竞技体育举国体制与市场机制融合发展的方向和目标,系统规划竞技体育的整体改革方案,科学制定专业体育与职业体育的目标协同和阶段协同规划,推动优势项目、潜优势项目、基础大项、三大球项目的发展结构均衡,把握体育社团内生组织和内生动力改革发展的时间节点,明晰体育总局、体育项目协会、俱乐部的职能定位和角色边界,拟订具有可操作性的目标规划方案,提供解决问题的策略和手段,从而确保举国体制与市场机制融合改革的方向、质量和效率。

2. 推行竞技体育自组织与他组织相融合的发展方式

从系统的角度讲,竞技体育系统是由相互依赖和相互作用的人、财、物形成的具有特定结构和功能的复杂系统,它存在自组织和他组织两类运行方式。自组织强调系统自身的能动性;他组织主要依靠外部的指令信息控制系统的运行。由于竞技体育"以高额的政府投入作为保障,以强有力的训练方法和其他手段为依托"[②],他组织表现出的"三高一低"问题损害了群众体育和学校体育系统的协调发展,所以竞技体育需要转变封闭和僵化的系统运行方式,由他组织系统转向充满竞争与协同活力的自组织开放系统。

另外,他组织的退出与自组织的成长是一个辩证统一的过程[③]。具体如下:其一,在自组织扎根于竞技体育系统之前,传统的他组织系统仍然需要正常运行,完成备战、训练、比赛及其他功能。其二,自组织在竞技体育系统建立及发挥作用的过程中,需要一个演化的过程。这个过程可长可短,要视竞技体育系统深化改革的力度和广度而定。其三,他组织系统具有向自组织系统学习和借鉴的优点,在一定的环境和条件下,他组织系统是可以向自组织系统转化的。由于在较长时期内他组织方式仍有合理存在的时间和空间,所以竞技体育自组织系统与他组织系统要同时运转,共同发挥系统功能。其四,新形势下竞技体育自组织与他组织相融合的发展方式不仅能够有效降低竞技体育的运行成本,提高竞技体育发展的质量和效益,还能够实现竞技体育从要素驱动向创新驱动的转

---

① 张卓元. 中国改革顶层设计[M]. 北京:中信出版社,2014.
② 邵桂华,满江虹. 基于自组织理论的我国竞技体育发展体制分析:问题与解决途径[J]. 天津体育学院学报,2015,30(2):132-135.
③ 张春合,吴金元,彭庆文,等. 从他组织到自组织:论我国竞技体育体制改革的实施路径[J]. 武汉体育学院学报,2008(9):20-23.

型，有利于竞技体育体制机制的创新，从而促进竞技体育发展方式的根本转变与可持续发展。

3. 加大举国体制与市场机制融合发展的政策响应力度

举国体制与市场机制的融合发展涉及各方面的复杂因素，需要多方向、多层面综合性政策的积极响应，这样才能引导体育行政部门、体育项目协会、俱乐部、高校、个人等多元主体的竞争与协同，突破竞技体育体制改革的现实困境，持续提高举国体制与市场机制的融合度。加大举国体制与市场机制融合发展的政策响应力度，需要形成配套政策的数量、时机和效度的合力。具体如下：一是整合已有的围绕竞技体育的体制改革政策，如培育体育社会组织、鼓励社会力量办队办赛等方面的政策，采选优化、改造等方式完善现有政策，构建举国体制与市场机制融合发展的目标指向和作用机制。二是制定竞技体育体制机制改革的支持性政策，主要包括鼓励体制机制创新政策、体育项目协会实体化推进政策、行政机构整合与人员分流政策、资金投入与补贴政策、利益分配政策、市场赞助与中介政策、科研攻关服务政策及监管评估政策等一系列政策。三是处理好国家、地方及体育社会组织等不同层面之间的政策的包容关系；处理好竞技体育综合性政策与某一运动项目的专门性政策之间的协调关系；处理好短期调控政策、扶持政策与长远发展政策之间的衔接与稳定关系。四是跟踪政策的贯彻、执行和落地效果，提高配套政策促进举国体制与市场机制融合发展的实际效益。

4. 加快举国体制与市场机制融合发展的制度安排

举国体制与市场机制的融合发展依赖合理的制度安排，以促进竞技体育"管办分离"和"放管服"改革，实现竞技体育责权利的转移和重构，形成健康有序的利益格局。制度安排主要是指按照一定的理性原则，通过制度的设计、选择、创新有效地维护社会的公平、正义和秩序[①]。首先，竞技体育的制度安排要形成关于举国体制与市场机制融合发展理念与方向的共识，防止"一家办"路径依赖思维与行为的反弹。其次，制度安排的重点要放在调整竞技体育多元主体之间的利益关系、制衡竞技体育体制创新与方式转型的运行规范和行为尺度上，也就是设计、创新合理的制度，明确举国体制与市场机制向什么方向融合、融合

---

① 经纬. 制度安排的伦理考量[J]. 思想战线，2002（3）：5-9.

什么、怎么融合，以及融合得怎样等关键问题。再次，制度安排要把握制度建设的主核心，完善序参量运行发展的制度建设，包括训练制度、竞赛制度、运动员转会与流动制度、科技支撑制度、奖惩制度、后备人才选拔制度、资金管理制度等，既要实现对体育行政部门、体育项目协会、俱乐部、高校及个人等多元主体的制度激励，又要实现对各方权益的制度约束，促进举国体制与市场机制的有效融合。

第八章
我国竞技体育高质量发展的系统动力学模拟仿真

按照"摸着石头过河"的一般思路，竞技体育只有付出不确定性的时间、空间、资金及成绩代价，才能获得一些相对确定性的策略，这无疑制约了其高质量发展的速度、广度、深度。由此可见，特别需要探索竞技体育高质量发展的"试验田"，先行尝试高质量发展的模式、机制与路径，而被誉为"战略与策略实验室"的系统动力学"正是能够承担此任的科学复杂性方法"[①]。为此，本章基于系统动力学的理论与方法视角，模拟仿真竞技体育高质量发展的基础模式，一方面观察和预测我国竞技体育赶超发展模式的中长期发展动态，另一方面为我国竞技体育高质量发展提供实践模式参考，以此探索新时代竞技体育如何又好又快地可持续发展，为竞技体育高质量发展提供理论思路借鉴与实践经验支撑。

第一节 建模目的、原则与系统边界

系统动力学由美国麻省理工学院的 Forrester 创立，它主要通过系统结构-功能的模拟分析，利用信息反馈与控制机制，研究和解决复杂系统的长期动态行为问题。系统动力学首先从建立系统的因果反馈回路入手，把握系统因素之间的逻辑关系；其次通过构建系统的存量流量模型，确定系统变量之间的数学函数关系，在输入原始数据基础上建立系统的仿真模型；最后借助计算机软件工具对系统结构与行为进行动态模拟仿真，分析系统变量与因素之间的作用机制，掌握系统的发展态势。

[①] 邵桂华，满江虹. 基于系统动力学的我国竞技体育可持续发展能力研究[J]. 体育科学，2010，30（1）：36-43，69.

一、建模目的

系统动力学通过构建竞技体育人员、资金、信息之间的因果关系模型和存量流量模型,结构化认识系统要素的正反馈、负反馈作用回路,掌握系统状态变量、速率变量、辅助变量及常量之间的作用关系。通过输入2009—2018年的基础数据,调整经费比例、人员比例等控制变量,模拟仿真传统模式和新型发展模式的运行态势,观察和比较不同发展模式下的世界冠军数量、竞技体育资金、优秀运动员人数、职业联赛收益、俱乐部收入、冠军成本及科研经费等指标,一方面可以预测我国竞技体育赶超发展模式的中长期发展动态,分析其存在的问题;另一方面可以直观掌握不同发展模式的利弊,为我国竞技体育高质量发展提供基础实践模式参考和经验借鉴。

二、建模原则

1. 简化模型

竞技体育是包含职业体育、专业体育及众多子系统与要素的复杂大系统,既有运动员、教练员、裁判员、科研人员与后备人才等人力资源系统,又有财政资金、职业体育效益及俱乐部产业收入的资金支撑系统,还涉及竞技体育系统外的体育经费、彩票公益金、观众人数及业余体校入校人数等。竞技体育系统动力学模型如果囊括全部子系统与要素,则势必因庞杂而难以突出主体结构,最终不利于探索和掌握竞技体育的运行发展。因此,本书遵循系统动力学建模的简化原则,提取竞技体育系统的主要变量,模拟仿真竞技体育的整体结构和运行机制。

2. 契合实际

系统动力学模型要反映竞技体育系统的实际结构与功能,根植于竞技体育的实际结构,突出竞技体育运行的目标、特征与机制,不能脱离竞技体育原本的逻辑关系。同时,系统动力学模型要贴合我国竞技体育发展的本土特点,如我国特有的三级训练体制、职业体育与专业体育关系、财政拨款状况等。总之,竞技体育系统动力学模型既要形似于竞技体育的整体运行结构,也要神似于竞技体育的实际功能与实践行为。

3. 微观入手

建立竞技体育系统动力学模型不仅需要从大处着眼，观察与了解竞技体育发展运行整体态势，掌握竞技体育高质量发展的制约因素和基础模式，还需要从小处着手。具体如下：一是在理论模型上要正确构建竞技体育系统内部运动员、资金比例等具体变量之间的相互影响机制，建立正确的系统动力学函数方程关系。二是在关键变量的调整和控制上，需要从具体的比例数字入手，如将竞技体育财政拨款的比例从0.754调整到0.5，循序渐进地探索系统变量之间的因果反馈关系，从而掌握关键变量对竞技体育发展模式的非线性影响。

三、竞技体育系统动力学模型的边界

建立竞技体育系统动力学模型，首先要界定竞技体育系统范围，掌握参与系统活动的要素，以及这些系统要素的类别和数量。同时，根据所要研究的问题，明确竞技体育发展的时空界限。

（一）模型的系统范围

我国竞技体育系统主要包括目标系统、人员系统、资金系统及参数调控系统。目标系统主要包括世界冠军数量、竞技体育经费、职业体育联赛收入、俱乐部收入等。人员系统主要包括优秀专业运动员、优秀职业运动员、教练员、科研人员、后备人才等。资金系统主要包括国家财政拨款、体育彩票公益金、职业联赛与俱乐部收益、运动队经费及科研经费等。参数调控系统主要包括成材率与淘汰率、拨款比例、经费比例、表函数等。

（二）模型的时空边界

竞技体育系统动力学模型的模拟基准年为2009年，仿真时间段为2019—2038年，时间步长为一年，其中原始数据的历史时段为2009—2018年。

第二节 我国竞技体育高质量发展的系统动力学模型

建立我国竞技体育系统动力学模型主要分为两步：一是建立竞技体育高质量发展的因果回路图；二是建立竞技体育高质量发展的存量流量图，即流图。

一、我国竞技体育高质量发展的因果回路图

因果回路图是表达复杂系统反馈结构的重要工具，是对系统内部要素之间因果关系的假说，是运用系统动力学分析研究对象、解决研究问题的逻辑模型。绘制因果回路图是厘清竞技体育系统变量之间逻辑结构、建立系统动力学模型必不可少的一环。我国竞技体育高质量发展的因果反馈回路模型如图 8-1 所示。

"+"代表正反馈；"-"代表负反馈。

图 8-1 我国竞技体育高质量发展的因果反馈回路模型

（一）我国竞技体育高质量发展的因果反馈回路分析

从图 8-1 中可以看出，竞技体育高质量发展的因果回路是一个复杂系统，涵盖了 25 个变量。限于篇幅，在此仅以世界冠军人数为例分析竞技体育发展变量的因果反馈回路。世界冠军人数共有反馈回路 72 条，其中 41 个正反馈回路、31 个

负反馈回路，有 3 个反馈回路含有 2 个负反馈。反馈环节的长度短则 3 个，长则 15 个。举例如下（黑体强调负反馈）。

1. 长度 3

世界冠军人数→+世界冠军关注因子→+科研人员数量→+科研因子→+世界冠军人数

2. 长度 4

世界冠军人数→+世界冠军关注因子→+业余体校运动员人数→+体育运动学校运动员人数→+优秀专业运动员人数→+世界冠军人数

3. 长度 10

世界冠军人数→+世界冠军关注因子→+体育彩票公益金→+竞技体育总经费→+**训练经费**→-**科研经费**→+科研因子→+职业体育联赛收入→+俱乐部收入→+**业余运动队经费**→-**优秀运动队经费**→+世界冠军人数

4. 长度 11

世界冠军人数→+世界冠军关注因子→+业余体校运动员人数→+职业项目运动员注册人数→+优秀职业运动员人数→+职业体育关注因子→+版权收入→+职业体育联赛收益→+竞技体育总经费→+**训练经费**→-**科研经费**→+科研因子→+世界冠军人数

5. 长度 15

世界冠军人数→+世界冠军关注因子→+科研人员数量→+科研因子→+职业体育联赛收入→+俱乐部收入→+职业项目运动员注册人数→+优秀职业运动员人数→+职业体育关注因子→+体育彩票公益金→+竞技体育总经费→+训练经费→+业余运动队经费→+业余体校运动员人数→+体育运动学校运动员人数→+优秀专业运动员人数→+世界冠军人数

从上面的因果回路中可以看出，长度 3、长度 4 和长度 15 都是正反馈回路；长度 10 含有 2 个负反馈，它们反映了世界冠军人数与竞技体育经费、优秀运动员、科研支撑之间正向的、相互增强的因果关系；长度 11 是负反馈回路，反映了竞技体育训练经费与科研经费、业余运动队资金与优秀运动队资金之间此起彼伏的"涨落"关系。

(二) 我国竞技体育高质量发展因果反馈回路模型的特点

1. 系统变量丰富，长程与短程关联密切

我国竞技体育系统的结构单元是系统要素之间的反馈回路，是竞技体育系统内部人员、资金、信息相互之间关系的真实写照。图8-1中涵盖了25个系统变量、数百条反馈回路，展现了竞技体育系统有机复杂的作用机制。当然，它是竞技体育发展模式的简化版，是契合竞技体育实际运行的浓缩结构图。在这个因果关系图中，25个系统变量都可以作为反馈回路的核心和作用源，每个变量都是因果反馈回路网络的点。建立上下、左右因果联系的反馈回路，能够产生丰富的相互影响的短程关联与长程关联，容易形成非线性的协同效应。

2. 正反馈与负反馈相互影响

利用系统动力学的因果关系图研究竞技体育高质量发展模式，需要抓住系统内部的主要反馈回路，提纲挈领地掌握竞技体育系统的结构和正负反馈机制。在系统动力学中，正反馈是系统增长的反馈模式；负反馈是系统围绕某一目标进行"寻的"调整的反馈模式。因此，竞技体育系统不仅要有正反馈回路，以促进系统的发展，还要有负反馈回路，只有这样才能促进系统稳定而平衡地发展。例如，每年的竞技体育财政拨款是一定的，训练经费与科研经费存在此消彼长的负反馈因果关系；业余体校运动队经费、优秀运动队经费之间也是一种负反馈关系。

3. 非线性作用框架

我国竞技体育高质量发展模式不是系统组分作用的简单叠加，而是系统组分之间非线性作用的整合结果，它是"1+1≠2"。我国竞技体育高质量发展系统要素相互作用的大小、多少、快慢都是复杂的、随机的、受多种因素影响的，它的因果反馈机制在整体上呈现出非线性特征。

二、我国竞技体育高质量发展的存量流量图

存量流量图是在因果关系图的基础上，进一步细化系统的状态变量、流率变量、辅助变量及常量，直观刻画系统变量变化幅度及其相互之间的影响关系模型。以竞技体育后备人才的输送为例，因果关系图能够表达业余体校与体育运动学校之间学生数量的逻辑关系——如果业余体校的学生数量增加，那么理论上输送到

第八章　我国竞技体育高质量发展的系统动力学模拟仿真

体育运动学校的人数就会增加，这是二者之间的因果反馈关系，但是对于二者之间原有人数是多少、输送了多少人、受相关因子的影响有多大等具体关系，就需要利用存量流量图来表示了。本书利用系统动力学专门软件 Vensim 绘制了我国竞技体育高质量发展的存量流量图（图 8-2），这是一个含有 8 个状态变量、92 个系统变量的高阶复杂系统。

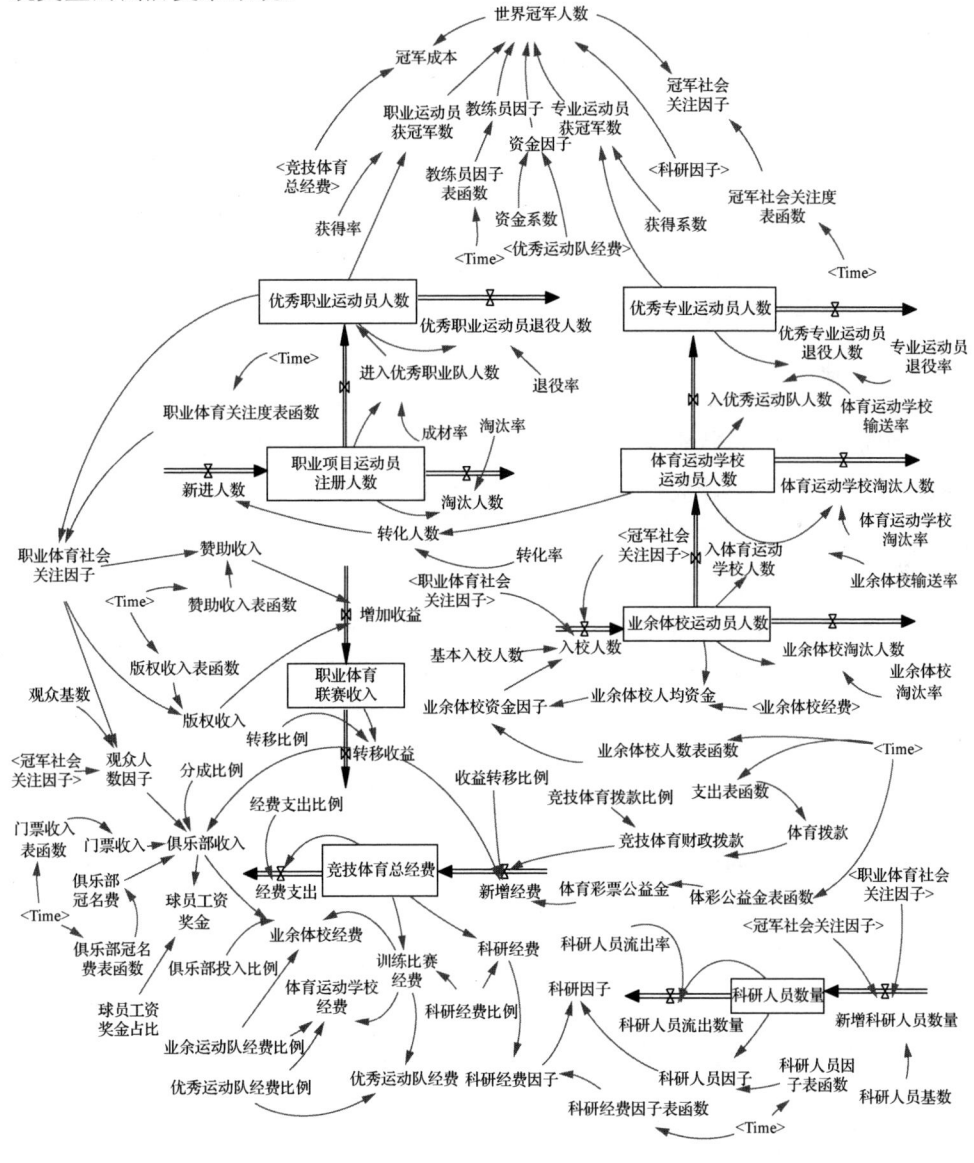

图 8-2　我国竞技体育高质量发展的存量流量图

（一）状态变量

系统动力学的核心变量是状态变量，它表征了系统人力、资金、信息的累积变化，决定了其他变量的参与数量与作用发挥的程度。本书确立了优秀专业运动员人数、体育运动学校运动员人数、业余体校运动员人数、优秀职业运动员人数、职业项目运动员注册人数、职业体育联赛收入、竞技体育总经费、科研人员数量8个状态变量。

（二）流率变量

流率变量是随着时间变化从状态变量中流入和流出的变量，主要有竞技体育新增经费、竞技体育经费支出、新增科研人员数量、职业体育联赛增加收益等。

（三）辅助变量

辅助变量是表达状态变量与流率变量之间转换关系的中间变量，主要有退役率、淘汰率、转化率、成材率、经费支出比例等。

（四）常量

常量是在固定时间内不发生变化或变化较小的变量，主要有科研经费比例、俱乐部投入比例、竞技体育拨款比例、优秀运动队经费比例、业余运动队经费比例等。

三、我国竞技体育高质量发展的系统动力学方程

我国竞技体育高质量发展的系统动力学方程共有92个。限于篇幅，在此仅列举几类系统动力学方程。

$$\text{竞技体育总经费} = \text{INTEG}(\text{新增经费} - \text{经费支出}, 2.33549e+006) \quad (8-1)$$

单位：万元

$$\text{竞技体育财政拨款} = \text{体育拨款} \times \text{竞技体育拨款比例} \quad (8-2)$$

单位：万元

$$\text{职业体育联赛收入} = \text{INTEG}(\text{增加收益} - \text{转移收益}, 10150) \quad (8-3)$$

单位：万元

体彩公益金表函数 = WITH LOOKUP {Time,[(2009,0)
 − (2038,5e + 006)],(2009,230577),
 (2010,142017),(2011,206749),
 (2012,219935),(2013,274860),
 (2014,332353),(2015,304557),
 (2016,364078),(2017,446661),
 (2018,476286),(2038,2e + 006)} （8-4）

单位：万元

世界冠军人数 = INTEG(专业运动员获冠军数
 + 职业运动员获冠军数)×(1+1/教练员因子
 +1/科研因子 +1/资金因子) （8-5）

单位：万人

优秀专业运动员人数 = INTEG(入优秀运动队人数
 − 优秀专业运动员退役人数,1.9122) （8-6）

单位：万人

优秀职业运动员人数 = INTEG(进入优秀职业队人数
 − 优秀职业运动员退役人数,0.3763) （8-7）

单位：万人

体育运动学校运动员人数 = INTEG(业余体校入体育运动学校人数
 − 体育运动学校入优秀运动队人数
 − 体育运动学校淘汰运动员人数,66376) （8-8）

单位：人

俱乐部收入 = 转移收益×分成比例 + (门票收入 + 俱乐部冠名费)
 ×观众人数因子 （8-9）

单位：万元

第三节 我国竞技体育高质量发展的模拟仿真

一、数据来源与确定

本书主要采用 2009—2018 年《体育事业统计年鉴》中的原始数据作为竞技体育系统仿真的基准数据，部分数据来自学术文献与网络公布的相关数据（截至2018年）。

（一）金牌与人员数据

竞技体育系统中的金牌、运动员、教练员、科研人员等主要数据及体育经费部分数据来自《体育事业统计年鉴》《中国体育年鉴》《中国统计年鉴》，以及体育总局网站、职业联赛网站、体育项目协会网站、俱乐部网站等发布的相关信息及体育门户网站发布的咨询报告。

（二）体育经费数据

体育经费数据主要来自财政部官方网站发布的《全国一般公共预算支出决算表》，竞技体育经费、科研经费、优秀运动队经费、体育运动学校经费、业余体校经费及相关比例主要根据《全国一般公共预算支出决算表》、体育总局网站发布的部门预决算及相关学者的研究成果推算得出。

（三）职业体育数据

职业体育联赛收入、俱乐部收入，以及赞助收入、版权收入、门票收入等数据主要来自四个方面：第一，来自《中国体育报》、《足球报》、网易体育、新浪体育等体育重要媒体发布的资讯报道；第二，来自体育产业、职业体育等相关的博硕士学位论文中的研究数据资料；第三，来自民间咨询机构、社会研究机构等发布的咨询报告或行业蓝皮书，如网易体育发布的《2013年中超商业价值报告》、体育BANK发布的《CBA联赛商业价值发展趋势报告（2014—2017）》、易观智库发布的《中国体育赛事版权市场专题研究报告2016》、欧迅体育发布的《2016中超联赛商业价值报告》，以及官方机构、社会机构联合发布的报告或信息，如由维宁体育、我要赞体育、华奥星空联合发布的2018年度的"最具赞助价值体育赛事TOP100榜单"；第四，来自中国知网相关学术论文中公开的数据资料。

（四）体育彩票公益金数据

体育彩票公益金数据主要来自《体育事业统计年鉴》《中国体育年鉴》《中国统计年鉴》，还有一部分来自中国体育彩票网站发布的体育彩票公益金年度使用情况报告，以及财政部公布的彩票公益金筹集分配使用情况公告。

（五）运动员相关数据

与竞技体育相关的运动员输送率、淘汰率、转化率、参与率、成材率，以及俱乐部分成比例、投入比例等数据主要来自相关论文、著作等研究成果，还有一部分数据来自体育总局、体育项目协会、体育资讯网站发布的信息，以及体育管理部门的领导人报告、讲话等；此外，部分数据根据已有研究和门户网站讯息中表示程度、趋势、大小比较的词语如"与上年持平""略有提高"等推算得出。

（六）特别说明

1. 职业联赛的选取

本书选取职业联赛的原则如下：一是中方版权，二是职业化时间较长，三是职业联赛长期稳定举办，四是数据可获得。由于模型相关参量需要录入2009—2018年的职业联赛基础数据，所以职业联赛应该至少从2009年开始连续举办。经过对我国19项职业赛事的筛选，最终选择了中超、CBA、中网3项赛事作为我国职业体育联赛的代表。这3项赛事均为我国相关机构主办的职业联赛，职业化水平虽有待改进，但相对其他赛事已属较高水平，并且赞助、版权、门票等数据相对较容易获得。

我国职业联赛的基本信息如表8-1所示。其中联赛的简称和缩写对应如下：中超——中国足球协会超级联赛；CBA——中国男子篮球职业联赛；中网——中国网球公开赛；武网——武汉网球公开赛；珠网——珠海网球公开赛；上海大师赛（网）——上海网球大师赛；乒超——中国乒乓球俱乐部超级联赛；羽超——中国羽毛球俱乐部超级联赛；排超——中国排球超级联赛；围甲——中国围棋甲级联赛；环××自行车公路赛——环青海湖、环海南岛、环崇明岛等国际自行车公路赛；KPL——王者荣耀职业联赛；LPL——英雄联盟职业联赛；斯诺克中国公开赛——斯诺克中国公开赛；斯诺克上海大师赛——斯诺克上海大师赛；SRSHL——丝路冰球超级联赛；CTCC——中国房车锦标赛；中国拳王赛——中国拳王争霸赛；全国桥牌联赛——全国桥牌A类俱乐部联赛。

2. 缺失值

由于我国竞技体育数据信息的不完善，对于个别基础数据或参数的缺失值，运用GM(1,1)灰色模型预测法进行处理。

表 8-1 我国职业联赛的基本信息

序号	联赛名称	中方版权	职业化程度较高	长期稳定	数据可获得	备注
1	中超	√	√	√	√	
2	CBA	√	√	√	√	
3	中网	√	√	√	√	
4	武网	√	√	×	×	2014 年始办
5	珠网	√	×	×	×	2017 年始办
6	上海大师赛（网）	×	√	√	√	ATP 版权
7	乒超	√	×	√	×	
8	羽超	√	×	×	×	2002—2010 年停办 2019 年停办
9	排超	√	×	√	×	
10	围甲	√	×	√	×	
11	环××自行车公路赛	√	×	√	×	
12	KPL	√	√	×	×	2016 年始办
13	LPL	√	√	×	×	2013 年始办
14	斯诺克中国公开赛	×	√	√	×	WPBSA 版权
15	斯诺克上海大师赛	√	√	√	×	
16	SRSHL	√	×	×	×	2018 年始办
17	CTCC	√	×	√	×	
18	中国拳王赛	√	×	×	×	2016 年始办
19	全国桥牌联赛	√	×	√	×	

注：是打√，否打×。

3. 关于系统动力学方法的说明

系统动力学重在对系统长期演化行为趋势的模拟，而非精确的数学计算[①]，遇到研究对象的个别数据不足或难以量化时，仍可以根据系统内部的因果关系和现有数据进行推算。因此，虽然个别数据不是精确数据，但并不影响系统动力学模型对我国竞技体育发展模式的预测。

---

① 邵桂华，满江虹. 基于系统动力学的我国竞技体育可持续发展能力研究[J]. 体育科学，2010, 30 (1): 36-43, 69.

二、竞技体育系统动力学模型的检测

（一）拟合度

本书利用 Vensim 软件完成了模型的 Unit Check 和 Reality Check，对我国竞技体育 2009—2018 年的数据进行历史拟合。以 2009—2018 年体育科研人员数量为例，利用 Vensim 进行的拟合结果如表 8-2 所示，相对误差在 0.55%～9.56%，模型拟合精度较高，符合模型运行基本要求。

表 8-2　2009—2018 年体育科研人员的数量拟合

年度	真实值/人	模拟值/人	误差/%
2009	1269	1276	0.55
2010	1285	1278	0.54
2011	1353	1276	5.69
2012	1422	1286	9.56
2013	1514	1378	8.98
2014	1335	1301	2.54
2015	1277	1285	0.63
2016	1335	1294	3.07
2017	1401	1317	5.99
2018	1267	1346	6.24

资料来源：《体育事业统计年鉴》。

（二）灵敏度检验

灵敏度检验选取优秀专业运动员人数作为检验的变量，将竞技体育财政拨款比例由 0.5 调整到 0.6。从模型灵敏度检验结果（图 8-3）中可以看出，优秀专业运动员人数前后差异明显，这表明财政拨款对于优秀专业人才数量具有较高敏感度。

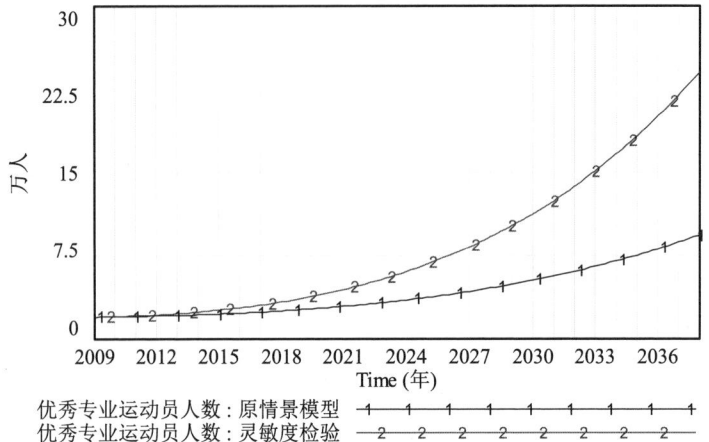

图8-3　模型灵敏度检验结果（扫二维码观看彩图）

三、基于仿真结果的竞技体育发展模式分析

（一）发展模式1：原有发展模式

竞技体育原有发展模式是竞技体育赶超发展模式，2009年有关竞技体育的主要数据中竞技体育财政拨款比例为0.754，科研经费比例为0.0153，职业体育联赛收入转移比例为0.15，业余运动员注册为职业项目运动员的转化率为0.2912，其他数据按照图8-2依次输入。模拟仿真结果如图8-4和图8-5所示。

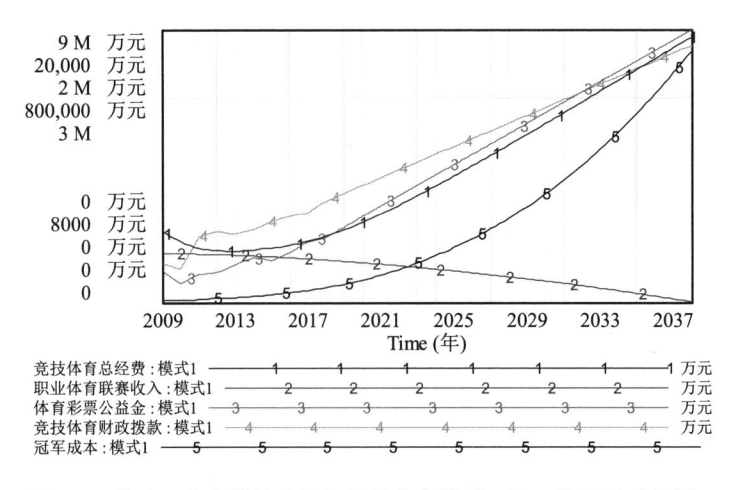

图8-4　模式1中竞技体育经费模拟仿真结果（扫二维码观看彩图）

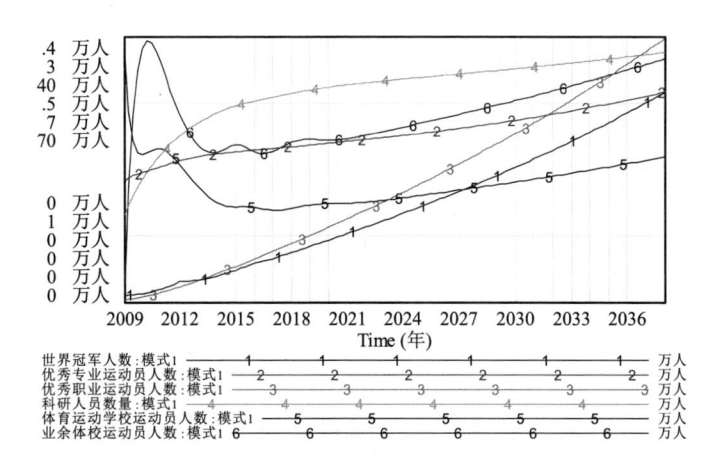

第八章 我国竞技体育高质量发展的系统动力学模拟仿真

图 8-5 模式 1 中竞技体育各类人员模拟仿真结果（扫二维码观看彩图）

从图 8-4 中可以看出以下趋势。

第一，竞技体育总经费、竞技体育财政拨款、体育彩票公益金均呈现上升趋势。这主要是由于国民经济的繁荣发展、国家和地方对竞技体育的重视，国家和地方在公共财政支出中相应加大了对竞技体育的拨款。社会和大众关注竞技体育发展，参与购买体育彩票的消费能力提升，使得体育彩票公益金也逐渐增加。

第二，冠军成本持续上升。竞技体育传统粗放型发展模式的高投入、高消耗、高代价及低效益，造成冠军成本的持续上升，加之竞技体育总经费、竞技体育财政拨款、体育彩票公益金呈现上升趋势，表明竞技体育的冠军成本与竞技体育总经费、竞技体育财政拨款、体育彩票公益金均直接相关。

第三，职业体育联赛收入呈现下滑趋势。职业体育联赛收入是职业体育赛事服务产品质量的晴雨表，也是竞技体育自身造血能力的主要表现之一。这一下滑趋势表明职业体育赛事服务产品的质量和效益不高，满足市场和社会多元需求的能力还有待提高。根据我国职业体育市场发展状况，"（CBA）俱乐部整体亏损严重。据不完全统计，平均每个俱乐部累计亏损超过 1.5 亿元"[1]，"中超、中甲、中乙都出现了财政方面的问题，中国足球职业联赛俱乐部出现整体困境，这已经是现实"[2]，我国相对成熟的职业赛事 CBA、中超等的多数俱乐部的大部分收入用于支付球员的薪水，运营效益入不敷出、持续亏损，可见职业体育自身造血能力还较低。

---

[1] 范佳元，严晓明，颜强，等. 职业化，还要迈过几道坎？[N]. 人民日报，2016-04-19（15）.
[2] 陈永. 中国足球职业联赛财政调查：欠薪仅仅是表面，整体投入呈现全面收缩之势[N]. 足球报，2020-04-27（4-5）.

从图 8-5 中可以看出以下趋势。

第一，世界冠军人数、优秀专业运动员人数、优秀职业运动员人数、科研人员数量呈现上升趋势。其中，世界冠军人数、优秀职业运动员人数增加明显，优秀专业运动员人数、科研人员数量增加缓慢，基本保持相对稳定。世界冠军人数代表了我国竞技体育最高竞技水平的状况，而国家财政的稳定投入是支撑其呈现持续上升态势的根本，这是举国体制制度保障作用的直接体现。优秀职业运动员人数增加明显是由于职业联赛的社会关注度提高、职业体育项目注册人员上升及职业俱乐部规模扩大。中超 2002 年仅有 12 支球队，2020 年 12 月中国足协确定 2022 赛季中超扩军到 18 支球队，同时还有中甲、中乙球队；CBA 联赛在 1995 年有 12 支球队，发展到 2023 年拥有 20 支球队，可见优秀职业运动队的人数是不断增加的。从搜集到的 2009—2018 年数据看，省级以上专业运动员的人数相对稳定，这主要是因为参加国内外大赛的人员编制、数量相对稳定，一线运动员的数量也基本稳定，2018—2022 年优秀专业运动员人数在 2.5 万人左右。科研人员数量比较稳定，增加的数量相对较少，稳定在 0.13 万人左右。

第二，体育运动学校运动员人数、业余体校运动员人数呈现下降趋势。这有两个方面的原因：一是竞技体育后备人才培养的生源问题。由于国家取消了业余体校、体育运动学校的体制待遇，如干部编制、工作分配等，业余运动员的生计问题成为影响其生源的最大问题，加之运动员群体综合素养有待提高产生的社会影响，造成竞技体育后备人才培养生源不足。二是竞技体育后备人才培养的成材率与输送率问题。由于学校管理水平、教练员水平、业余运动员综合素质及任课教师队伍等存在的不利因素的影响，加之体教融合程度不够，造成竞技体育后备人才的成材率和输送率较低。总之，竞技体育人才培养的三级训练体制在原有发展模式下难以保持金字塔结构，体育运动学校、业余体校的运动员数量持续减少，不能满足竞技体育高质量发展的需要。

综上所述，竞技体育在保持原有发展模式的情况下，只要国家财政资助经费充足，就有可能提高竞技水平、增加世界冠军数量。但在该模式下竞技体育存在后备人才不济、冠军成本上升、职业体育效益下降、竞技体育造血能力不足问题，这表明竞技体育赶超发展模式是不可持续的，需要探索竞技体育的高质量发展模式。

（二）发展模式 2：竞技体育与群众体育并行发展模式

竞技体育的高质量发展涉及竞技体育与群众体育、教育系统、社会系统的协

第八章 我国竞技体育高质量发展的系统动力学模拟仿真

同关系，受数据可获得性限制的影响，在此仅模拟仿真竞技体育与群众体育的并行发展模式。在 Vensim 中，将竞技体育发展模型的财政拨款比例调整为 0.5，从公共财政资金用度上保证竞技体育与群众体育并行发展，其他模型参数保持不变。模拟仿真结果如图 8-6 和图 8-7 所示（扫二维码观看彩图）。

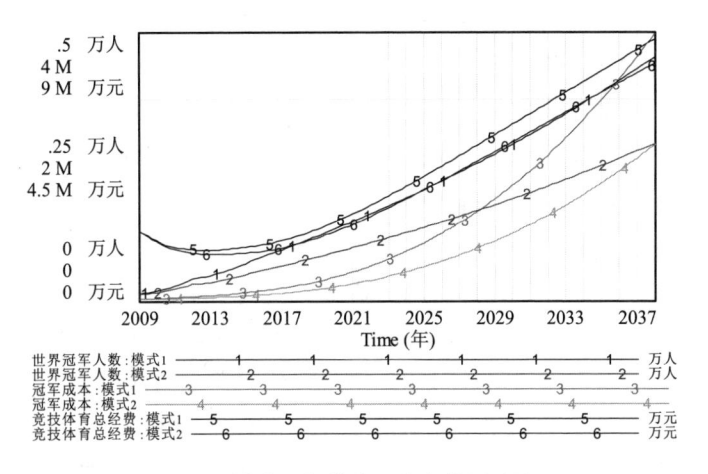

图 8-6　模式 1 与模式 2 仿真结果对比一

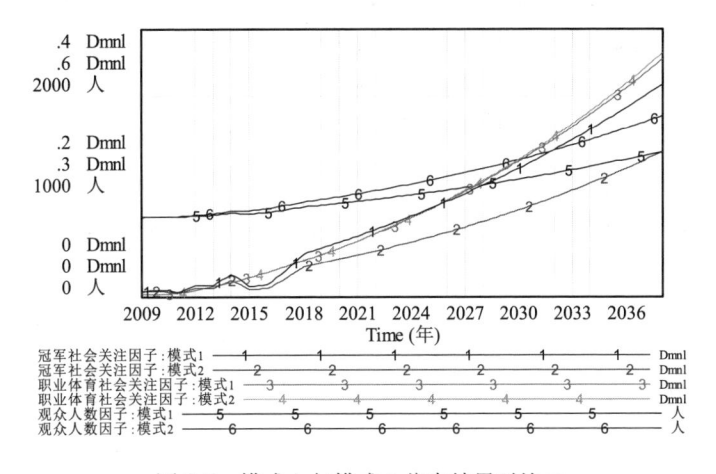

图 8-7　模式 1 与模式 2 仿真结果对比二

从图 8-6 中可以看出，模式 2 与模式 1 相比，在世界冠军人数、冠军成本、竞技体育总经费上有较为明显的差别，但也存在相似的发展趋势。具体如下。

第一，在世界冠军人数上，降低竞技体育的财政拨款后，模式 2 的世界冠军人数虽然呈现缓慢上升趋势，但数量明显少于模式 1，模式 2 的发展速度、规模低于模式 1。

197

这表明竞技体育对财政拨款具有较高的依赖性，证明行政路径依赖下财政资金对竞技体育赶超发展模式的支撑作用。模式 2 的世界冠军人数仍然缓慢增加，这背后的原因主要有三点：一是我国竞技体育优势项目具有一定的韧性，只要有一定的资金支撑，就能够发挥为国争光的功能；二是从长远看，群众体育与竞技体育的协同发展具有可持续的互动作用，群众体育能够为竞技体育夯实社会基础，有利于竞技体育的可持续发展；三是竞技体育财政拨款比例虽然下降，但经费总量在缓慢增加。2020 年国家统计局发布数据，我国国内生产总值（Gross Domestic Product，GDP）首次突破 100 万亿元大关[①]。经济总量 20 年翻了 10 倍，人均收入水平比 2010 年翻了 1 倍。随着中国综合国力的大幅度提升，国家和地方对体育的投入和资助将达到新高度，竞技体育经费将会不断增加。

第二，在冠军成本、竞技体育总经费上，模式 2 均有不同程度的下降。模式 2 的冠军成本相比模式 1 下降明显，但仍呈现上升趋势。

从图 8-7 中可以看出，在冠军社会关注因子、职业体育社会关注因子、观众人数因子上，模式 2 与模式 1 呈现截然不同的走势。具体如下。

第一，一方面，模式 2 与模式 1 相比，冠军社会关注因子的作用明显下降，主要原因在于国家、社会与个人重视大众体育，相比模式 1 的冠军关注度有所下降。另一方面，模式 2 与模式 1 在职业体育关注度上差别很小，几乎没有差别，其主要原因有两点：一是竞技体育财政拨款比例的降低对职业体育的发展有一定影响，但影响要远小于对专业体育的影响，职业体育走市场化道路，自身的造血能力会逐渐提高和完备，并且将反哺国家财政和竞技体育总经费；二是群众体育的发展在一定程度上提高了大众对职业体育的关注度，弥补了因竞技体育财政拨款比例降低而降低的职业体育关注度。

第二，在观众人数因子上，模式 2 的观众人数因子作用逐渐高于模式 1，且从长远看作用有加大的趋势。这表明群众体育与竞技体育的协同发展能够扩大职业体育的观众人数，能够为职业体育市场规模和质量效益奠定可持续发展的基础。

总之，竞技体育与群众体育并行发展的模式有一定的潜力优势，从长远看有利于发展职业体育、降低冠军成本。但由于世界冠军人数下降明显，不符合竞技体育高质量发展对获得世界竞技体育最高水平的要求，所以此模式不是高质量的竞技体育发展模式。

[①] 陈炜伟，王雨萧. 2020 中国 GDP 首超 100 万亿元[EB/OL].（2021-01-18）[2024-03-05]. https://www.xinhuanet.com/2021-01/18/c_1126994121.htm.

（三）发展模式 3：自身造血发展模式

自身造血能力是竞技体育自主发展、主动发展的基础，是竞技体育内生动力和自组织水平的重要表现，也是社会主义市场经济宏观环境下竞技体育高质量发展的必然要求。在 Vensim 中，将竞技体育的财政拨款比例设置为 0.5，降低对财政资金的依赖性，然后将职业体育联赛收益的转移比例由原来的 0.15 调整为 0.25，将俱乐部投入青训的经费比例由 0.09 调整为 0.19，其他模型参数保持不变，以此模拟仿真竞技体育通过增强产业功能提升自身造血能力，弥补因竞技体育财政拨款减少而造成的资金缺口，探索竞技体育自身造血发展模式。模拟仿真结果如图 8-8～图 8-11 所示（扫二维码观看彩图）。

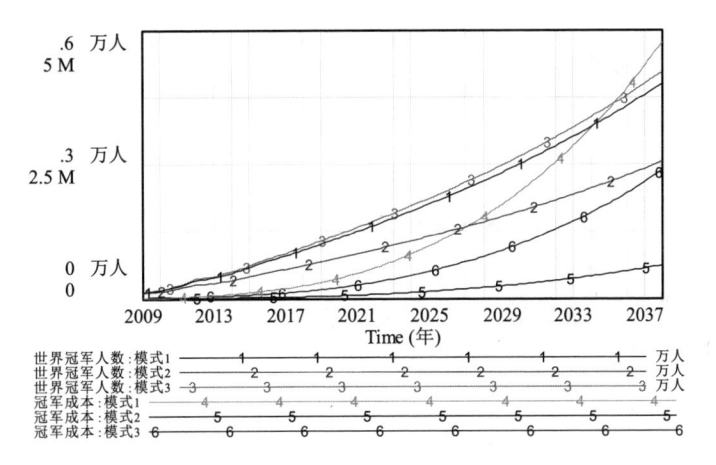

图 8-8　模式 1～模式 3 世界冠军人数与冠军成本对比

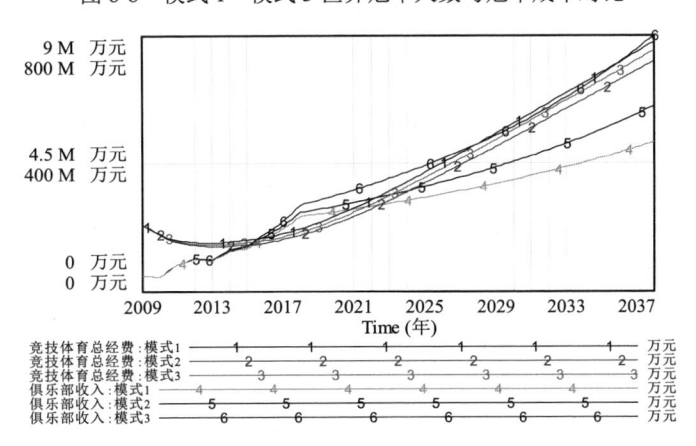

图 8-9　模式 1～模式 3 竞技体育总经费与俱乐部收入对比

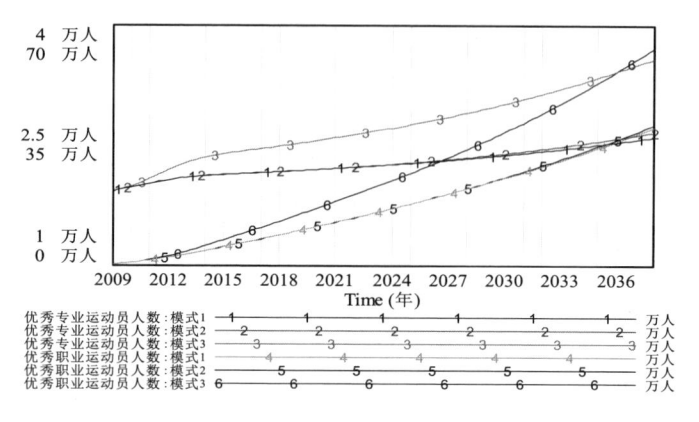

图 8-10　模式 1~模式 3 优秀专业运动员、优秀职业运动员人数对比

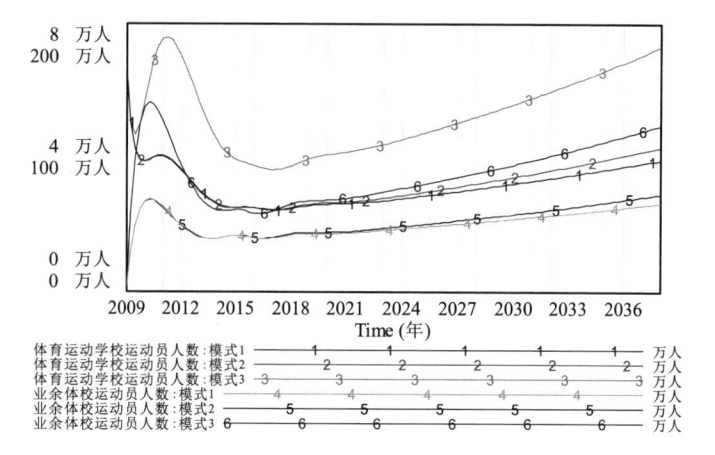

图 8-11　模式 1~模式 3 体育运动学校运动员、业余体校运动员人数对比

图 8-8 中的曲线 3、曲线 6 分别代表模式 3 的世界冠军人数和冠军成本,可以看出,竞技体育基于自身产业基础增强自身造血功能后,世界冠军人数相比模式 1 和模式 2 都得到了较大增长,而冠军成本相比模式 1 实现了较大幅度的下降,但比模式 2 的冠军成本要高。主要原因如下:在模式 2 中,大幅降低了竞技体育总经费,造成模式 2 冠军成本大幅度降低;而竞技体育表演市场的壮大使竞技体育总经费增加,因此冠军成本水涨船高。

从图 8-9 中可以看出,模式 3 竞技体育总经费的发展趋势处于模式 1 与模式 2 之间,相当接近模式 1 的经费水平;而提高俱乐部投入青训的经费比例,提升竞技体育的产业造血功能,发展壮大职业体育,有利于实现竞技体育总经费的平衡。

同时，竞技体育自立能力的增强也有利于激发竞技体育微观主体俱乐部的发展活力，提升俱乐部自身的造血能力，实现二者相互促进的正反馈作用。

优秀专业运动员、优秀职业运动员是竞技体育自组织发展模式的核心资源和支撑基础。从图 8-10 中可以看出，优秀专业运动员、优秀职业运动员人数在模式 3 中都得到了提升，这也是模式 3 世界冠军人数增加的直接原因。形成这一趋势的主要原因是竞技体育走上自我发展的体制机制后，必须提高自身的主动性、积极性，只有不断提高自身的技战术水平，才能为社会和市场提供高质量的竞技赛事服务，并立足于国际体坛。

从图 8-11 中可以看出，模式 3 的体育运动学校运动员、业余体校运动员人数要远多于模式 1 和模式 2，并且增长幅度要高于优秀专业运动员、优秀职业运动员人数，这表明模式 3 竞技体育后备人才培养的"塔基"要厚于模式 1 和模式 2，能够形成竞技体育后备人才培养追求的"金字塔"形结构。

通过以上分析发现，增强竞技体育自身造血能力不仅能够增加竞技体育世界冠军数量，提高职业体育水平，也能够提升竞技体育整体发展质量。这表明模式 3 是可供选择的竞技体育高质量发展模式之一，是实现竞技体育高质量发展的基础模式。职业体育的强大能够增强竞技体育的自身造血能力，提升其自立、自强的自组织能力，这初步验证了第六章中提到的"职业体育>1+专业体育^{2}是竞技体育高质量发展形成耗散结构的临界条件"的观点。

当然，发展职业体育是增强竞技体育自身造血能力的主要途径之一，而在专业体育方面也可以利用冠军、赛事、人才等稀缺资源的市场效应，开发竞技体育无形资产，挖掘竞技体育的商业和市场利益，以解决自身温饱问题，并且走上主动发展、健康发展、持续发展的康庄大道。

（四）发展模式 4：专业体育与职业体育协同发展模式

专业体育与职业体育的协同发展不仅是竞技体育形成耗散结构需要认真探讨的理论与实践问题，也是举国体制与市场机制融合发展需要认真探讨的理论与实践问题。本书从业余运动员注册职业项目运动员的转化率入手，观察职业体育与专业体育协同发展的情况。转化率实际上反映了职业项目运动员与专业项目运动员的多寡，在一定程度上能够反映专业体育与职业体育的协同发展状况及竞技体育的发展结构。

在模式 1 中，业余运动员注册职业项目运动员的转化率为 0.2912，现设定模式 4-1 的转化率为 0.3912，模式 4-2 的转化率为 0.4912，模式 4-3 的转化率为 0.5912，模式 4-4 的转化率为 0.65，模式 4-5 的转化率为 0.7。模拟仿真对比结果如图 8-12～图 8-15 所示（扫二维码观看彩图）。

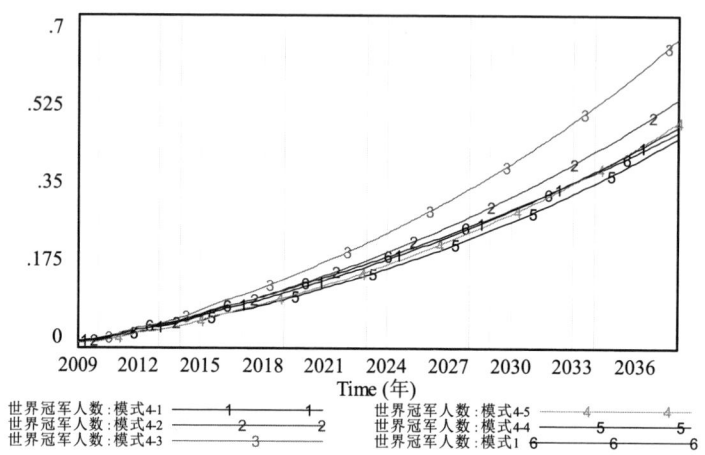

图 8-12 模式 4 各类型的世界冠军人数对比

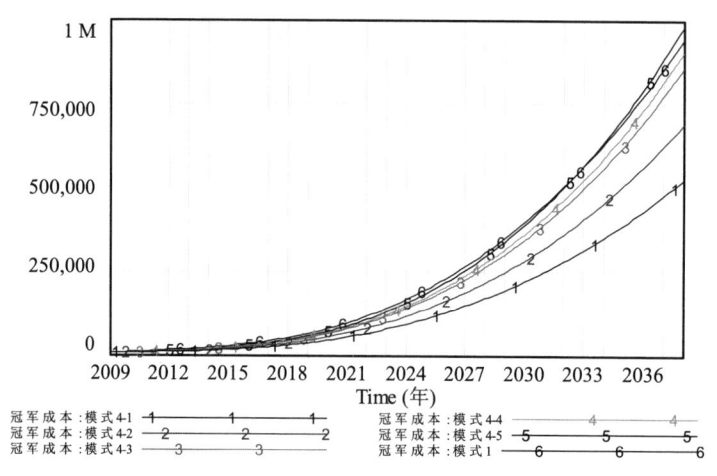

图 8-13 模式 4 各类型的冠军成本对比

第八章　我国竞技体育高质量发展的系统动力学模拟仿真

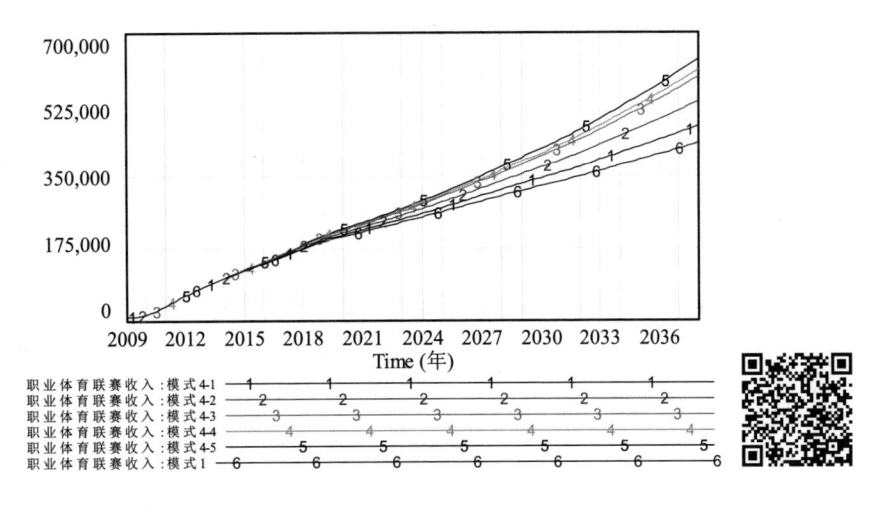

图 8-14　模式 4 各类型的职业体育联赛收入对比

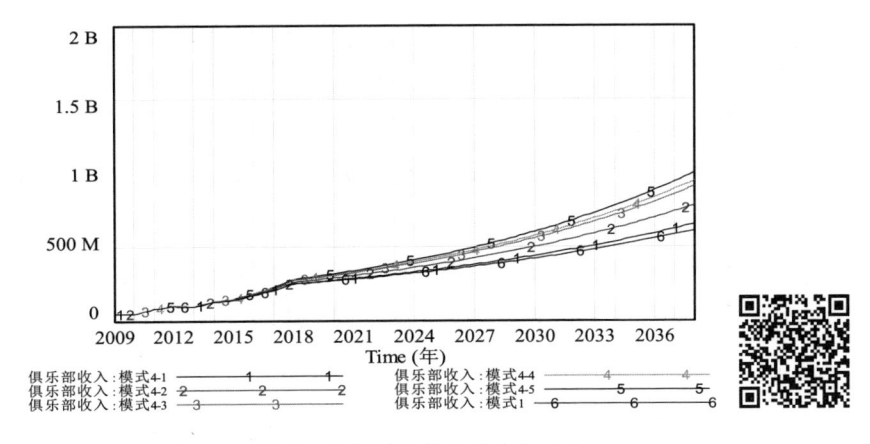

图 8-15　模式 4 各类型的俱乐部收入对比

从图 8-12～图 8-15 中可以看出以下趋势。

第一，随着转化率的升高，世界冠军人数在开始时相应升高，但是升高并不是持续的。每条线代表不同的转化率，模式 1 转化率为 0.2912，模式 4-1 的转化率为 0.3912，模式 4-2 的转化率为 0.4912，模式 4-3 的转化率为 0.5912，模式 4-4 的转化率为 0.65，模式 4-5 的转化率为 0.7。当转化率高于 0.65 时，如图 8-12 中的曲线 4 和曲线 5 所示，世界冠军人数反而下降，甚至低于模式 4-2 的水平。这表明转化率存在一个合理的比例范围（用 R_1 表示）：$0.2912<R_1<0.65$。此时职业体育与专业体育之间合理的人才比例范围为（用 R_2 表示）$0.41<R_2<1.86$，在此范围内职业体育与专业体育能够取得较好的协同发展效果，有利于促进竞技体育的高

质量发展。

从图 8-12 中可以看出，转化率为 0.3912 时，即模式 4-1 的世界冠军人数与模式 1 基本相当，大约在 2033 年左右模式 4-1 的世界冠军人数将赶上并超过模式 1。

第二，随着转化率的升高，冠军成本也不断提高，但各模式冠军成本基本都低于模式 1。当转化率为 0.7 时，即模式 4-5 的冠军成本大约在 2033 年高过模式 1。从整体看，转化率不断升高，从事职业体育的人才不断增多，职业体育联赛收入不断提高，但是世界冠军人数上升的速度低于职业体育联赛收入增长的速度，造成冠军成本升高。由此可见，冠军成本是随着转化率的提高而不断升高的。

第三，随着转化率的升高，职业体育联赛收入、俱乐部收入均呈现持续提高态势，并一直保持超越模式 1 的水平，这表明专业体育与职业体育协同发展模式具有较强的自身造血能力。一方面说明从事职业体育的人才规模大了，职业体育市场规模会相应变大；另一方面说明职业体育必须足够发达，俱乐部必须实现持续盈利，这样才能养活越来越多的职业体育人才及从事职业体育的各类人员。

总之，模式 4 在一定程度上体现了举国体制与市场机制的融合，它是竞技体育高质量发展可供选择的具体模式之一，同时表明职业体育与专业体育的协同发展是竞技体育高质量发展需要突破的方向。职业体育与专业体育之间的人才比例满足 $0.41<R_2<1.86$ 时，更有利于促进竞技体育的高质量发展。

（五）发展模式 5：科技支撑发展模式

"推动高质量发展，必须更多依靠科技进步和全面创新，充分发挥科技第一生产力作用"[①]。竞技体育高质量发展同样需要探索和发挥科技的支撑作用。基于此，在 Vensim 中保持竞技体育发展模型原有参数不变，先将科研经费比例由 0.0153 调整为 0.0653，将模拟仿真结果设为模式 5-1；再将科研经费比例由 0.0653 调整为 0.1，将模拟仿真结果设为模式 5-2。模式对比结果如图 8-16～图 8-19 所示（为了便于观察新模式，图中模式 4 实为模式 4-1）（扫二维码观看彩图）。

---

① 刘鹤. 加强国际合作 吸收更多国际先进经验[N]. 人民日报，2019-01-09（2）.

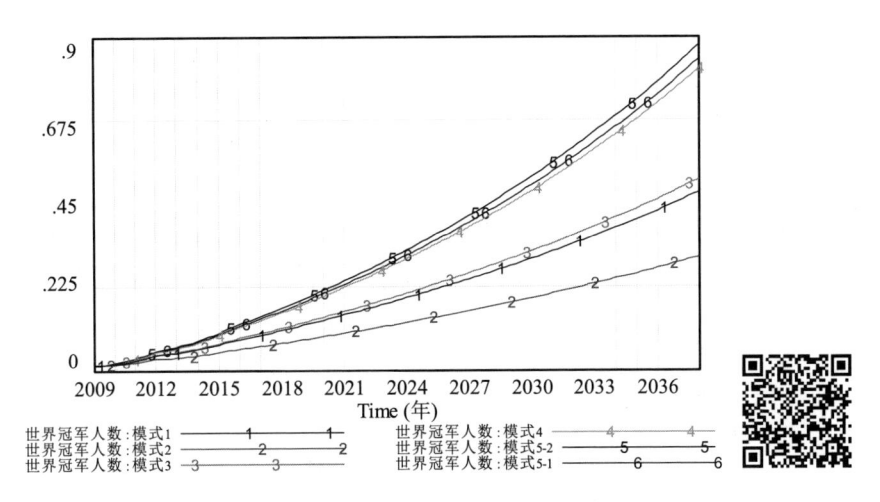

图 8-16　竞技体育发展模式世界冠军人数对比

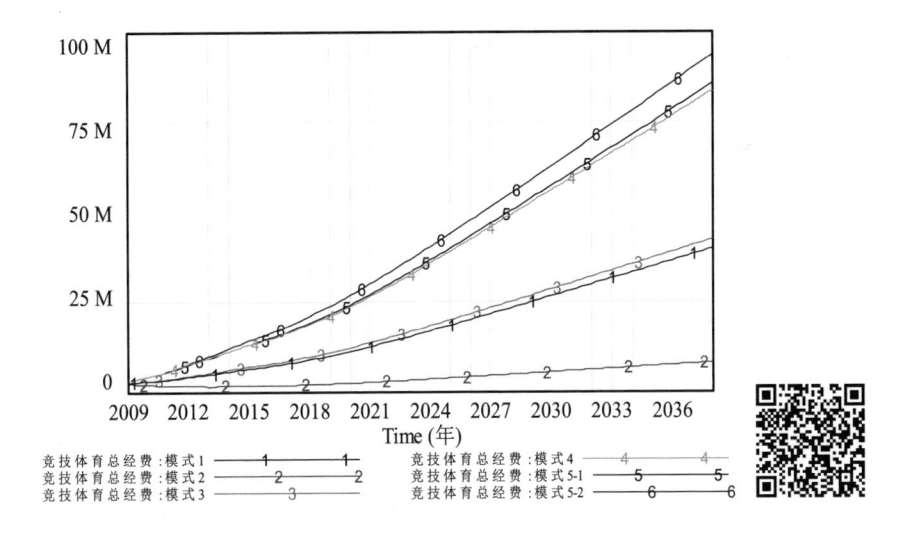

图 8-17　竞技体育发展模式总经费对比

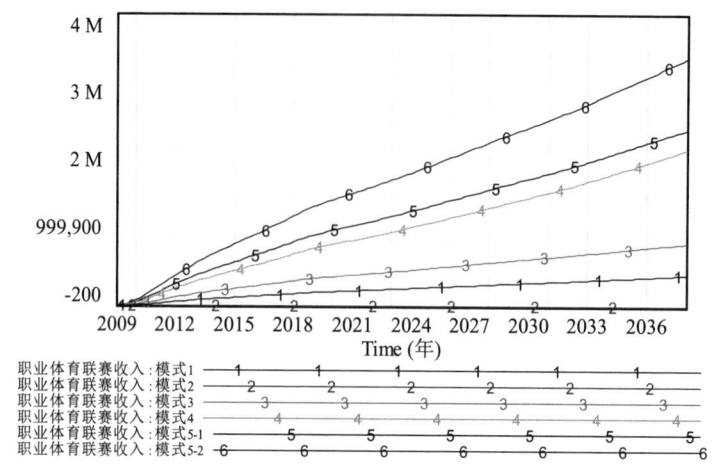

图 8-18 竞技体育发展模式职业体育联赛收入对比

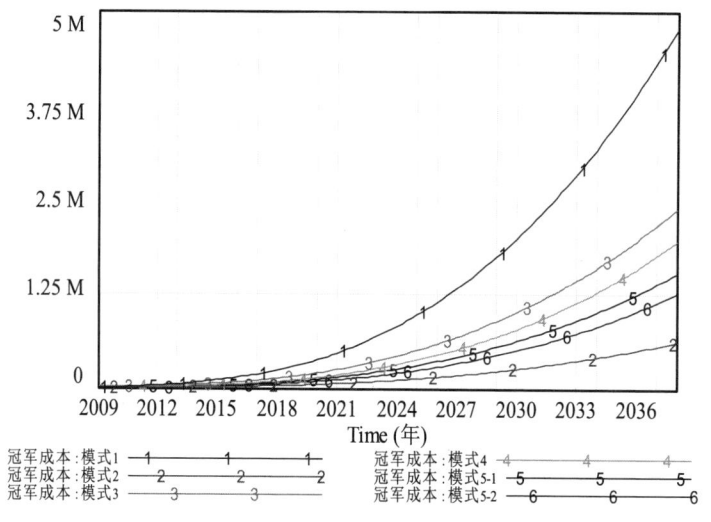

图 8-19 竞技体育发展模式冠军成本对比

从图 8-16~图 8-19 中可以看出，随着科研经费比例的提高，模式 5-1 和模式 5-2 的世界冠军人数、竞技体育总经费、职业体育联赛收入均呈现增长趋势，而其冠军成本虽然仍比模式 2 高，但相对于模式 1、模式 3、模式 4 呈现出持续下降趋势。这表明科技支撑发展模式是对竞技体育高质量发展具有杠杆支撑作用的重要模式。竞技体育高质量发展离不开科技支撑的作用，因此应该加强竞技体育的科学化发展，重视科研人才的培养，发挥科研因素在为国争光、服务赛事方面的重要作用。

（六）模式对比与分析

第一，模拟仿真结果表明模式 1 是不可持续的发展模式。需要综合考虑世界冠军人数、冠军成本、竞技体育总经费、体育运动学校运动员人数、业余体校运动员人数、职业体育联赛收入等变量，转变竞技体育赶超发展模式，探索竞技体育高质量发展模式。

第二，模式 3 是竞技体育高质量发展的基础模式。竞技体育的自主发展、主动发展是其高质量发展的前提，因此自身造血发展模式应该作为竞技体育高质量发展的基础模式。应该在模式 3 的基础上探索竞技体育与群众体育并行发展模式、专业体育与职业体育协同发展模式、科技支撑发展模式。

第三，模式 4、模式 5 是竞技体育高质量发展比较理想的模式。从竞技体育模拟仿真结果中可以直观看出，模式 5 是竞技体育高质量发展最理想的模式。该模式中不仅世界冠军人数最多、竞技体育总经费最高，冠军成本也相对较低。不仅如此，模式 5 中表征自身造血能力的竞技体育总经费、职业体育联赛收入也最高。但是模式 5 是在模式 4 基础上通过发挥科技支撑作用形成的高质量模式，它是建立在专业体育与职业体育协同发展之上的。由此可见，模式 4 也是竞技体育高质量发展的可选择模式，这表明举国体制与市场机制的融合发展是竞技体育高质量发展的方向。

第四，从更长时间的角度考虑，模式 2 也是竞技体育高质量发展的重要方向。该模式中的冠军成本最低，竞技体育发展效益在 5 个模式中最有优势，能够为竞技体育高质量发展夯实社会基础。

总之，通过系统动力学模拟仿真不仅初步验证了举国体制与市场机制的融合发展，以及专业体育与职业体育协同发展、科技支撑发展及竞技体育与群众体育并行发展对于竞技体育高质量发展的重要作用，还为竞技体育转变发展方式、探索高质量发展方向提供了可供参考的方向、领域和基础模式。

第九章

研究结论、建议与展望

第一节 研 究 结 论

第一，自组织视角下我国竞技体育高质量发展的宏观模式由高质量发展观、发展目标、耗散结构条件、竞争与协同动力四部分构成。

第二，竞技体育高质量发展观在价值论上，追求运动员的全面充分发展、多元利益均衡发展、可持续内生动力发展；在认识论上，实质上是发展方式的根本转变，是建设"大而强"竞技体育的实践活动，是新时代提升"体育强则中国强"反哺效应的实践活动；在方法论上，需要建立自组织发展方式，贯彻全面协调可持续发展原则，坚持走守正创新与融合创新的中国特色之路。

第三，竞技体育高质量发展需要形成三体两元双向开放的耗散系统，远离平衡态，发挥竞技体育系统的非线性相干效应，抓住竞技体育系统的内外涨落契机。

第四，竞技体育建立耗散结构的动力学条件是职业体育的发展要远强于专业体育的发展，即要求职业体育成为竞技体育发展的主导方式，专业体育成为竞技体育发展的辅助方式；职业体育自身造血能力要远强于专业体育；职业体育产生的负熵远大于自身与专业体育产生的正熵；职业体育产生的负熵远大于专业体育产生的负熵。

第五，竞技体育高质量发展的动力系统是"一核三体三元"竞争与协同的结构，其中举国体制与市场机制的融合度是主导竞技体育高质量发展的序参量。

第六，职业体育与专业体育之间的人才比例满足 $0.41<R_2<1.86$ 时，职业体育与专业体育能产生良好的协同发展效果，更有利于促进竞技体育的高质量发展。

第七，根据系统动力学的模拟仿真，竞技体育赶超发展模式是不可持续的模式，自我造血发展模式是竞技体育高质量发展的基础模式，而专业体育与职业体育协同发展模式、科技支撑发展模式是竞技体育高质量发展比较理想的模式，竞技体育与群众体育并行发展模式是具有可持续发展潜力的模式。

第八，在竞技体育可持续发展研究中，高质量发展能够作为可持续发展研究可参考的新逻辑起点，"自组织学理依据—系统动力学方法—Vensim分析工具"的研究框架更符合竞技体育复杂系统的特点，有助于促进竞技体育可持续发展研究走向深入。

第二节 研究建议

一、要树立竞技体育高质量发展观，融入经济社会高质量发展的时代潮流

我国已经进入以高质量发展为主题的新时代，"转方式、调结构、换动能、补短板"是相当长时期内我国经济社会的共同发展目标。具体如下。

第一，要树立竞技体育高质量发展观，贯彻创新、协调、绿色、开放、共享的新发展理念，主动投入新时代高质量发展潮流。

第二，深化竞技体育体制机制改革，转变数量增长型、资源粗放型、行政主导型发展方式，在更好地发挥政府作用的前提下，不断创新自主发展、主动发展的自组织发展模式。

第三，要通过建立耗散结构系统，让竞技体育融入经济社会高质量发展的时代潮流，使其既能够从经济社会中汲取资金、人才、信息、科技等优质资源的营养，又能够在世界舞台上为国争光，搞活竞技体育表演产业，推动绿色经济发展，为中华民族的伟大复兴提供精神力量。

第四，竞技体育不应成为国家和社会输血扶持的领域，而应通过自身的高质量发展，以自身的产业力量、文化力量、教育力量、精神力量反哺国民经济和社会发展，成为加速我国政治、经济、社会、文化高质量发展的引擎，为中华民族的伟大复兴贡献力量和智慧。

二、举国体制要加快融合市场机制，走有中国特色的竞技体育高质量发展之路

走有中国特色的竞技体育高质量发展道路既要充分发挥市场自组织机制，提升竞技体育资源开发和配置的效率，又要更好地发挥政府宏观调控机制，实现竞技体育发展速度与发展质量、系统规模与综合效益、见人又见物的又好又快的发展。具体如下。

第一，走有中国特色的竞技体育高质量发展道路必须立足中国实际，客观分析赶超发展模式的优点和缺点，向政府宏观引导下的质量效益型发展模式转变。

第二，要发挥中国特色社会主义的制度优势，改革和完善举国体制，把集中力量办大事、补短板、强弱项的体制底色在竞技体育领域做实、做活，稳定发展传统优势项目，大幅度提升基础大项、集体球类项目的竞技水平和夯实后备人才基础。

第三，进一步探索竞技体育高质量发展中有为政府、有效市场、有机社会的举国治理体制，建立举国体制与市场机制相融合的发展方式，发挥竞技体育系统、教育系统、社会系统、产业系统之间的衔接与协同作用，促进运动员、教练员等"人"的全面充分发展，促进竞技体育资源的流动与集聚。

第四，要更好地培养体育项目协会、俱乐部、职业联盟，以及家庭、个人的自组织机制，提升竞技体育社会主体、市场主体的自主发展、主动发展、自我完善发展能力。

三、切实壮大职业体育，搞活竞技体育表演市场

《"十四五"体育发展规划》中提出"要引导规范职业体育健康发展，走中国特色职业体育发展道路"。毋庸置疑，实现竞技体育高质量发展要大力发展职业体育，搞活竞技体育表演市场，发挥职业体育创造市场利润的能力，提高职业项目竞争力和创造工作岗位的能力，以此增强竞技体育自身造血功能。具体如下。

第一，提高职业体育赛事服务产品的质量，以此满足市场与社会多元化的消费需求，吸引社会力量参与职业体育，进而做大竞技体育表演产业蛋糕，带动商业体育、竞技体育无形资产的开发，提升职业赛事与职业俱乐部的运营效益，增强自身造血功能。

第二，进一步解除职业体育繁荣发展的体制与机制束缚，进一步开放职业体育市场，完善《中华人民共和国体育法》，建立竞技体育表演产业相关法规制度，健全职业体育的产品、金融、经纪人等市场体系，切实保障市场机制在职业体育市场中发挥的决定性作用。

第三，职业体育要与专业体育协同发展。我国的职业体育与专业体育是竞技体育系统中同气连枝的组织化体育活动，竞技体育高质量发展要实现二者在人才、资金、政策、技战术水平、社会基础等方面的协同发展。

四、实现与群众体育、学校体育的协同发展

根据系统动力学模拟仿真结果，竞技体育与群众体育的协同发展有利于竞技体育高质量发展。竞技体育后备人才的全面发展、学校体育的现代化程度都会影响竞技体育高质量发展的基础。因此，竞技体育的高质量发展要实现与群众体育、学校体育的协同发展。具体如下。

第一，要摒弃优先发展的惯性思维，在思想观念上树立共生繁荣与协调发展的观念。

第二，要从财政资助力度、体育彩票公益金转移支付比例等方面为群众体育开拓更大的发展空间。

第三，把竞技体育后备人才的培养主阵地大胆让给擅长培养人才的学校教育系统，加快实现业余体育教育化，为竞技体育高质量发展夯实全面发展、充分发展的后备人才基础。

五、大力培育和发展体育社会组织

全国体总、中国奥委会、各体育项目协会、地方体育总会、行业体育协会、俱乐部等体育社会组织是竞技体育高质量发展的内生组织，是竞技体育转变发展方式、创新发展模式的有生力量，因此需要大力培育和发展体育社会组织。具体如下。

第一，政府对体育社会组织的扶持需要从"工具主义"模式向"合作治理"模式转型，建立竞技体育政府、社会、市场等主体之间的平等合作关系。

第二，要加速完成体育社会组织的实体化，确保其成为法律上、组织上、功能上自治与自为的独立实体。

第三，在竞技体育组织管理与业务实施上放权于体育社会组织，提升其在项目规划发展、行业标准管理、队伍组建、训练参赛、后备人才培养、竞赛规则制定及体育资源调配等方面的专业能力与行业权威性。

第四，构建体育社会组织的监管体系，建立体育社会组织竞争与合作的制度环境，为体育社会组织的发展提供专门政策、资金支持，优化体育社会组织健康发展的社会环境。

六、提高竞技体育系统的创新驱动能力

我国竞技体育发展模式转型破局的关键在于体制机制创新，其高质量发展的开局更离不开体制机制的创新驱动。具体如下。

第一，以追求中国特色竞技体育发展道路为目标，围绕竞技体育宏观层面的监管体制、运行机制、制度规范、扶持政策等方面大胆创新，形成竞技体育高质量发展模式的中国方案。

第二，以激发竞技体育内生动力和微观活力为目标，紧扣微观层面上的运动员全面发展、技战术攻关、队伍管理、人才选拔、后备骨干培养及退役就业等环节推动创新，进而整合形成竞技体育点、线、面上的持续创新，实现竞技体育整体的高质量发展。

第三，以融合百家之长为目标，学习与借鉴竞技体育发达国家和地区的有益理论、经验，结合我国竞技体育的实际和实践需要，增强竞技体育高质量发展的创新驱动力。

七、发挥体育科技攻关与服务的杠杆作用

重视科技支撑作用是竞技体育高质量发展的基本法门，因此需要不断发挥体育科技攻关与服务机制的支撑作用。"十四五"时期创新驱动战略引领的科技革命，将为体育发展提供更强大的科技支撑。具体如下。

第一，正确认识体育科技攻关与服务机制的杠杆效应，重视发挥其在激活竞技体育系统内生动力、增强竞技体育可持续发展后劲方面的独特作用。

第二，建立务虚与务实相结合的体育科技机制，在重视竞技体育日常训练、基础研究的基础上，做好大赛备战、职业联赛的科技助力工作。

第三，加强复合型创新科研团队建设，实施科学、精准的科技攻关与服务。

第四，探索政府、俱乐部、协会与高校、研究所联合创新和服务的机制，发挥第三方体育科研机构权威、独立、公平、专业的服务功能。

第五，深化科技成果转化机制改革，提高科技成果的转化率、更好地服务于竞技体育训练、赛事与普及，提升竞技体育的科学化水平。

总之，竞技体育高质量发展是实现体育强国、转变竞技体育发展方式的必然要求，是只有多元主体共同参与、形成合力才能实现的有序发展，是与群众体育、学校体育、体育产业、体育文化，以及教育系统、社会系统协同共进形成的可持续发展。

第三节 研究展望

一、本书的研究对象侧重竞技体育的宏观发展研究，是一种"见森林"式的研究

所谓的高质量发展模式不是具象化的发展模式，而是因探索竞技体育高质量发展问题而提出的一种宏观发展框架。它与篮球、乒乓球、体操等项目优秀专业队与职业队，各地区及其他具体的高质量发展模式不同，服务于竞技体育宏观系统，是在宏观层面上为竞技体育高质量发展提供的一种解决方案。因此，从另一个角度讲，竞技体育高质量发展的宏观模式需要进一步立足于"见树木"式的微观研究，深入结合竞技体育子系统或具体要素，探讨高质量发展模式，这也是本书后续研究的方向。

二、竞技体育高质量发展是一个可持续深入研究的领域

高质量发展既可以是新时代竞技体育发展的新理念，也可以是竞技体育转型发展的新方式方法。从纵向上看，它在不同的发展阶段有不同的发展内涵、体系内容与方式方法，是一个常研常新的话题；从横向上看，它涉及竞技体育系统内外多个层面、环节及众多复杂因素，探讨既见人又见物的又好又快的发展，能够拓展竞技体育可持续发展研究的视野与思路，丰富竞技体育可持续发展研究的内容。

三、需要进一步精深掌握研究理论

一方面，自组织理论是一门研究复杂系统科学的理论集，虽然它已诞生60余年，但其理论体系需要进一步融合和完善，还需要进一步提高解决社会科学的适用度和成熟度。另一方面，自组织理论和系统动力学作为本书的研究基础和理论视角，为竞技体育高质量发展提供了新的研究视角。自组织系统理论是一个宝库，因此后续研究需要继续深入学习耗散结构理论、协同学理论，了解和掌握超循环理论、混沌理论等其他自组织理论，并进一步运用自组织理论研究竞技体育领域的现象与问题。

主要参考文献

1. 著作

[1] 国务院发展研究中心课题组. 高质量发展的目标要求和战略重点[M]. 北京：中国发展出版社，2019.

[2] 朱之鑫，张燕生，马庆斌，等. 中国经济高质量发展研究[M]. 北京：中国经济出版社，2019.

[3] 王一鸣，陈昌盛，等. 高质量发展：宏观经济形势展望与打好三大攻坚战[M]. 北京：中国发展出版社，2018.

[4] 中国社会科学院语言研究所词典编辑室. 现代汉语词典[M]. 7版. 北京：商务印书馆，2016.

[5] 李伟. 我国循环经济发展模式研究[M]. 北京：中国经济出版社，2017.

2. 期刊论文

[1] 张雷，陈小平，冯连世. 科技助力：新时代引领我国竞技体育高质量发展的主要驱动力[J]. 中国体育科技，2020，56（1）：3-11.

[2] 鲍明晓. 以新时代改革开放，统领体育强国建设[J]. 体育科学，2019，39（3）：13-18.

[3] 赵吉峰，邵桂华. 中国竞技体育国家队社会化组建模式的改革探索[J]. 天津体育学院学报，2019，34（2）：132-136，178.

[4] 赵吉峰，郑家鲲，邵桂华. 中国竞技体育国家队组建模式改革思考：以中国（浙江）国家游泳队为视点[J]. 上海体育学院学报，2019，43（3）：54-60.

[5] 赵剑波，史丹，邓洲. 高质量发展的内涵研究[J]. 经济与管理研究，2019，40（11）：15-31.

[6] 杨桦. 体育改革：成就、问题与突破[J]. 体育科学，2019，39（1）：5-11.

[7] 邱鹏，李燕领，柳畅，等. 我国公共体育服务财政投入研究：规模、结构与效率[J]. 天津体育学院学报，2019，34（2）：105-112.

[8] 徐康宁. 扩大对外开放的新机遇、新理念与新方向：重要战略机遇期的文明互鉴与制度型开放[J]. 江海学刊，2019（1）：84-91，254.

[9] 戴翔，张二震. "一带一路"建设与中国制度型开放[J]. 国际经贸探索，2019，35（10）：4-15.

[10] 任保平，文丰安. 新时代中国高质量发展的判断标准、决定因素与实现途径[J]. 改革，2018（4）：5-16.

3. 学位论文

[1] 吴振其. 基于协同学理论的雄安新区与周边地区协同发展研究[D]. 秦皇岛：燕山大学，2019.

[2] 刘登攀. 新时代中国对外开放研究[D]. 北京：中共中央党校，2019.

[3] 杨涛. 基于协同学和迁移学习的无人机避障系统的设计与实现[D]. 成都：电子科技大学，2019.

[4] 余雪杰. 基于自组织理论视角的肉羊产业链系统形成与演化研究：以内蒙古为例[D]. 呼和浩特：内蒙古农业大学，2016.

[5] 王子. 协同学视野下高校教学空间复合化设计研究[D]. 大连：大连理工大学，2015.

4. 报纸文章

[1] 钟秉枢. 科技助力体育腾飞 体育助力创新人才成长[N]. 中国体育报，2020-12-03（3）.

[2] 胡昊. 省部共建国家队，浙江凭啥"包游"[N]. 浙江日报，2017-09-25（4）.

[3] 习近平. 推动全党学习和掌握历史唯物主义，更好认识规律更加能动地推进工作[N]. 人民日报，2013-12-05（1）.

5. 电子文献

[1] 中国足球协会. 中国足球协会关于进一步推进足球改革发展的若干措施[EB/OL]. （2020-12-18）[2024-04-29]. https://www.thecfa.cn/zuqiugaige/20201218/29167.html.

[2] 杨光宇. 中共中央关于制定国民经济和社会发展第十四个五年规划和二〇三五年远景目标的建议[EB/OL]. （2020-11-03）[2024-04-29]. https://www.gov.cn/zhengce/2020-11/03/content_5556991.htm.

[3] 王禹. 国际举联改革进展缓慢 举重项目或被逐出奥运会[EB/OL]. （2020-10-08）[2024-04-29]. https://www.chinanews.com.cn/ty/2020/10-08/9307897.shtml.

[4] 韦骅，王镜宇. 从1%到3%？高校高水平运动队招生更需顶层设计[EB/OL]. （2020-09-03）[2024-04-29]. https://sports.people.com.cn/n1/2020/0904/c22155-31849063.html.

[5] 中华人民共和国财政部. 2019年全国一般公共预算支出决算表[EB/OL]. （2020-07-31）[2024-04-29]. https://yss.mof.gov.cn/2019qgczjs/202007/t20200731_3559686.htm.

6. 外文文献

[1] GEERAERT A. The limits and opportunities of self-regulation: Achieving international sport federations' compliance with good governance standards[J]. European Sport Management Quarterly, 2018, 19(4): 1-19.

[2] ADRIAANSE J A. The influence of gendered emotional relations on gender equality in sport governance[J]. Journal of Sociology, 2019, 55(3): 587-603.

[3] STRITTMATTER A M, KILVINGER B, BODEMAR A, et al. Dual governance structures in action sports: Institut-ionalization processes of professional snowboarding revisited[J]. Sport in Society, 2018, 22(10): 1-19.

[4] GESBERT V, DURNY A. Team cognition in sport: A case study of forms of sharing in a highly interdependent soccer team during competitive interactions[J]. Journal of Applied Sport Psychology, 2017, 29(4): 1-18.

[5] GEERAERT A, DRIESKENS E. Normative market Europe: The EU as a force for good in international sports governance?[J]. Journal of European Integration, 2016, 39(1): 1-16.

[6] PARENT M M, ROUILLARD C, NARAINE M L. Network governance of a multi-level, multi-sectoral sport event: Differences in coordinating ties and actors[J]. Sport Management Review, 2017, 20(5): 497-509.

[7] SHILBURY D, FERKINS L. Exploring the utility of collaborative governance in a national sport organization running head: Collaborative sport governance[J]. Journal of Sport Management, 2014, 29(4): 380-397.